Wer bin ich?
Von Not und Gier

Eugen Drewermann

Wer bin ich?
Von Not und Gier

Grimms Märchen tiefenpsychologisch gedeutet

- Von dem Fischer un syner Fru
- Von dem Mäuschen, Vögelchen und der Bratwurst
- Strohhalm, Kohle und Bohne
- Die Geschenke des kleinen Volkes

Patmos Verlag

VERLAGSGRUPPE PATMOS

PATMOS
ESCHBACH
GRÜNEWALD
THORBECKE
SCHWABEN

Die Verlagsgruppe
mit Sinn für das Leben

MIX
Papier aus verantwortungsvollen Quellen
FSC® C083411

Für die Verlagsgruppe Patmos ist Nachhaltigkeit ein wichtiger Maßstab ihres Handelns. Wir achten daher auf den Einsatz umweltschonender Ressourcen und Materialien.

www.patmos.de

Umschlaggestaltung: Finken & Bumiller, Stuttgart
Umschlagabbildung: Das Rätsel der Begierde, 1929, Öl auf Leinwand, 110,5 x 150,5 cm
© Salvador Dalí, Fundació Gala-Salvador Dalí/ VG Bild-Kunst, Bonn 2018;
Foto: © bpk | Bayerische Staatsgemäldesammlungen. Abbildung des Originals: siehe Tafel 1.
Druck: CPI books GmbH, Leck
Hergestellt in Deutschland
ISBN 978-3-8436-1062-9

Inhalt

Nach Golde drängt,
Am Golde hängt
Doch alles.
Ach wir Armen!

J. W. V. GOETHE: Faust, 1. Teil, V. 2082–2084: S. 90

Sie gönnen keinem einen Topf Reis.
Sie brauchen alles selber.
Wer könnte sie schelten?

BERTOLT BRECHT: Der gute Mensch von Sezuan,
1. Ein kleiner Tabakladen, S. 24

Vorwort

Gier! Wer immer sich kapitalismuskritisch gibt, ohne das Wirtschaftssystem des sogenannten »freien« Marktes wirklich zu begreifen[1], verfällt auf diesen Punkt: Alles Unheil liegt daran, daß die Menschen »so« sind! Sie sind maßlos in ihren Ansprüchen, sie bekommen nie genug, – »je mehr er hat, je mehr er will«, so ist es sprichwörtlich. Nur wenn »der Mensch« sich ändern würde, könnte der Zustand der Welt sich verbessern. Jedoch: Wie ändert sich »der Mensch«? Man kann ihm ins Gewissen reden. Ethiker und Moralisten tun das unermüdlich. Umsonst! Nichts ändert sich. Man kann ihn weise machen wollen, – ist nicht am ärmsten der, welcher am meisten braucht, und ist nicht wahrhaft reich derjenige, der nur ein Weniges bedarf? So mag es sein, doch solche Weisheit scheint »der Mensch« nicht sehr zu mögen. Ist er ganz einfach unbelehrbar dumm? Dagegen kämpfen Götter selbst vergebens! Bedauernd, wie es ist, und resignierend beim Versuche, es zu ändern, erweist die Theorie von der naturbedingten Gier »des Menschen« sich als systemerhaltend: sie lenkt von den katastrophalen Zwängen unserer konkurrenzbedingten Wachstumswirtschaft mit all ihren sozialen und ökologischen Verwerfungen ab, indem sie die Ursachen für die gigantische Verwüstung der Erde von den Widersprüchen der Ökonomie in die Psychologie »des Menschen« verlegt. Aus objektiv gegebenen Strukturen werden damit triebpathologische Zustände im Subjekt Mensch. Vielleicht aber wäre »der Mensch« gar »nicht so roh«, wenn

1 Vgl. E. DREWERMANN: Geld, Gesellschaft und Gewalt. Kapital und Christentum, Bd. 1, Ostfildern 2016; Finanzkapitalismus. Kapital und Christentum, Bd. 2, Ostfildern 2017; Von Krieg zu Frieden. Kapital und Christentum, Bd. 3, Ostfildern 2017.

nur »die Verhältnisse« andere wären[2]. Freilich, »die Verhältnisse« haben Menschen selbst geschaffen, und sie können nur von Menschen vermenschlicht werden. Wie aber vermenschlicht man »den Menschen«? Überhaupt nicht. Damit Menschen davon lassen können, ihrer »Gier« zu frönen, darf man ihre Fehlverhaltensweise nicht naturalisieren oder metaphysizieren, man muß sie, je für sich, in jedem Einzelnen, aus seiner Biographie und Persönlichkeit zu verstehen suchen: wie wurde er, wie er ist? Und: wie sieht seine Welt aus, wenn er so ist? An die Stelle der moralischen Ermahnung und der weisheitlichen Unterweisung tritt jetzt der Versuch eines psychoanalytischen Verstehens, Begleitens und Durcharbeitens.

Aber das kann ja endlos dauern! Wohl wahr. Doch was da an Gründen der Gier im Leben von Einzelnen in Erscheinung tritt, läßt sich generalisieren, – es gilt wirklich für »den Menschen«, nur nicht naturhaft, sondern psychodynamisch. Kein Mensch ist »gierig« von Natur aus, – so wenig wie er kriegerisch und haßerfüllt und »böse« »von Natur aus« wäre; alles, was Menschen tun, hat Ursachen, die sich in einer gewissen Regelmäßigkeit ähneln; es ergeben sich typische Schicksale, die, in erzählter Form, als Identifikationsflächen einer

2 Vgl. BERTOLT BRECHT: Was nützt die Güte, in: Die Gedichte, 553:

1) Was nützt die Güte
Wenn die Gütigen sogleich erschlagen werden, oder es werden erschlagen
Die, zu denen sie gütig sind?

Was nützt die Freiheit
Wenn die Freien unter den Unfreien leben müssen?

Was nützt die Vernunft
Wenn die Unvernunft allein das Essen verschafft, das jeder benötigt?

2) Anstatt nur gütig zu sein, bemüht euch,
Einen Zustand zu schaffen, der die Güte ermöglicht, und besser:
Sie überflüssig macht!

Anstatt nur frei zu sein, bemüht euch
Einen Zustand zu schaffen, der alle befreit, und besser:
Auch die Liebe zur Freiheit
Überflüssig macht!

Anstatt nur vernünftig zu sein, bemüht euch
Einen Zustand zu schaffen, der die Unvernunft der Einzelnen
Zu einem schlechten Geschäft macht!

beliebig großen Leserschaft sich anbieten. Am deutlichsten in das Erleben und in die Vorstellungswelt der Betroffenen führen die *Träume* ein, die manche Patienten in einer Psychoanalyse ihrem Therapeuten anvertrauen; auch diese Träume weisen gewisse charakteristische Topoi in ihrer Symbolsprache auf, und an dieser Stelle berühren sie sich mit den Erzählungen, die zum Thema Gier im Volk als *Märchen* umlaufen. Geschichten dieser Art verdienen nicht nur ihrer Erzählfreude, sondern insbesondere ihrer psychologischen Hellsichtigkeit wegen die größte Aufmerksamkeit. Vor allem ihre bildhafte Verdichtung erlaubt es, die unbewußten Motive eines Verhaltens freizulegen, das an der Oberfläche als »Gier« in Erscheinung treten mag.

Die vier in diesem Band versammelten Erzählungen haben eines gemeinsam: sie schildern Menschen oder Wesenheiten, die »eigentlich« mit sich und ihren Lebensverhältnissen recht zufrieden sein könnten, doch sie sind es nicht. Das kann daran liegen, daß sie, wie *die Frau des Fischers* im Märchen vom Butt, mit sich selber nicht zufrieden sind. Wer sich persönlich nicht als gut genug vorkommt, der kann an Gütern nie genug bekommen. Er möchte die Hohlstellen seines Seins auffüllen mit den Gegenständen, die er hat; doch der Versuch ist notwendig zum Scheitern verurteilt, – nichts in der Welt der Dinge kann die brennende Frage beruhigen, wer wir sind und wofür wir sind. Häuser, Schlösser, selbst wenn sie noch so schön wären, lassen uns leer zurück, – wir müßten sie mit uns selbst ausfüllen; *sie* werden *uns* niemals erfüllen. Die Frau des Fischers etwa weicht in die Aneignung immer höherer Titulaturen aus, doch auch das Ansehen bei anderen kann ihre Selbstwertzweifel nicht auflösen, ob wir jemals der Außenseite unseres Daseins innerlich entsprechen werden. Im Kern unserer Existenz nagt das Bewußtsein unserer radikalen Kontingenz: es müßte uns nicht geben; inmitten der Natur wie innerhalb der menschlichen Kultur sind wir durchaus nicht notwendig; also kommt alle Gier im Grunde dem Versuch gleich, eine absolute Seinsnotwendigkeit uns zu erschaffen durch fiktive Unentbehrlichkeit: wir müssen sein wie Gott! Selbst wenn wir wissen, daß wir dabei nur scheitern können, sind wir wie unter Zwang bestrebt, den Grund des eigenen Daseins durch Vorleistungen aller Art zu rechtfertigen; genötigt werden wir dazu durch die fundamentale Angst, schlechterdings überflüssig, unberechtigt und überzählig in der Welt zu sein; die Katastrophe, mit der die Selbstvergottung der Fischersfrau im Märchen endet, ist nur vermeidbar in dem unbedingten Vertrauen, notwendig zu sein für eine absolute Liebe, die möchte, daß wir sind. In vielem wirkt des Fischers Frau noch wie ein Kind, das inmitten einer liebeleeren Welt niemals erwachsen werden konnte; erst wenn ein solches »Kind«, biblisch gesprochen, sich begreift als ein »Kind Gottes«, vermag es zu dem rechten Maß des Menschseins aufzureifen.

»Gier« hat natürlich immer auch eine soziale Komponente. Selbst wenn es einem, äußerlich betrachtet, noch so gut geht, kann sich die eigene Minderwertigkeit in dem Empfinden geltend machen, ungerecht behandelt zu werden. Man fühlt sich schlechter als die anderen und glaubt dann auch, es gehe einem schlechter im Vergleich zu ihnen, also, daß man die Gleichheit aller fordert. Die Frage ist dann nicht mehr, was zu mir oder zu meinem Nachbarn paßt, um ihm gerecht zu werden, der Anspruch lautet jetzt, alle unterschiedslos gleich zu schalten. Immer zu spät wird man, wie in dem Märchen von dem »*Mäuschen, dem Vögelchen und der Bratwurst*«, merken, daß jede Gesellschaft sich selbst zerstört, die das chronische Unrecht der Gleichheit aller über ihre Mitglieder verhängt. Wer bin ich selbst? Diese Frage kann nicht die Gesellschaft beantworten; umgekehrt: jede Gesellschaft besteht nur durch Individuen, die für sich selber wissen, was sie sind und wollen.

Doch kehrt die Kontingenzfrage im Leben jedes Einzelnen zurück im Angesicht des Todes: Wie, wenn die Erdmutter, die Alte, ihre Finger ausstreckt, um uns in ihrem »Haushalt« einzuschmelzen? Davon erzählt die Geschichte von dem »*Strohhalm, der Kohle und der Bohne*«. Jede menschliche Gesellschaft schmiedet irgendwie, uneingestanden, halbbewußt, ein Bündnis der (noch) Lebenden gegen den Tod. Sie haben Glück gehabt, sie sind noch gerad einmal davon gekommen, und so klammern sie sich aneinander, wie wenn sie sich gemeinsam gegen die Sterblichkeit, die jedem innewohnt, versichern könnten. Vergeblich! Um das Hohngelächter der »Bohnen« über den tragischen Tod ihrer Gefährten zu vermeiden, braucht es erneut eines

Vertrauens, das die Endlichkeit des Daseins durch die Hoffnung auf Unendlichkeit zu widerlegen vermöchte. Das Gegenstück zur Gier ist einzig ein Glaube, der die Not des Daseins überwindet.

Wie eine Probe aufs Exempel nimmt sich unter diesen Umständen das Märchen von den »*Geschenken des kleinen Volkes*« aus. Wer sind wir Kohlenwasserstoffgebilde, wenn man uns, wie der Alte vom Berge, all das wegnimmt, was wir in männlicher Prädominanz und Präpotenz uns zusprechen? Die Zufälligkeit, die Nicht-Notwendigkeit, die Kontingenz unseres Daseins verlangt, scheinbar nur folgerichtig, die Kompensation der Armut und Armseligkeit unserer staubgeborenen Existenz durch unerhörte Habmachtsphantasien; doch wenn gerade diese uns wie eine überlebte, falsche Angewohnheit abgenommen würden – wir blieben zwar der Kohlenstaub, der biochemisch unser Dasein ausmacht, aber wir fänden uns in dieser abweisenden Welt auf unserer Suche nach einem Ort, an dem wir leben könnten, zugelassen, eingeladen und erwünscht im Kreis der anderen –, so träten wir wie Neugeborene, Erwachte in die Welt, und wir entdeckten, daß die kleinen Dinge unseres Lebens sich nur vollziehen lassen in dem unverbrüchlichen Vertrauen in die Berechtigung des Daseins reinweg aus Gnade. Erst dann begleitet uns auf immer das Gefühl, als »Kohle« wert wie Gold zu sein. Die eingeschliffene Perspektive auf das Negative, Unzugängliche und Unzulängliche erweitert sich im Blick auf eine tiefere Bejahung, die einen jeden in seiner Einmaligkeit und Unvertauschbarkeit meint, möchte und bestätigt, mit eingeschlossen auch seine vermeintlichen Gebrechen, Unvollkommenheiten und Begrenztheiten. Es ist die Frage, die über die ganze Anlage unserer Existenz entscheidet: Lernen wir es, in dem Vertrauen auf den Hintergrund unseres Daseins uns selbst zu akzeptieren, oder versuchen wir, das Ungenügen an uns selbst immer noch mehr zu kompensieren? Das eine läßt uns leben in Maß und in Zufriedenheit, das andere verdoppelt alle Lasten, die wir ohnedies mit uns herumtragen.

So entsteht Gier: sie sucht aus lauter Minderwertigkeitsgefühlen uns *sozial* vor aller Augen mit unersättlichen habsuchtartigen Ansprüchen auszustatten; sie verlangt *sozialpolitisch* eine Art Gerechtigkeit, die allen unrecht tut, indem sie eine Gleichheit fordert, die auf die Eigenart der anderen zu wenig Rücksicht nimmt; sie klammert sich im Angesicht des Todes *psychologisch* an das Glück, noch gerade davon gekommen zu sein, und sucht das, was noch bleibt, die kurze Lebenszeit auf Erden, zu Spaß, Genuß und Unterhaltung auszupressen. Im tiefsten wurzelt alle Gier in dem Problem, das *ontologisch* die Not unseres ganzen Daseins ausmacht: es gibt uns, aber nur auf Abruf, zufällig, nicht-notwendig, radikal kontingent; die Gier, wie Gott zu werden, endet allein durch Gottvertrauen. Erst dann begreifen wir das Dasein angstfrei als Geschenk zum Weiterschenken. Wir müssen nichts mehr haben, denn in dieser Weltsicht haben wir nichts zu verlieren.

Auf paradoxe Weise hat diese Erfahrung der surrealistische Maler SALVADOR DALÍ auf einem seiner Hauptwerke im Jahre 1929 zum Ausdruck gebracht, unter dem Titel »Das Rätsel der Begierde. Ma mère, ma mère, ma mère.« (Vgl. Tafel 1.) Inmitten einer wie plan geschliffenen braun-beigen Sandwüste erhebt sich aus einem an die Erde gedrückten wie im Todschlaf daliegenden bleichgesichtigem Kopf, über eine Art Geigenwirbel geführt, ein felsenähnliches Gebilde mit zwei herzförmigen Öffnungen, durch deren eine man in einen hellweißen Himmel schaut, der sich in ein tiefblaues Azur nach oben hin verfärbt, und durch deren andere man auf einen winzigen weiblichen Torso mit mächtig hervorstehenden Brüsten blickt. Die kleineren zahlreichen Durchbrüche der Fels- (oder Holz-)Wand sind allesamt mit der gleichen Inschrift verschlossen: Ma mère – Meine Mutter. Sie ist die eigentliche Quelle und das Ziel aller Sehnsucht inmitten einer ansonsten lebensfeindlichen Welt, und das umso mehr, als links neben dem Gebilde der Sehnsucht in einer kleinen Gruppe DALÍ selber zu sehen ist, »wie er seinen Vater umarmt« – oder zu erwürgen trachtet; darauf verweisen die Accessoires: ein Fisch (als Phallussymbol?), eine Heuschrecke als Bild eines vielgefräßigen Schädlings, ein Dolch und ein Löwengesicht, wie es auch rechts oben der Traumwand aufgesetzt ist. Das Verlangen nach der Mutter und der Kampf gegen den versperrenden Vater bildet nicht nur psychoanalytisch ein zentrales Thema der Religionspsychologie; es enthält zugleich in bewußter Umkehrung den Kern der Botschaft Jesu im

Neuen Testament: ein Vertrauen in den Hintergrund unseres Daseins zu ermöglichen, das die Ambivalenzgefühle aller patriarchalen Verformungen des Gottesbildes überwindet.[3]

3 ROBERT DESCHARNES: Salvador Dali, 92, Tafel 14.

Von dem Fischer un syner Fru (KHM 19)

Vorwort

Wenigstens die Wünsche seien frei

Ob es Wahrträume gibt, ist strittig; unstrittig ist, daß es Warnträume gibt. Anders kann es nicht sein. Selbst wer, mit SIGMUND FREUD, im Traum die Darstellung triebhafter Wünsche erblickt, kommt doch nicht umhin, in ihnen zugleich die Arbeit der moralischen Kontrollinstanz des Überichs am Werke zu sehen; und auch das Ich als Hüter des Realitätsprinzips hat bei der Traumbildung ein Wörtchen mitzureden: Kann es denn gutgehen, sich aufs Geratewohl seinem Verlangen hinzugeben? Ja, sagt das Es, bedingt nein sagt das Ich, unbedingt nein sagt das Überich. Nicht nur das affektive Bedürfnis, auch die Angst vor ihrer Erfüllung ist Teil des Traumgeschehens. Nur in diesem Spannungsfeld kommt Träumen die Funktion einer spontanen Selbstheilung zu: sie stellen ein neues Gleichgewicht her zwischen Trieb und Moral, zwischen Natur und Kultur, zwischen Innen und Außen. Sie sind in diesem Sinne nicht ohne Weisheit, indem sie das Aufbegehren gegen die Mißhelligkeiten des Daseins umformen in Kompromisse möglicher Annahme und Übernahme des scheinbar so schwer Erträglichen.

Daraus hervor geht etwas therapeutisch wie pädagogisch sehr Wichtiges: das Vertrauen in die Eigensteuerung der Psyche.

Zur analytischen Psychotherapie gehört als Grundhaltung das Prinzip des Nicht-Bewertens. Vor sich hin spricht die Patientin, der Patient, was ihr oder ihm durch die Seele geht, möglichst unzensiert: die Wunschphantasien des Unbewußten, aber auch deren Abwehr und Widerstand. In dieses Wechselspiel aus Antrieb und Hemmung greift der Therapeut von außen nur selten ein, er vertraut darauf, daß durch Einsicht in den Prozeß selbst eine Einheit der Person sich herstellt, die fähig ist, Ich-gerechte Entscheidungen zu treffen und zu vertreten. Die Wünsche, wenn sie nur ungehindert sich ausströmen können, katalysieren ihre eigene Klärung. Am Ende weiß der Klient, die Klientin, woran sie mit sich sind, und darauf allein kommt es an. Was immer sie dann tun, wird das für sie Richtige sein, darf man annehmen.

Ebenso in der Erziehung der Kinder. Eltern hören den Plänen ihrer 16-Jährigen zu, und sie sind entsetzt, – sie sehen Gefahren, wo anscheinend nichts als der pure Leichtsinn sich geltend zu machen droht. »Weißt du denn nicht, in welch eine Lage du dich da begibst? Allein willst du nach Südfrankreich trampen? Nein, das kommt überhaupt nicht in Frage!« Es mag sein, daß der Realitätssinn der Eltern gewisse Risiken weit korrekter abschätzt als das Wunschdenken ihres Heranwachsenden; doch worum geht es wirklich? Um gewisse moralische Bedenken? Dann setzen die Eltern mit ihrem Einwand den Einfluß fort, den sie in Kindertagen bereits geltend gemacht haben, – sie verstärken und verlängern den Einspruch des Überichs, sie sagen von außen noch einmal, was die verinnerlichte Instanz ihrem Zögling ohnehin sagen wird, nur: sie tun es von außen, sie errichten eine Verbotsschranke, die der freien Entfaltung des Erwachsenwerdenden vermeintlich entgegensteht und entsprechend bekämpft werden wird: der Widerstand der Eltern provoziert bei ihm nur um so mehr den Willen, sich gegen sie zu behaupten und dafür jedwede in Aussicht gestellte Gefährdung leichthin zu ignorieren.

Oder geht es um die Einschätzung bestimmter realer Gefahren? Bei aller Anerkennung der größeren elterlichen Lebenserfahrung wird ein Jugendlicher darauf beharren, alt genug zu sein, um für sich selber sorgen zu können, – er wird geneigt sein, die elterlichen Vorhaltungen als eine Beleidigung seines Ichs zu betrachten. »Ich bin nicht mehr euer Baby«, wird er sagen und damit seinen noch schwankend prüfenden Wunsch als eine feststehende, nicht länger zu diskutierende Absicht deklarieren.

Indem die Eltern *von außen* die Dinge sagen, von denen sie glauben, daß ihr Junge, ihr Mädchen, sie sich eigentlich selber sagen könnte, erreichen sie Trotz und Verstocktheit, statt Vernunft und Verantwortung. Solange sie selber autoritär die Vernunft vorgeben, kann jemand, der von ihnen abhängt, nicht selber vernünftig werden. Sie denken für ihn, – das hindert, daß er es lernt, selber zu denken.

Anders in einem Gespräch, das von dem Vertrauen in die Fähigkeit zu eigener Vernunft und Verantwortung getragen wird. In einem solchen steht zu erwarten, daß der Fluß der Wunschphantasien, indem er ungehindert dahinströmt, alle störenden und verunreinigenden Inhalte von selber ausschwemmt und sich zu einem Ergebnis ausfiltert, das sowohl mit dem eigenen Empfinden für Gut und Böse als auch mit der Einschätzung der äußeren Gegebenheiten übereinstimmt. Nicht die Weisung von außen fördert das eigenständige Urteil, sondern ein begleitendes Vertrauen in die reifende Kompetenz des nur nach und nach zu sich Findenden.

Und ein drittes ist zu bedenken. Zu den Geheimnissen der menschlichen Seele zählt ihr Verlangen nach Unendlichkeit beziehungsweise ihr essentielles Ungenügen an der Endlichkeit. Wer nur das Endliche als Realität definiert, kommt nicht umhin, die stumpfe Begrenztheit aller Dinge der sinnlichen Erfahrung für die Grenze des sinnvollerweise Vorstellbaren zu erklären; doch der Horizont der menschlichen Sehnsucht ist die Unendlichkeit, so daß eine Vielzahl endlicher Wahrnehmungen als mögliche Symbole einer jenseitigen Welt sich auf ihre Leinwand projizieren.

Ein alter Einwand der psychologischen Religionskritik des 19. Jhs. ging dahin, insbesondere in den Gebetsanliegen der Gläubigen nichts weiter zu sehen als eine die Realität durch Magie umformende Phantasterei. Wie eine Bestätigung dieser These nahm man es, daß im Neuen Testament Jesus selbst dazu auffordert, alle Nöte und Bedürfnisse Gott ohne Scheu vorzutragen, und dabei zusichert, Gott werde das Beten und Bitten der sich an ihn Wendenden gewißlich erhören (Mt 7,7–11). Doch wer das Gebet als flehentliche Beeinflussung des Willens Gottes versteht, mißversteht seinen Sinn. Bereits der Evangelist *Lukas* sah die verborgene Bedeutung der Einladung Jesu zu einem Beten, das bedingungslos darauf setzt, *alles*, was als dringlich erlebt werde, finde bei Gott seine Erhörung und Erfüllung, in einer Transformation von Not in Vertrauen: was Gott uns versprochenermaßen im Sinne Jesu geben werde, meinte er, sei nicht die äußere Realisierung, sondern die innere Vergeistigung unserer Wünsche: seinen Geist werde Gott dem Betenden schenken (Lk 11,13).

Auch und gerade in der Religion also gilt dieses eigenartige Prinzip der Selbstläuterung gerade der wichtigsten Wünsche: wenn wir sie nur lange genug und intensiv genug an den Himmel richten, wird sich im Hintergrund ein Vertrauen bilden, das sich wie von selbst von den Bedingungen löst, um deren Erfüllung es bat. Am Ende mag es kommen, wie es will, es wird gut sein im Gegenüber der Person, an die all die vertrauensvollen Gebete sich wenden. Das Vertrauen, das beim Beten gelernt wird, ist unendlich viel wichtiger als die prompte Erfüllung einzelner Gebetsinhalte. Aus dem flehentlichen »bitte, tu doch« wird ein Einverständnis, daß es kommt, wie es kommt, weil hinter allem und über allem doch Gott ist. Alle Gebete endigen in den Worten Jesu: »Dein Wille geschehe« (Mt 6,10), »nicht der meine« (Lk 22,42).

Wie von den Träumen sagt man auch von Märchen, sie seien verschriftlichte Wunscherfüllungsphantasien. Eine solche Auffassung ist in einer derart generalisierten Form nicht haltbar, doch zugeben muß man, daß viele Märchen in der Tat sich lesen lassen als ungehemmte Ausmalungen ganz natürlicher Begierden; gerade dadurch aber werfen sie die Frage auf, was denn nun als Resultat betrachtet werden soll: die notorische Unzufriedenheit an dem Bestehenden oder, durch die späte Einsicht in das notwendige Scheitern eines allzu maßlosen Begehrens, ein neues Einverständnis mit der ursprünglichen Ausgangslage?

Kaum eine Geschichte in der Sammlung der »Kinder- und Hausmärchen« der BRÜDER GRIMM stellt derart rückhaltlos und in gewisser Weise derart rücksichtslos vor diese Entscheidungsalternative wie das Märchen von dem *»Fischer und seiner Frau«*; schreitet es doch unter dem Druck eines permanenten Aufbegehrens das gesamte Spektrum des Wünschbaren ab, beginnend beim Haben, sich erweiternd zum Sein und schließlich sich versteigend zu der Vorstellung eines unermeßlichen Könnens, nur um diese Reihung sich steigernder Ansprüche plötzlich umzukehren in den jähen Absturz auf das Niveau des Anfangs: Was will ein Mensch wie die Frau des Fischers wirklich? Hören wir, was sie will, wird sich alsbald zeigen, was sie besser nicht wollen sollte.

Nicht jeder ist des pommerschen Platts zwischen Stralsund und Danzig mächtig genug, um die sprachliche Fassung des Originals ohne Mühe goutieren zu können; es mag deshalb hilfreich sein, einleitend eine eigene hochdeutsche Übertragung neben dem Text der Brüder GRIMM zu setzen.

Von dem Fischer un syner Fru

Dar wöör maal eens en Fischer un syne Fru, de waanden tosamen in'n Pißputt, dicht an der See, un de Fischer güng alle Dage hen un angeld: un he angeld un angeld.

So seet he ook eens by de Angel und seeg jümmer in das blanke Water henin: un he seet un seet.

Do güng de Angel to Grund, deep ünner un as he se heruphaald, so haald he enen grooten Butt heruut. Do säd de Butt to em: »Hör mal, Fischer, ik bidd dy, laat my lewen, ik bün keen rechten Butt, ik bün'n verwünschten Prins. Wat helpt dy dat, dat du my doot maakst? Ik würr dy doch nich recht smecken: sett my wedder in dat Water, un laat my swemmen.« »Nu«, säd de Mann, »du bruukst nich so veel Wöörd to maken, eenen Butt, de spreken kann, hadd ik doch wol swemmen laten.« Mit des sett't he em wedder in dat blanke Water, do güng de Butt to Grund, und leet enen langen Strypen Bloot achter sik. So stünn de Fischer up, un güng nach syne Fru in'n Pißputt.

»Mann«, säd de Fru, »hest du hüüt niks fungen?« »Ne«, säd de Mann, »ik füng enen Butt, de säd, he wöör en verwünschten Prins, do hebb ik em wedder swemmen laten.« »Hest du dy denn niks wünschd?«, säd de Fru. »Ne«, säd de Mann, »wat schull ik my wünschen?« »Ach«, säd de Fru, »dat is doch äwel, hyr man jümmer in'n Pißputt to waanen, dat stinkt un is so eeklig: du haddst uns doch ene lüttje Hütt wünschen kunnt. Ga noch hen un roop em: segg em, wy wählt 'ne lüttje Hütt hebben, he dait dat gewiß.« »Ach«, säd de Mann, »wat schull ik door noch bengaan?« »I«, säd de Fru, »du haddst em doch fungen, un hest em wedder swemmen laten, he dait dat gewiß. Ga glyk hen!« De Mann wull noch nich recht, wull awerst syn Fru ook nich to weddern syn un güng hen na der See.

As he door köhm, wöör de See ganß gröön un geel un goor nich meer so blank; so güng he staan und säd:

»Manntje, Manntje! Timpe Te!
Buttje, Buttje in der See!
myne Fru, de Ilsebill,
will nich so, as ik wol will.«

Do köhm de Butt answemmen un säd: »Na, wat will se denn?« »Ach«, säd de Mann, »ik hebb di doch fungen hatt, nu säd myn Fru, ik hadd my doch wat wünschen schullt. Se mag nich meer in'n Pißputt wanen, se wull geern 'ne Hütt.« »Ga man hen«, säd de Butt, »se hett se all.«

Do güng de Mann hen, un syne Fru seet nich meer in'n Pißputt, dar stünn awerst ene lüttje Hütt, un syne Fru seet vor de Döhr up ene Bänk, do nöhm syne Fru em by de Hand, un säd to em: »Kumm man herin, süh, nu is dat doch veel beter.« Do güngen se henin, un in de Hütt was een lüttjen Vörplatz un ene lüttje herrliche Stuw un Kamer, wo jem eer Bedd stünn, un Kääk un Spysekamer, allens up dat beste, mit Gerädschoppen un up dat schönnste upgefleyt, Tinntüüg un Mischen (Messing), wat sik darin hnative höört. Uun achter was ook en lüttjen Hof mit Hönern un Aanten, un en lüttjen Goorn mit Grönigkeiten un Aaft (Obst). »Süh«, säd de Fru, »is dat nich nett?« »Ja«, säd de Mann, »so schall't blywen, nu wähl wy recht vergnöögt lewen.« »Dat wähl wy uns bedenken«, säd de Fru. Mit des eeten se wat un güngen to Bedd.

So güng dat wol 'n acht oder veertein Dag, do säd de Fru: »Hör, Mann, de Hütt is ook goor to eng, un de Hof un de Goorn is so kleen: de Butt hadd uns ook wol een grötter Huus schenken kunnt, ik much woll in enem grooten stenern Slott wanen; ga hen tom Butt, he schall uns een Slott schenken.« »Ach Fru«, säd de Mann, »de Hütt is jo god noog, wat wähl wy in'n Slott wanen.« »I wat«, säd de Fru, »ga du man hen, de Butt kann dat jümmer doon.« »Ne, Fru«, säd de Mann, »de Butt hett uns eerst de Hütt gewen, ik mag nu nich all wedder kamen, den butt muchd et vördreten.« »Ga doch«, säd de Fru, »he kann dat recht good, und dait dat geern; ga du man hen.« Dem Mann wöör syn Hart so swoor, un wull nich; he säd by sik sülwen: »Dat is nich recht«, he güng awerst doch hen.

As he an de See köhm, wöör dat Water ganß vigelett un dunkelblau un grau un dick, un goor nich meer so gröön un geel, doch wöör't noch still. Do güng he staan un säd:

»Manntje, Manntje! Timpe Te!
Buttje, Buttje in der See!
myne Fru, de Ilsebill,
will nich so, as ik wol will.«

»Na wat will se denn?«, säd de Butt. »Ach«, säd de Mann half bedrööft, »se will in'n groot stenern Slott wanen.« »Ga man hen, se stait vör de Döhr«, säd de Butt.

Do güng de Mann hen un dachd, he wull na Huus gaan, as he awerst daar köhm, so stünn door 'n grooten stenern Pallast, un syn Fru stünn ewen up de Trepp und wull henin gaan, do nöhm se em by de Hand und säd: »Kumm man herin.« Mit des güng he mit ehr henin, un in dem Slott wöör ene grote Dehl mit marmelstenern Asters (Estrich), und dar wören so veel Bedeenters, de reten de grooten Dören up, un de Wende wören all blank un mit schöne Tapeten, un in de Zimmers luter gollne Stöhl und Dischen, un kristallen Kroonlüchters hüngen an dem Bähn, un so wöör dat all de Stuwen un Kamers, mit Footdeken; un dat Äten un de allerbeste Wyn stünn up den Dischen, as wenn se breken wullen. Un achter dem Huse wöör ook'n grooten Hof mit Peerd- und Kohstell un Kutschwagens up dat allerbeste, ook was door en grooten herrlichen Goorn mit de schönnsten Blomen un fyne Aaftbömer, un en Lustholt wol ne halwe Myl lang, door wören Hirschen un Reh un Hasen drin, un allens wat man sik jümmer wünschen mag. »Na«, säd de Fru, »is dat nun nich schön?« »Ach ja«, säd de Mann, so schallt't ook blywen, nu wähl wy ook in dat schöne Slott wanen, un wähl'n tofreden syn.« »Dat wähl wy uns bedenken«, säd de Fru, »un wählen't beslapen.« Mit des güngen se to Bedd.

Den annern Morgen waakd de Fru to eerst up, dat was jüst Dag, un seeg uut jem ehr Bedd dat herrliche Land vör sik liggen. De Mann reckd sik noch, do stödd se em mit dem Ellbagen in de Syd und säd: »Mann, sta up, un kyk mal uut dem Fenster. Süh, kunnen wy nich König warden äwer all düt Land? Ga hen tom Butt, wy wählt König syn.« »Ach Fru«, säd de Mann, »wat wähl wy König syn! Ik mag nich König syn.« Na«, säd de Fru, »wult du nich König syn, so will ik König syn. Ga hen tom Butt, ik will König syn.« »Ach Fru«, säd de Mann, »wat wullst du König syn? Dat mag ik em nich seggen.« »Worüm nich?« säd de Fru. »Ga stracks hen, ik mutt König syn.« Do güng de Mann hen un wöör ganß bedrööft, dat syne Fru König warden wull. »Dat is nich recht un is nich recht«, dachd de Mann. He wull nich hen gaan, güng awerst doch hen.

Un as he an de See köhm, do wöör de See ganß swartgrau, un dat Water geerd so von ünnen up und stünk ook ganß fuul. Do güng he staan un säd:

»Manntje, Manntje! Timpe Te!
Buttje, Buttje in der See!
myne Fru, de Ilsebill,
will nich so as ik wol will.

»Na, wat will se denn?« säd de Butt. »Ach«, säd de Mann, »se will König warden.« »Ga man hen, se is't all«, säd de Butt.

Do güng de Mann hen, und as he na dem Pallast köhm, so wöör dat Slott veel grötter worren, mit enem grooten Toorn un herrlyken Zyraat doran; un de Schildwacht stünn vör de Döhr, un dar wören so väle Soldaten un Pauken un Trumpeten. Un as he in dat Huus köhm, so wöör allens von purem Marmelsteen mit Gold un sammtne Deken un groote gollne Quasten. Do güngen de Dören von dem Saal up, door de ganße Hofstaat wöör, un syne Fru seet up enem hogen Troon von Gold und Demant, un hadd ene groote gollne Kroon up, un den Zepter in der Hand von purem Gold un Edelsteen, un up beyden Syden by ehr stünnen ses Jumpfern in ene Reeg, jümmer ene enen Kops lüttjer as de annere. Do güng he staan und säd: »Ach Fru, büst du nu König?« »Ja«, säd de Fru, »nu bün ik König.« Do stünn he, und seeg se an, un as he se do een Flach (eine Zeitlang) so ansehn hadd, säd he: »Ach Fru, wat lett dat schöön, wenn du König büst! Nu wähl wy ook niks meer wünschen.« »Ne, Mann«, säd de Fru un wöör ganß unruhig, my waart de Tyd un Wyl al lang, ik kann dat nich meer uuthollen. Ga hen tom Butt, König bün ik, nu mutt ik ook Kaiser warden.« »Ach, Frau«, säd de Mann, »wat wullst du Kaiser warden?« »Mann«, säd se, »ga tom Butt, ik will Kaiser syn.« »Ach Fru«, säd de Mann, »Kaiser kann he nich maken, ik mag dem Butt dat nich seggen; Kaiser is man eenmal im Reich: Kaiser kann de Butt jo nich maken, dat kann un kann he nich.« »Wat?«, säd de Fru, »ik bün König, un du büst man myn Mann, wullt du glyk hengaan? Glyk ga hen, kann he König maken, kann he ook Kaiser maken, ik will un will Kaiser syn; glyk ga hen.« Do mussd he hengaan. Do de Mann awer hengüng, wöör em ganß bang, un as he so güng, dachd he be sik: »Düt gait und gait nich good: Kaiser is to uutvörschaamt, de Butt wart am Ende möd.«

Mit des köhm he an de See, do wöör de See noch ganß swart un dick, un füng al so von ünnen up to geeren, dat et so Blasen smeet, un et güng so een Keekwind äwer hen, dat et sik so köhrd; un den Mann wurr groen (grauen). Do güng he staan un säd:

»Manntje, Manntje! Timpe Te!
Buttje, Buttje in der See!
myne Fru, de Ilsebill,
will nich so, as ik wol will.«

»Na, wat will se denn?« säd de Butt. »Ach Butt«, säd he, »myn Fru will Kaiser warden.« »Ga man hen«, säd de Butt, »se is't all.«

Do güng de Mann hen, un as he door köhm, so wöör dat ganße Slott von poleertem Marmelsteen mit albasternen Figuren un gollnen Zyraten. Vör de döhr marscheerden de Soldaten, un se blösen Trumpeten un slögen Pauken un Trummeln; awerst in dem Huse, da güngen de Baronen un Grawen un Herzogen man so as Bedeenters herüm, do maakden se em de Dören up, de von luter Gold wören. Un as he herinköhm, door seet syne Fru up enem Troon, de wöör von een Stück Gold, un wöör wol twe Myl hoog, un hadd ene groote gollne Kroon up, de wöör dre Elen hoog un mit Briljanten un Karfunkelsteen besett't; in de ene Hand hadde se den Zepter un in de annere Hand den Reichsappel, un up beyden Syden by eer door stünnen de Trabanten so in twe Regen, jümmer en lüttjer as de annere, von dem allergröttsten Rysen, de wöör twe Myl hoog, bet to dem allerlüttjsten Dwaark, de wöör man so groot as myn lüttje Finger. Un vör ehr stünnen so vele Fürsten un Herzogen. Door güng de Mann tüschen staan und säd: »Fru! büst du nu Kaiser?« »Ja«, säd se, »ik bün Kaiser.« Do güng he staan, un beseeg se sik so recht, un as he se so'n Flach ansehn hadd, so säd he: »Ach Fru, wat lett dat schöön, wenn du Kaiser büst.« »Mann«, säd se, »wat staist du door? Ik bün nu Kaiser, nu will ik awerst ook Paabst warden, ga hen tom Butt.« »Ach, Fru«, säd de Mann, »wat wulst du man nich? Paabst kannst du nich warden, Paabst is man eenmal in der Kristenhait, dat kann he doch nich maken.« »Mann«, säd se, »ik will Paabst warden, ga glyk hen, ik mutt hüüt noch Paabst warden.« »Ne, Frau«, säd de Mann, »dat mag ik em nich seggen, dat gait nich good, dat is to groff, tom paabst kann de Butt nich maken.« »Mann, wat Snack!« säd de Fru, »kann he Kaiser maken, kann he ook Paabst maken. Ga foorts hen, ik bünn Kaiser, un du büst man myn Mann, wullt du wol hengaan?« Do wurr he bang un güng hen, em wöör awerst ganß flau, un zittert un beewd, un de Knee un de Waden slakkerden em. Un dar streek so 'n Wind äwer dat Land, un de Wolken flögen, as dat düster wurr gegen Awend; de Bläder waiden von den Bömern, und dat Water güng un bruusd as kaakd dat, un platschd an dat Äver, un von feern seeg he de Schepen, de schöten in der Noot, un danßden un sprüngen up den Bülgen. Doch wöör de Himmel noch so 'n bitten blau in de Midd, awerst an den Syden door toog dat so recht rood up, as en swohr Gewitter. Do güng he recht vörzufft (verzagt) staan in de Angst un säd:

»Manntje, Manntje! Timpe Te!
Buttje, Buttje in der See!
myne Fru, de Ilsebill,
will nich so, as ik wol will.«

»Na, wat will se denn?«, säd de Butt. »Ach«, säd de Mann, »se will Paabst warden.« »Ga man hen, se is't all«, säd de Butt.

Do güng he hen, un as he door köhm, so wöör dar as en groote Kirch mit luter Pallastens ümgewen. Door drängd he sik dorch dat Volk; inwendig was awer allens mit dausend un dausend Lichtern erleuchtet, un syne Fru wöör in luter Gold gekledet, un seet noch up enem veel högeren Troon, un hadde dre groote gollne Kronen up, un üm ehr dar wöör so veel von geistlykem Staat, un up beyden Syden by ehr door stünnen twe Regen Lichter, dat gröttste so dick und groot as de allergröttste Toorn, bet to dem allerkleensten Käkenlicht; un alle de Kaisers un de Königen de legen vör ehr up de Knee und küßden ehr den Tüffel. »Fru«, säd de Mann, und seeg se so recht an, »büst du nu Paabst?« »Ja«, säd se, »ik bün Paabst.« Do güng he staan un seeg se recht an, un dat wöör, as wenn he in de helle Sunn seeg. As he se do een Flach ansehn hadd, so säd he: »Ach Fru, wat lett dat schöön, wenn du Paabst büst!« »Se seet awerst ganß styf as en Boom un rüppeld un röhrd sik nich. Do säd he: »Fru, nu sy tofreden, nu du Paabst büst, nu kannst du doch niks meer warden.« »Da will ik my bedenken«, säd de Fru. Mit des güngen se beyde to Bedd, awerst se wöör nich tofreden, un de Girighait leet se nich slapen, se dachd jümmer, wat se noch warden wull.

De Mann sleep recht good un fast, he hadd den Dag veel lopen, de Fru awerst kunn goor nich inslapen, un smeet sik von en Syd to der annern de ganße Nacht, un dachd man jümmer, wat se noch wol warden kunn, un kunn sik doch up niks meer besinnen. Mit des wull de Sünn upgan, un as se dat Morgenrood seeg, richt'd se sik äwer End im Bedd, un seeg door henin, un as se uut dem Fenster de Sünn so herup kamen seeg. »Ha«, dachd se, »kunn ik nich ook de Sünn un de Maan upgaan laten?« »Mann«, säd se, un stödd em mit dem Ellbagen in de Ribben, »waak up, ga hen tom Butt, ik will warden as de lewe Gott.« De Mann was noch meist in'n Slaap, awerst he vörschrock sik so, dat he uut dem Bedd füll. He meend, he hadd sik vörhöörd, un reef sik de Ogen uut, un säd: »Ach, Fru, wat säd'st du?« » Mann«, säd se, »wenn ik nich de Sünn un de Maan kann upgaan laten, un mutt dat so ansehn, dat de Sünn un de Maan upgaan, ik kann dat nich uuthollen, un hebb kene geruhige Stünd meer, dat ik se nich sülwst kann upgaan laten.« So seeg se em so recht gräsig an, dat em so 'n Schudder äwerleep. »Glyk ga hen, ik will warden as de lewe Gott.« »Ach, Fru«, säd de Mann, un füll vör eer up de Knee, »dat kann de Butt nich. Kaiser un Paabst kann he maken, ik bidd dy, sla in dy un blyf Paabst!« Do köhm se in de Booshait, de Hoor flögen ehr so wild üm den Kopp, do reet se sik dat Lyfken (Mieder) up un geef em eens mit dem Foot un schreed: »Ik holl dat nich uut, un holl dat nich länger uut, wult du hengaan??« Do slööpd he sik de Büxen an un leep weg as unsinnig.

Buten awer güng de Storm, und bruusde, dat he kuum up den Föten staan kunn; de Huser un de Bömer waiden um, un de Baarge beewden, un de Felsenstücken rullden in de See, un de Himmel wöör ganß pickswart, un dat dunnerd un blitzd, un de See güng in so hoge swarte Bülgen as Kirchentöörn un as Baarge, un de hadden bawen alle ene witte Kroon von Schuum up. Do schre he, un kunn syn egen Woord nich hören:

»Manntje, Manntje! Timpe Te!
Buttje, Buttje in der See!
myne Fru, de Ilsebill,
will nich so, as ik wol will.«

»Na, wat will se denn?«, säd de Butt. »Ach«, säd he, »se will warden as de lewe Gott.« »Ga man hen, se sitt all wedder in'n Pißputt.«

Door sitten se noch bet up hüüt un düssen Dag.

Von dem Fischer und seiner Frau

Es war einmal ein Fischer und seine Frau, die wohnten zusammen in einer Hütte (in 'nem Pißpott), dicht an der See, und der Fischer ging alle Tage hin und angelte, und er angelte und angelte.

So saß er einmal auch bei seiner Angel und sah immer in das klare Wasser hinein: und er saß und saß.

Da ging die Angel auf Grund, tief runter, und als er sie herauszog, so zog er einen großen Butt heraus. Da sagte der Butt zu ihm: »Hör mal, Fischer, ich bitt' dich, laß mich leben, ich bin kein richtiger Butt, ich bin ein verwünschter Prinz. Was hilft dir das, daß du mich tot machst? Ich würde dir doch nicht recht schmecken: setz mich wieder in das Wasser und laß mich schwimmen.« »Nun«, sagte der Mann, »du brauchst nicht so viele Worte zu machen, einen Butt, der sprechen kann, hätt' ich doch wohl schwimmen lassen.« Damit setzte er ihn wieder in das klare Wasser, da ging der Butt auf Grund und ließ einen langen Streifen Blut hinter sich. Da stand der Fischer auf und ging zu seiner Frau in die Hütte.

»Mann«, sagte die Frau, »hast du heute nichts gefangen?« »Nein«, sagte der Mann, »ich fing einen Butt, der sagte, er wäre ein verwunschener Prinz, da hab ich ihn wieder schwimmen gelassen.« »Hast du dir denn nichts gewünscht?« sagte die Frau. »Nein, sagte der Mann, »was soll ich mir wünschen?« »Ach«, sagte die Frau, »das ist doch übel, hier immerzu in der Hütte zu wohnen, das stinkt und ist so eklig: du hättest uns doch ein kleines Häuschen wünschen können. Geh noch mal hin und ruf ihn: sag ihm, wir wollten ein kleines Häuschen haben, er tut das gewiß.« »Ach«, sagte der Mann, »was soll ich da noch mal hingehen?« »Ei«, sagte die Frau, »du hattest ihn doch gefangen und hast ihn wieder schwimmen lassen, er tut das gewiß. Geh gleich hin.« Der Mann wollte noch nicht recht, wollte seiner Frau aber auch nicht zuwider sein und ging hin zur See.

Als er dort ankam, war die See ganz grün und gelb und ging nicht mehr so klar. Da stellte er sich hin und sagte:

»Manntje, Manntje (Männlein, Männlein), Timpe Te,
Buttje, Buttje in der See,

meine Frau, die Ilsebill,
will nicht so, wie ich gern will.«

Da kam der Butt herangeschwommen und sagte: »Na, was will sie denn?« »Ach, sagte der Mann, »ich hätte dich doch gefangen gehabt, sagt meine Frau, ich hätte mir doch was wünschen sollen. Sie mag nicht mehr in der Hütte wohnen, sie will gern ein Häuschen.« »Geh nur hin«, sagte der Butt, »sie sitzt schon drin.«

Da ging der Mann hin, und seine Frau saß nicht mehr in einer Hütte, da stand vielmehr ein kleines Haus und seine Frau saß vor der Tür auf einer Bank. Da nahm seine Frau ihn bei der Hand und sagte zu ihm: »Komm mal rein, sieh, nun ist das doch viel besser.« Da gingen sie hinein, und in dem Haus war ein kleiner Vorplatz und eine kleine herrliche Stube und eine Kammer, in der ihr Bett stand, und eine Küche und Speisekammer, alles auf das beste mit Geräteschuppen und auf das schönste eingerichtet, Zinngerät und Messing, (alles) was dazugehört. Und dahinter war auch ein kleiner Hof mit Hühnern und Enten und ein kleiner Garten mit Grünzeug und Obst. »Sieh«, sagte die Frau, »ist das nicht nett?« »Ja«, sagte der Mann, »so soll es bleiben, nun wollen wir recht vergnügt leben.« »Das wollen wir uns bedenken«, sagte die Frau. Damit aßen sie etwas und gingen zu Bett.

So ging das wohl acht oder vierzehn Tage, da sagte die Frau: »Hör, Mann, die Hütte ist auch gar zu eng, und der Hof und der Garten ist so klein: der Butt hätte uns auch wohl ein größeres Haus schenken können. Ich möchte gern in einem großen steinernen Schloß wohnen: geh hin zum Butt, er soll uns ein Schloß schenken.« »Ach, Frau«, sagte der Mann, »das Haus ist doch gut genug, was wollen wir in einem Schloß wohnen?« »Ei was«, sagte die Frau, »geh du mal hin, der Butt kann das allemal tun.« »Nein, Frau«, sagte der Mann, »der Butt hat uns schon das Haus gegeben, ich mag nun nicht schon wieder kommen, den Butt möchte es verdrießen.« »Geh doch«, sagte die Frau, »er kann das recht gut und tut das gern; geh du mal hin.« Dem Mann war sein Herz so schwer, und er wollte nicht; er sagte bei sich selber: »Das ist nicht recht«, er ging aber doch hin.

Als er an die See kam, war das Wasser ganz violett und dunkelblau und grau und dick und gar nicht mehr so grün und gelb, doch war es noch still. Da stellte er sich hin und sagte:

Manntje, Manntje, Timpe Te,
Buttje, Buttje in der See,
meine Frau, die Ilsebill,
Will nicht so, wie ich gern will.«

»Na, was will sie denn?« sagte der Butt. »Ach«, sagte der Mann halb betrübt, »sie will in einem großen steinernen Schloß wohnen.« »Geh nur hin, sie sitzt vor der Tür«, sagte der Butt.

Da ging der Mann hin und dachte, er wollte nach Hause gehen, als er aber dahin kam, so stand da ein großer steinerner Palast, und seine Frau stand eben auf der Treppe und wollte hineingehen: da nahm sie ihn bei der Hand und sagte, »komm mal herein.« Damit ging er mit ihr hinein, und in dem Schloß war eine große Diele mit marmornem Estrich, und da waren so viele Bedienstete, die rissen die großen Türen auf, und die Wände waren ganz klar und mit schönen Tapeten und in den Zimmern lauter goldene Stühle und Tische, und kristallene Kronleuchter hingen an der Decke, und so war das alles, die Stuben und Kammern mit Fußmatten; und das Essen und der allerbeste Wein stand auf den Tischen, als ob sie brechen wollten. Und hinter dem Haus war auch ein großer Hof mit Pferde- und Kuhstall und Kutschwägen auf das allerbeste, auch war da ein großer herrlicher Garten mit den schönsten Blumen und feinen Obstbäumen sowie ein Freigehege, wohl eine halbe Meile lang, darinnen waren Hirsche und Rehe und Hasen und alles, was man sich immer wünschen mag. »Na«, sagte die Frau, »ist das nun nicht schön?« »Ach ja«, sagte der Mann, »so soll es auch bleiben, nun wollen wir auch in dem schönen Schloß wohnen und wollen zufrieden sein.« »Das wollen wir uns bedenken«, sagte die Frau, »und wollen's beschlafen.« Damit gingen sie zu Bett.

Den anderen Morgen wachte die Frau zuerst auf, da war es schon Tag, und sah von ihrem Bett aus das herrliche Land vor sich liegen. Der Mann räkelte sich noch, da stieß sie ihn mit dem Ellenbogen in die Seite und sagte: »Mann, steh auf und guck mal aus dem Fenster. Sieh, können wir nicht König werden über all das Land? Geh hin zum Butt, wir wollen König sein.« »Ach, Frau«, sagte der Mann, »was wollen wir König sein! Ich mag nicht König sein.« »Na«, sagte die Frau, »willst du nicht König sein, so will ich König sein. Geh hin zum Butt, ich will König sein.« »Ach, Frau«, sagte der Mann, »was willst du König sein? Das mag ich ihm nicht sagen.« »Warum nicht?« sagte die Frau. »Geh stracks hin, ich muß König sein.« Da ging der Mann hin und war ganz betrübt, daß seine Frau König werden wollte. »Das ist nicht recht und ist nicht recht«, dachte der Mann. Er wollte nicht hingehen, ging aber doch hin.

Und als er an die See kam, da war die See ganz schwarz-grau, und das Wasser gärte so von innen hoch und stank auch ganz faul. Da stellte er sich hin und sagte:

»Manntje, Manntje, Timpe Te,
Buttje, Buttje in der See,
meine Frau, die Ilsebill,
will nicht so, wie ich gern will.«

»Na, was will sie denn?« sagte der Butt. »Ach«, sagte der Mann, »sie will König werden.« »Geh nur hin, sie ist es schon«, sagte der Butt.

Da ging der Mann hin, und als er nach dem Palast kam, da war das Schloß viel größer geworden, mit einem großen Turm und herrlichem Zierat daran; und die Schildwache stand vor der Pforte, und da waren so viele Soldaten und Pauken und Trompeten. Und als er in das Haus kam, so war alles aus purem Marmor mit Gold und samtenen Decken und großen goldenen Quasten. Da gingen die Türen des Saales auf, wo der ganze Hofstaat war, und seine Frau saß auf einem hohen Thron aus Gold und Diamanten und hatte eine große goldene Krone auf und das Szepter in der Hand aus purem Gold und Edelstein, und zu beiden Seiten neben ihr standen sechs Jungfern in einer Reihe, immer eine einen Kopf kleiner als die andere. Da stellte er sich hin und sagte: »Ach, Frau, bist du nun König?« »Ja«, sagte die Frau, »nun bin ich König.« Da stand er und sah sie an, und als er sie da eine Zeitlang so angesehen hatte, sagte er: »Ach, Frau, was sieht das schön aus, wenn du König bist! Nun wollen wir auch nichts mehr wünschen.« »Nein, Mann«, sagte die Frau und war ganz unruhig, »mir wird die Zeit und Weile zu lang, ich kann das nicht mehr aushalten. Geh hin zum Butt, König bin ich, nun muß ich auch Kaiser werden.« »Ach, Frau«, sagte der Mann, »was willst du

Kaiser werden?« »Mann«, sagte sie, »geh zum Butt, ich will Kaiser sein.« »Ach, Frau«, sagte der Mann, »Kaiser kann er nicht machen, ich mag dem Butt das nicht sagen; Kaiser ist man nur einmal im Reich: Kaiser kann der Butt ja nicht machen, das kann und kann er nicht.« »Was«, sagte die Frau, »ich bin König, und du bist (nur) mein Mann, willst du gleich hingehen? Gleich geh hin, kann er König machen, kann er auch Kaiser machen, ich will und will Kaiser sein; gleich geh hin.« Da mußte er hingehen. Da der Mann aber hinging, war ihm ganz bang, und als er so ging, dachte er bei sich: »Das geht und geht nicht gut: Kaiser ist zu unverschämt, der Butt wird's am Ende müde.«

Damit kam er an die See, da war die See noch ganz schwarz und dick und fing an, von unten auf zu schäumen, daß es Blasen aufwarf, und es ging ein Sturmwind darüber hin, daß er die See um und um kehrte, und der Mann war voller Grauen. Da stellte er sich hin und sagte:

»Manntje, Manntje, Timpe Te,
Buttje, Buttje in der See,
meine Frau, die Ilsebill,
will nicht so, wie ich gern will.«

»Na, was will sie denn?« sagte der Butt. »Ach, Butt«, sagte er, »meine Frau will Kaiser werden.« »Geh nur hin«, sagte der Butt, »sie ist es schon.«

Da ging der Mann hin, und als er zurückkam, da war das ganze Schloß aus poliertem Marmor und alabasternen Figuren und goldenen Zieraten. Vor dem Tor marschierten die Soldaten, und sie bliesen Trompeten und schlugen Pauken und Trommeln; aber in dem Hause (drinnen), da gingen die Barone und Grafen und Herzöge fast so wie Bedienstete herum; da machten sie ihm die Türen auf, die von lauterem Gold waren. Und als er hereinkam, da saß seine Frau auf einem Thron, der war aus einem Stück Gold und war wohl zwei Meter hoch, und (sie) hatte eine große goldene Krone auf, die war drei Ellen hoch und mit Brillanten und Karfunkelsteinen besetzt; in der einen Hand hatte sie das Szepter und in der anderen Hand den Reichsapfel, und auf beiden Seiten neben ihr, da standen die Trabanten (Leibwächter) in zwei Reihen, immer einer kleiner als der andere, von dem allergrößten Riesen, der war zwei Meter hoch, bis zu dem allerkleinsten Zwerg, der war nur so groß als mein kleiner Finger. Und vor ihr standen so viele Fürsten und Herzöge. Da stellte der Mann sich unten hin und sagte: »Frau, bist du nun Kaiser?« »Ja«, sagte sie, »ich bin Kaiser«. Da stellte er sich hin und besah sie sich richtig, und als er sie so eine Zeitlang angesehen hatte, so sagte er: »Ach, Frau, was sieht das schön aus, wenn du Kaiser bist.« »Mann«, sagte sie, »was stehst du da (rum)? Ich bin nun Kaiser, nun will ich aber auch Papst werden, geh hin zum Butt.« »Ach, Frau«, sagte der Mann, »was willst du denn nicht? Papst kannst du nicht werden, Papst ist man nur einmal in der Christenheit, das kann er doch nicht machen.« »Mann«, sagte sie, »ich will Papst werden, geh gleich hin, ich muß heute noch Papst werden.« »Nein, Frau«, sagte der Mann, »das mag ich ihm nicht sagen, das geht nicht gut, das ist zu groß, zum Papst kann der Butt nicht machen.« »Mann, was ein Quatsch!« sagte die Frau. »Kann er Kaiser machen, kann er auch Papst machen. Geh sofort hin, ich bin Kaiser, und du bist nur mein Mann, willst du wohl hingehen?« Da wurde er bang und ging hin, ihm war aber ganz flau, und er zitterte und bebte, und ihm schlockerten die Knie und Waden. Und da strich so ein Wind über das Land, und die Wolken flogen dahin so düster, wie wenn's Abend würde; die Blätter wehten von den Bäumen, und das Wasser ging (wogte) und brauste, als kochte es, und platschte ans Ufer, und von fern sah er Schafe, die schrien in der Not und tanzten und sprangen auf den Deichen. Doch war der Himmel noch so ein bißchen blau in der Mitte, aber an den Seiten, da zog das richtig rot auf wie ein schweres Gewitter. Da stellte er sich richtig verzagt hin in der Angst und sagte:

»Manntje, Manntje, Timpe Te,
Buttje, Buttje in der See,
meine Frau, die Ilsebill,
will nicht so, wie ich gern will.«

»Na, was will sie denn?«, sagte der Butt. »Ach«, sagte der Mann, »sie will Papst werden.« »Geh nur hin, sie ist es schon«, sagte der Butt.

Da ging er hin, und als er zurückkam, da war da eine große Kirche mit lauter Palästen umgeben. Da drängte er sich durch das Volk; innen aber war alles mit tausend und tausend (Kerzen-)Lichtern erleuchtet, und seine Frau war in lauter Gold gekleidet und saß auf einem (noch) viel höheren Thron, und hatte drei große goldene Kronen auf, und um sie herum so viel an geistlichem (Hof-)Staat, und auf beiden Seiten von ihr standen zwei Reihen Lichter, das größte so dick und groß wie der allergrößte Turm bis zu dem allerkleinsten Kerzenlicht, und all die Kaiser und die Könige – die warfen vor ihr sich auf die Knie und küßten ihr die Schuhe (Stiefel). »Frau«, sagte der Mann und sah sie so richtig an, »bist du nun Papst?« »Ja«, sagte sie, »ich bin Papst.« Da stellte er sich hin und sah sie richtig an, und das war, als wenn er in die helle Sonne schaute. Wie er sie sich da eine Zeitlang angesehen hatte, so sagte er: »Ach, Frau, was sieht das schön aus, wenn du Papst bist.« Sie saß aber ganz steif wie ein Baum und ruckte und rührte sich nicht. Da sagte er: »Frau, nun sei zufrieden, nun du Papst bist, nun kannst du nichts mehr werden.« »Das will ich mir bedenken«, sagte die Frau. Damit gingen sie beide ins Bett, aber sie war nicht zufrieden, und die Gierigkeit ließ sie nicht schlafen, sie dachte immer, was sie noch wohl werden wollte.

Der Mann schlief richtig und fest, er war den Tag viel gelaufen, die Frau aber konnte gar nicht einschlafen, und warf sich von einer Seite auf die andere, die ganze Nacht, und dachte nur immer, was sie noch wohl werden konnte, und konnte sich doch auf nichts mehr besinnen. Damit wollte die Sonne aufgehen, und als sie das Morgenrot sah, streckte sie sich über den Bettrand und sah da hinein, und wie sie aus dem Fenster die Sonne so heraufkommen sah, dachte sie: »Ha, kann ich nicht auch die Sonne und den Mond aufgehen lassen?« »Mann«, sagte sie und stieß ihn mit dem Ellenbogen in die Rippen, »wach auf, geh hin zum Butt, ich will werden wie der liebe Gott.« Der Mann war noch fest am Schlafen, doch er erschrak sich so, daß er aus dem Bett fiel. Er meinte, er hätte sich verhört, und rieb sich die Augen klar und sagte: »Ach, Frau, was sagtest du?« »Mann«, sagte sie, »wenn ich nicht die Sonne und den Mond kann aufgehen lassen und muß das so ansehen, daß die Sonne und der Mond aufgehen, – ich kann das nicht aushalten und habe keine ruhige Stunde mehr, daß ich sie nicht selbst kann aufgehen lassen.« Da sah sie ihn derart gräßlich an, daß ihn ein Schauder überlief. »Gleich geh hin, ich will werden wie der liebe Gott.« »Ach, Frau«, sagte der Mann, und fiel vor ihr auf die Knie, »das kann der Butt nicht. Kaiser und Papst kann er machen, (aber) ich bitt dich, geh in dich und bleib Papst.« Da kam sie in die Bosheit, die Haare flogen ihr so wild um den

Kopf, da riß sie sich das Leibchen auf und gab ihm eins mit dem Fuß und schrie: »Ich halt das nicht aus, ich halt das nicht länger aus, willst du (wohl) hingehen?« Da zog er sich die Hosen an und lief weg wie von Sinnen.

Draußen aber ging der Sturm und brauste, daß er kaum auf den Füßen stehen konnte; die Häuser und die Bäume wehten um, und die Berge bebten, und die Felsstücke rollten in die See, und der Himmel war ganz pechschwarz, und es donnerte und blitzte, und die See ging in so hohen schwarzen Wogen wie Kirchtürme und Berge, und die hatten oben alle eine weiße Krone von Schaum. Da schrie er und konnte sein eigenes Wort nicht hören:

»Manntje, Manntje, Timpe Te,
Buttje, Buttje in der See,
meine Frau, die Ilsebill,
will nicht so, wie ich gern will.«

»Na, was will sie denn?«, sagte der Butt. »Ach«, sagte er, »sie will werden wie der liebe Gott.« »Geh nur hin, sie sitzt schon wieder in einer Hütte« (einem Pißpott).

Da sitzen sie noch bis auf heut und diesen Tag.

Deutung

Der Butt oder: Die Entdeckung des Wünschens

Der erste Eindruck dieses Märchens trügt: hier, auf der einen Seite, steht der brave und bescheidene, doch seiner Frau allzu gehorsame und bis zur Selbstaufgabe dienstwillige Fischer, und da steht sie, die Frau, die mit ihren maßlosen Wünschen und Forderungen alles zu gewinnen sucht und mit der Sucht nach immer mehr alles verspielt, – die typische Vernunft eines Mannes und die typische Unvernunft einer Frau treffen in dieser Geschichte scheinbar aufeinander. Wirklich: es mag Ehen geben, die zumindest in männlicher Sicht in dieser Weise sich beschreiben lassen: Alles wäre gut und im Gleichgewicht, fände sich nicht an der Seite eines gutmütigen und auf Ausgleich sinnenden Gatten eine stets verdrossen wirkende, unersättlich begehrende und mäkelnd aufbegehrende Gattin. Und was Wunder auch! War es nicht Eva schon im Paradiese, die mit ihrem Verlangen den Mann dazu verführte, von der Frucht des verbotenen Baumes zu essen? Sie zerstörte damit das Glück der Eintracht mit sich selbst und der Welt ringsum, in welcher Adam, ohne jene Eva, sich vermeintlich immer noch aufhielte. »Ach alter armer Adam du«, heißt es seit der Barockzeit, »dein erster Schlaf war deine letzte Ruh«; schuf Gott doch aus der Rippe des im Tiefschlaf Liegenden die »Männin«, wie er sie, erwachend, nennen wird (Gen 2,21.23). Der gute Mann, die böse Frau – als eine Geschichte zum Schmunzeln verrät die GRIMMsche Geschichte vom »*Fischer und seiner Frau*« recht deutlich die Züge eines solchen Humors, bei dem die Männer sich recht einseitig zu belustigen pflegen zu Lasten ihrer Frauen. So viel ist jedenfalls von vornherein klar: nur in den Kreisen von Männern kann diese Geschichte Gefallen und Beifall gefunden haben, und nur von Männern dürfte sie in dieser Erzählfreude denn auch tradiert worden sein.

Wie aber, es wären, wie schon in der Bibel, *der* Mann und *die* Frau gar nicht als zwei getrennte Personen, sondern als die zwei Seiten ein und derselben Person zu betrachten, und der ganze Widerstreit von sich steigernden Wünschen und widerstrebend folgender Einwilligung fände statt in der Seele eines in sich widersprüchlichen Bewußtseins? Nicht von einem Geschlechtergegensatz zwischen Mann und Frau ginge dann die Rede, wohl aber von einem Konflikt zwischen den zwei Seiten in uns selbst, die man typologisch als »das Männliche« beziehungsweise als »das Weibliche« bezeichnen kann und die uns zwischen Vernunft und Verlangen, zwischen Introversion und Extraversion, zwischen Bewahren und Erobern immer von neuem hin und her schwanken lassen. Sehr bemerkenswert ist dann der Wechsel des Geschlechter-Klischees, denn im Märchen übernimmt gerade nicht »der Mann« die Rolle des ungestüm Drängenden und »die Frau« die Rolle der vorsichtig Behütenden, sondern die »klassischen« Typisierungen sind in ihr genaues Gegenteil verkehrt: Es ist hier die Frau, die aktiv mit ihrem Verlangen sich ihres eher passiven Mannes als eines bloßen Mittlers und Mittels bedient, um, wie ein schreiendes Kleinkind, auf der Stelle alles zu bekommen, was immer als Wunsch ihr kommt.[4]

4 Auf das Wechselspiel der gesellschaftlichen Rollenverteilung von Mann und Frau hat vor allem GÜNTER GRASS in seinem Roman *Der Butt* aus dem Jahre 1977 das Augenmerk gelegt. Danach war in Urzeiten die Welt noch in Ordnung, als die Männer (im Matriarchat) von dreibrüstigen Urmüttern verwöhnt wurden. Dann aber kam der »Butt«, der die Männer antrieb, immer mehr und immer neues zu wollen; so entwickelte sich der kulturelle Fortschritt, bei GRASS vor allem kulinarisch, so als sei unsere Geschichte letztlich nichts anderes als der Versuch der Männer, die verlorene orale Dualunion mit der Mutter künstlich durch alle möglichen Surrogate ersatzweise wiederherzustellen, – ein Konzept, das psychoanalytisch von OTTO RANK in seiner Darlegung vom *Trauma der Geburt* vorgebildet wurde, ohne daß GRASS davon freilich Gebrauch machen würde. Dafür weist er satirisch-kritisch auf die Ambivalenz all der zivilisatorischen Errungenschaften der Männer hin, – am Ende gehört der »Butt« vor ein Frauengericht, mit dem offenen Ergebnis, daß womöglich ein neues Matriarchat den Taumel des männlichen Begehrens beruhigen könnte. – Mit dem GRIMMschen Märchen hat dieser Roman nur das Motiv der sich steigernden Bedürfnisse gemeinsam, aus der Psychologie der Beziehung von Wunsch und Wirklichkeit wird eine Geschichtsdarstellung der negativen Auswirkungen vermeintlicher Männerherrschaft, die, von allen guten Frauen verlassen, etwas herbeisehnt, das es nicht gibt; wer, statt mit den Märchenmotiven ein eigenes Spiel zu arrangieren, die Bedeutung der Geschichte verstehen will, muß sich vor allem Schritt für Schritt fragen, woher denn die Wünsche der Frau hier kommen, welch einen Sinn sie haben und wohin sie führen; der »Butt« erscheint dann als die Entdeckung und Freigabe der eigenen Wunschwelt –

Es gibt mithin Grund genug, von den standardisierten Verhaltenszuschreibungen (»der« Mann, »die« Frau, »das« Männliche, »das« Weibliche) gänzlich Abstand zu nehmen und sich zu fragen, was mit einem Menschen los ist, dem die Gelegenheit gegeben wird, alles, was er möchte, sich zu wünschen, und der dann miterleben muß, wie alles schon gewonnen Geglaubte restlos zerrinnt auf Grund der Unersättlichkeit des eigenen Begehrens. Wie steht es um die Triebbedürfnisse und Leidenschaften unserer Seele und wie gehen wir mit ihnen um, wenn sie in Heftigkeit sich in uns zu Wort melden? Es ist in dem Märchen nicht, daß sie, wie zu Beginn der Reifejahre, plötzlich nach einem festen hormonellen Programm der Physiologie einen Affektsturm auslösen würden, es geschieht eher so, als wären des Nachts beim Knarren einer längere Zeit nicht betretenen Holztreppe schlafende Hunde geweckt worden, die nun von allen Seiten zu bellen begönnen. Eine Gelegenheit tat sich auf, eine bestimmte Situation trat ein, und sie löste ein bis dahin unbekanntes, wohlverborgenes, aus dem Bewußtsein ganz und gar verdrängtes, überraschend neuartiges Begehren aus; dabei existiert noch kein Konzept, wie mit der überraschend eingetretenen Situation zu verfahren wäre. Ein Neues bricht auf, und es läßt sich nicht einfach abspalten oder ignorieren, man muß versuchen, es irgendwie zu integrieren; doch dazu muß man es erst einmal kennenlernen.

Genau diesem Zweck dienen die *Wunschträume.* In einer Psychotherapie – oder auch sonst in einer innigen Verbindung zwischen zwei Menschen – kann es passieren, daß sich in der Seele eine Menge von Wünschen zu regen beginnen, die weder in solcher Intensität noch in solchen Inhalten je erlebt wurden.

in ihrem Glück wie in möglichem Unglück; er ist gerade nicht, wie GRASS es darstellt, die Triebkraft der Wünsche selber. – GRASS mochte sich der Geschichte des Grimmschen Märchens auch des pommerschen Dialekts wegen zugetan fühlen. Die GRIMMS notieren: »Dieses Märchen hat Runge (sc. PHILIPP OTTO RUNGE, 1777–1810, d.V.) zu Hamburg in der pommerschen Mundart trefflich aufgeschrieben, und wir erhielten es schon im Jahre 1809 von Arnim (sc. ACHIM VON ARNIM, 1781–1831, d.V.) freundschaftlich mitgetheilt.« BRÜDER GRIMM: Kinder und Hausmärchen, Bd. 3, S. 28.

»Etwas zu wünschen war in meiner Kindheit absolut undenkbar«, erklärte eine Frau mittleren Alters, die ob des jähen Tods eines guten Freundes untröstlich war. Dieser Mann hatte durch seine Zuneigung eine Reihe von Erfahrungen in ihr ausgelöst, die sie in dieser Weise für unmöglich gehalten hätte: sie, die bis dahin nähere Kontakte aus Angst vor Enttäuschung und aus einem tiefverwurzelten Schuldgefühl heraus streng vermieden und dafür mit einer fehlerlosen Tüchtigkeit im Beruflichen erfolgreich zu überbrücken versucht hatte, spürte mit einem Mal das Glück einer vertrauensvollen Geborgenheit und sogar zärtlichen Vertrautheit, – bis daß jener tragische Unglücksfall sich wie Frühlingsfrost auf die Schönheit der Blüten ihrer ersten Liebe legte. Alle Lebenseinschränkungen und Gehemmtheiten der frühen Kindheit kehrten jetzt zurück und drohten sich zu bestätigen. – »Meine Jugend«, verriet sie, »war geprägt durch die extreme Verschuldung meines Vaters, der bei aller Anstrengung und allem Fleiß als eigenständiger Leiter einer kleinen Firma von den Krediten erdrückt wurde, die er zur Modernisierung des Betriebs hatte aufnehmen müssen. Unter der Last seiner Verantwortung wurde er zu einem aufbrausenden Haustyrannen und verdrossenen Unglückstrinker; ich als Mädchen hatte nicht eigentlich Angst vor ihm, als vielmehr um ihn: ich fühlte mich für ihn verantwortlich. Also, daß sich in mir seine Klage einprägte, daß wir kein Geld haben – unmöglich, daß ich unter diesen Umständen etwas verlangt hätte, das etwas gekostet hätte –, der bloße Wunsch schon sprach mich schuldig. Und da war noch meine Mutter. Sie hielt mich für ein ausgesprochen schönes Kind, aber es galt in ihren Augen als Sünde, ›so etwas‹ zu zeigen und darauf stolz zu sein. Es kam mir unter ihrer Aufsicht nicht entfernt nur in den Sinn, mit Jungen anzubändeln, – es wäre nicht allein als pflichtvergessen und schamlos erschienen, es hätte vor allem eine unverantwortliche Zeitvergeudung bedeutet. Gern hätte ich eine Beziehung zu einer meiner Lehrerinnen unterhalten, die mir sehr freundlich, fast mütterlich erschien, doch sie blieb natürlich für mich ganz außer Reichweite.« – »Und wenn Sie sich heute einmal etwas wünschen könnten?« – »Wünsche«, lautete ihre resignierte Antwort, »waren eben nie meine starke Seite. Ich weiß im Grunde gar nicht, was das ist.«

Mit einem Unmaß von Fleiß, Intelligenz, Selbstdisziplin und Zielstrebigkeit hatte diese Frau stets ihre Pflicht getan, so wie es am Arbeitsplatz von ihr verlangt wurde. Dabei zeigte ihr hohes Maß an Empathie, daß sie durchaus imstande war, Gefühle und Wünsche herauszuspüren, doch stets nur bei anderen; allenfalls indirekt, ersatzweise, schien es ihr erlaubt, versteckt hinter den Wünschen anderer begrenzt auch eigene Bedürfnisse zuzulassen. Eben deshalb hatte die Beziehung zu ihrem Freund einen Wendepunkt in ihrem gesamten Lebensaufbau dargestellt, und als er von ihrer Seite weggerissen wurde, drohte ein Rückzug in die alte Resignation von Kontaktdistanz und Selbstaufopferung. Um dagegenzusteuern, kam alles darauf an, ihr nach und nach ein gewisses Gefühl für den Eigenwert ihrer Persönlichkeit zu vermitteln sowie eine allmähliche Anerkennung ihrer lang geübten Fähigkeiten und Leistungen. War sie nicht mit all ihrer Zuverlässigkeit, Hilfsbereitschaft und Güte zu etwas absolut Kostbarem gediehen? Erst im Rahmen einer solchen mehr als berechtigten Selbstachtung würde ihr die Erlaubnis zuwachsen, auch sich selber einmal etwas im Leben herauszunehmen. Für diese Frau war das die Stunde des »Butts« – des Beginns der Möglichkeit eigener Wunschvorstellungen in einer noch völlig ungewissen, offenen Entwicklungsrichtung.

Warum ausgerechnet ein »Butt«, mag man sich fragen, warum überhaupt ein Fisch, wenn es ums Wünschen geht? Und was bedeutet es, einen solchen »verwunschenen Prinzen«, wie das Märchen versichert, bei klarer See aus dem Wasser zu ziehen und ihm das Leben zu schenken? Wer das GRIMMsche Märchen verstehen will, bedarf einer Antwort auf solche Fragen, doch sind wir ein Stück weit bereits darauf vorbereitet, uns daran zu wagen. Versuchen wir's. – Für den »verwunschenen Prinzen« darf man nach dem Gesagten jenen Teil der Persönlichkeit betrachten, der um seine eigene Größe und Schönheit und Würde ein Leben lang wie unter einem fremden Fluch betrogen wurde, – wie etwa diese Frau. Ein Teil in ihr, der »Fischer«, ihr Ich, ihr Bewußtsein, brachte lange Zeit damit hin, in das hell-durchsichtige Wasser (der Seele, des Unbewußten) zu schauen, ehe es die unterdrückte und verwunschene Seite der Psyche in Gestalt des Butts an die Angel bekam, – ohne eine gewisse Konzentration auf sich selbst, ohne ein solches Innehalten und Durchsichtigwerden sich selbst gegenüber, ohne eine gewisse Introspektionsfähigkeit wäre es unmöglich, des rätselhaften »Fisches« habhaft zu werden. Es ist ein Vorgang, der mit dem »Angeln« recht anschaulich dargestellt ist: Man kann Fische nicht fangen, indem man mit aller Macht hinter ihnen her zu schwimmen sucht; es hilft nur, möglichst ruhig sich an den Uferrand zu setzen und die Leine auszulegen. Beißt dann ein Fisch, so gilt es freilich, ihn zu drillen und an Land zu ziehen.

Von alters her wurde in der Religions- und Kulturgeschichte den Fischen eine zentrale symbolische Bedeutung zugeschrieben. Eine Ursache dafür dürfte darin liegen, daß paläontologisch der Weg zu den Wirbeltieren, mithin zu uns selber, bereits im Kambrium über die Fische gebahnt wurde.[5] Alles Leben entstammt dem Wasser, und die Sehnsucht zurück ins Meer[6] läßt die Fische als Wesen von Lebenserneuerung, Regeneration und Unsterblichkeit erscheinen. So setzten die Ägypter das Symbol des Fisches in Beziehung zu *Osiris*, dem Gott des Todes und der Auferstehung. Auf der Tafel 4 des *Codex Ani* etwa sieht man den Gott in einem Kleid aus Fischschuppen sitzen (vgl. Tafel 2)[7]. Ein Verstorbener konnte »unter zwei Fischarten

5 Vgl. ROBERT L. CARROLL: Paläontologie und Evolution der Wirbeltiere, 44: »Primitive, fossile Vertreter der Klasse Agnatha (sc. Kieferlose, d. V.) kennt man vom Oberkambrium bis in das Oberdevon … Bei den ältesten Fossilien, die möglicherweise Wirbeltieren zugeordnet werden können, handelt es sich um Fragmente phosphatischer Plättchen aus dem Oberkarbon.«

6 SANDOR FERENCZI: Versuch einer Genitaltheorie, in: Schriften zur Psychoanalyse, II 358, meinte, es sei »die ganze Mutterleibsexistenz der höheren Säugetiere nur eine Wiederholung der Existenzform jener Fischzeit … und die Geburt selbst nichts anderes, als die individuelle Rekapitulation der großen Katastrophe, die so viele Tiere und ganz sicher auch unsere tierischen Vorfahren beim Eintrocknen der Meere zwang, sich dem Landleben anzupassen.«

7 Vgl. EDMUND DONDELINGER: Das Totenbuch des Schreibers Ani, Bild 8: »Der Thronsessel des *Osiris* hat die Form einer Hausfassade. Hier wird das Motiv der Scheintür aufgegriffen, das im ägyptischen Grabbau eine so besondere Rolle spielt, jener in der östlichen Längswand aufgemalten oder eingemeißelten Tür, die das Diesseits vom Jenseits trennt und durch die der Tote herauskommen soll, um die für ihn bestimmten Opfer in Empfang zu nehmen … Vor *Osiris* stehen auf einer Lotosblüte die vier *Horussöhne*« – der

dargestellt werden..., die seiner ersten und seiner letzten Verwandlung vor der Auferstehung entsprachen... Der *Abdju*-Fisch, der eine

menschenköpfige *Imesti*, der affenköpfige *Hapi*, der schakalsköpfige *Dua-Mutef* und der falkenköpfige *Kebeh-Senuef*, die als Hüter der vier Eingeweide in den Kanopenkrügen: Leber, Milz, Lunge und Gedärm, gelten. »Hinter dem Lotos hängt eine Kuhhaut, das sogenannte Imiut. Es ist dies ein alter Fetisch, ursprünglich wohl die Haut eines schwarzen Stiers mit einem weißen Mal auf der Stirn... Das Wort ›Imiut‹ bedeutet: ›der innerhalb des Ut ist‹; Ut aber war *Anubis* ... als Herr der Bestattung... Der Durchgang durch die Haut ist bei vielen frühen Völkern der Weg der Erneuerung, der Wiedergeburt gewesen... Daß hier eine Kuhhaut dargestellt wird, mag eine Anspielung auf die Himmelskuh sein, durch deren Leib der Sonnengott allnächtlich hindurch mußte, um sich für sein Neuerscheinen als junge Morgensonne zu regenerieren.« (S. 59–60) Hinter *Osiris* stehen seine beiden Schwestern *Nephthys* und *Isis*, die eine in einem roten, die andere in einem grünen Trägerkleid. »Vor Osiris steht sein Titel *Wśjr nb ḏt*..., Osiris, ›Herr der Ewigkeit‹. Er trägt die ihm eigentümliche weiße Atefkrone mit grünen Federn. Seine Hautfarbe ist grün – die Farbe der Vegetation. Um den Hals trägt er den mit dem bekannten Menat hinten beschwerten weiten Halskragen aus Halbedelsteinen. Mit beiden Händen hält er seine Insignien: das Hekat-Zepter ... der ›Macht‹, das Uas-Zepter ... der ›Herrschaft‹ und die Königsgeißel...« (S. 61) Sein Königsthron »steht ... auf einem Sockel, der die Form der *Ma'at*-Hieroglyphe hat. Die kosmische Ordnung wird ... bei jeder Thronbesteigung erneuert, und sie zu gewährleisten ist die eigentliche Aufgabe des Königtums. Der Thronsockel in seiner *Ma'at*-Form kann zudem als stilisierter Urhügel aufgefaßt werden; der Urhügel war die erste Erhöhung, die beim Weltbeginn aus dem Urwasser auftauchte.« (S. 54) »Auf dem gewölbten Deckel des Schreins lagert der falkenförmige Totengott *Sokar* aus Sakkara (bei Memphis), in dessen Namen der des Sokar noch fortlebt. ... Als Totengott hat *Osiris* den *Sokar* abgelöst bzw. sich mit ihm verbunden.« (S. 53) Ursprünglich ist *Sokar* »die im Urgrund der Erdentiefe wurzelnde, zeugende Lebenskraft des Chthonischen«. (S. 53) »Über dem Dach des äußeren Schreins ringeln sich rechts und links des *Sokar* je sechs Uräusschlangen empor. Goldene Uräusschlangen bilden den Stirnschmuck des Königs. Die giftspeiende Kobra war das Sonnenauge, das sich *Re* als Diadem aufs Haupt gesetzt hatte. Mit ihrem Gift, der ›Feuersglut‹, schützen ... die Uräen den äußeren Schrein des *Osiris*. Das Dach des inneren Schreins wird von zwei Papyrusbündelsäulen getragen, deren Kapitell von einer Lotosblüte gebildet wird, die zwei Uräen mit der Sonne auf dem Kopf umgeben. Das Dach des inneren Schreins ist wiederum mit einem Fries sonnentragender Uräen geschmückt. So genießt *Osiris* in seinen beiden Hallen den Schutz der feuerspeienden Sonnenschlangen. Es sei vermerkt, daß im Totenbuch stets von den ›beiden Hallen‹ der Gerechtigkeit die Rede ist, wobei eine für den Osten und eine für den Westen steht.« (S. 54)

beachtliche Größe erreichen konnte, war das erste *Cheperu* (sc. die erste Werdegestalt, d. V.) des Toten, der kleine *Inet*-Fisch war das letzte vor der Auferstehung. Beim *Abdju*-Fisch (*'bḏw*) ist auf den Konsonantengleichklang mit Abydos (*'bḏw*) zu achten. Abydos war die große ägyptische Totenstadt, in der jeder, der es sich leisten konnte, zumindest eine Stele errichtete, um an den Opfern teilzuhaben, die dem Osiris an diesem seinem Hauptkultort dargebracht wurden.«[8]

Auch im Christentum wurde – wohl in diesem Erbe – schon »sehr früh und bis zum Ende des 4. Jhs. (das Fischsymbol) außerordentlich oft dargestellt. ... Gelehrte des 17. Jhs. brachten den griechischen Namen des Fisches, ichthys, zum erstenmal mit dem Akrostichon *J Ch Th Y S* (= Jesus Christos Theou Hyios Sōtēr = Jesus Christus, Gottes Sohn, Heiland) in Verbindung ... Es scheint, daß das Fischsymbol zuerst und mit naheliegendem Rückbezug auf die Evangelien (Mt 4,19) zur Bezeichnung der getauften Christen verwendet wurde. Dieser Sprachgebrauch gehört in den ersten Jahrhunderten zum feststehenden Predigtmaterial.«[9] In Mt 4,19 verheißt Jesus den Jüngern im übrigen, er werde sie zu »Menschenfischern« machen, – die Gläubiggewordenen, die Getauften sind somit die vom Tod zum Leben Übergegangenen, die im Geist Wiedergeborenen (Joh 3,1–21: Das Nachtgespräch des Nikodemus), die all das verkörpern, was im Alten Ägypten bereits sich mit dem Fischsymbol verband. Auch die Erzählung vom reichen Fischfang (in Lk 5,1–11 und Joh 21,1–14) ist in diesem Sinne zu verstehen.[10] Zudem gewinnt der Fisch zusammen mit dem Brot in der (nachösterlichen) Erzählung von der wunderbaren

8 EDMUND DONDELINGER: Papyrus Ani, 53–54; Das Totenbuch des Schreibers Ani, 61–62.

9 GERD HEINZ-MOHR: Lexikon der Symbole, 107.

10 Vgl. zur Stelle E. DREWERMANN: Das Lukas-Evangelium, I 271–281: Lk 5,1–11: Der Fischzug des Petrus oder: Des Lebens Fülle als Berufung; ders.: Das Johannes-Evangelium, II 350–366: Joh 21,1–14: Die Erscheinung am See oder: Zwischen Diesseits und Jenseits. – Im Sinne einer Wiedergeburt wird man auch das Motiv von *Jona* im Fischbauch verstehen müssen; vgl. E. DREWERMANN: Und der Fisch spie Jona an Land, 29–32.

Brotvermehrung (Joh 6,1–13) eine quasi eucharistische Bedeutung[11]; und in den Erzählungen von den Erscheinungen des Auferstandenen vor den Jüngern bestätigt der Verzehr von Fischen (Lk 24,42)[12] beziehungsweise von Fisch und Brot (Joh 21,9–10.13)[13] die Realität der Überwindung des Todes durch den Gekreuzigten. Von der Legende ist diese Erscheinung des auferstandenen Jesus am Meer an den Nordrand des Sees Genezareth verlegt worden, und dort, in Tabgha (von griechisch Heptapēgon – Siebenquell), wurde im 6. Jh. unter *Justinian* eine Säulenbasilika[14] errichtet, in der ein Bodenmosaik einen Brotkorb zwischen zwei Fischen zeigt (vgl. Tafel 3): die Gegenwart des Christus im Mahl konkretisiert sich auf diesem eindrucksvollen Bild in dem alten Symbol des ewigen Lebens: im Fisch.

Von daher ist es sehr wichtig, die psychologische Ebene des Fischsymbols im Märchen mit dem Hintergrund der religiösen Bildsprache zu verbinden. Im Märchen ermöglicht der Butt den Einstieg ins Wünschen, weil er selbst ein verwunschener Prinz ist; in der Religion ist der Fisch neben der Verheißung der Unsterblichkeit besonders in der Botschaft Jesu auch eine Erinnerung an die Würde eines jeden vor Gott: wenn der Mann aus Nazareth vom Himmelreich sprach, dann in einer Art, dic gerade den Außenstehenden, Niedergedrückten und Geschundenen ein Gefühl dafür zurückgab, die Söhne und Töchter des ewigen Königs zu sein, – mit den Augen Gottes betrachtet also Prinzen und Prinzessinnen, befähigt, ihren wahren Wert wiederzufinden. Letztlich ist diese religiöse Ebene der Grund und der Hintergrund der Psychologie jedes Selbstwertgefühls, und so bereitet sich hier bereits die Frage vor, was aus dem Inhalt des Fischsymbols wird, wenn sein zutiefst religiöser Gehalt verlorengeht; gegen Ende der Auslegung der GRIMMschen Geschichte werden wir noch sehen, daß

11 Vgl. zur Stelle E. DREWERMANN: Das Johannes-Evangelium, I 265–279: Joh 6,1–21: Brotvermehrung und Seewandel oder: Großzügiges Geben und furchtloses Gehen.

12 Vgl. zur Stelle E. DREWERMANN: Das Lukas-Evangelium, II 996–1018: Lk 24,36–53: Abschied oder: Ein neuer Anfang.

13 Vgl. zur Stelle E. DREWERMANN: Das Johannes-Evangelium, II 350–366: Joh 21,1–14: Die Erscheinung am See oder: Zwischen Diesseits und Jenseits.

14 Es handelt sich hierbei um die Brotvermehrungskirche.

die gesamte Entwicklung des Wünschens in diesem Märchen sich aus dem Verlust jener entscheidenden Dimension des menschlichen Daseins ergibt und sich erst umkehren läßt, wenn man in dem Butt mehr erblickt als ein bloßes Faktotum irdischen Glücksstrebens.

Doch in gewissem Sinne ist der Butt von vornherein ein »verdrehter« Fisch, dem als einem verwunschenen Prinzen etwas Unheilvolles und Unerlöstes anhaftet; auch seine besondere Gestalt besitzt eine eigene Bedeutung. Ursprünglich dürften *die Plattfische,* zu denen neben der Seezunge und der Scholle auch der Steinbutt zählt, »einmal aus Formen hervorgegangen« sein, »die den heutigen Barschartigen« ähnlich sahen, – zweifellos waren sie ehemals »regelmäßig gebaut«; die Plattfischlarven ähneln denn auch »zunächst völlig den Larven der übrigen Fische,« bis dann »im freien Wasser die Umwandlung zum ganz kleinen Plattfisch erfolgt. Äußerlich am deutlichsten tritt dabei die Wanderung eines Auges von einer Körperseite auf die gegenüberliegende zum Vorschein; schließlich liegen beide Augen auf derselben Seite. Diese nunmehrige Augenseite ist zugleich die neue Oberseite, während die augenlose Blindseite die neue Unterseite darstellt.« Auch der Mund und der Schädelknochen werden dabei mitverschoben. Charakteristischerweise »entwickeln sich beim weiteren Heranwachsen (sc. eines Butts, d. V.) auf der Oberseite (Augenseite) Farbstoffe (Pigmente), die den meisten Plattfischen ein erstaunliches Farbanpassungsvermögen an den Untergrund gestatten. Ermöglicht wird diese Fähigkeit durch die in die Unterhaut eingelagerten Farbträger (Chromatophoren). Das sind Zellen, in denen die Farbstoffe durch den Einfluß des Nervensystems beweglich sind. Je nach dem Grad ihrer Ausbreitung in der Haut geben sie dem Fisch die jeweils beste Tarnfärbung, ob er nun auf grobem Sand, Kies, Schlick oder auch auf Muschelschill liegt. Dies geschieht so vollendet, daß ein getarnter und damit vor den Nachstellungen seiner Feinde geschützter Plattfisch sich kaum noch vom umgebenden Boden abhebt. Die Reizaufnahme für die Farbanpassung an den Untergrund erfolgt durch die Augen, denn Versuche mit blinden Schollen haben ergeben, daß solche Tiere auf eine farblich veränderte Umgebung nicht mehr ansprechen. – Hinzu kommt, daß viele Plattfische, so die Schollen und Flundern, sich in den Sand oder Schlick des Meeresbodens eingraben können. Hierzu wühlt der Fisch mit schlagenden Bewegungen der Flossensäume den Grund auf. Die hochgeworfenen Sand- oder Schlickteilchen sinken auf die Oberfläche des nun wieder ruhig liegenden Fisches und bedecken ihn manchmal so vollständig, daß nur noch die beweglichen Augen frei hervorstehen.«[15]

Sehen zu können, ohne gesehen zu werden, – diesem einen Ziel also dienen Körperform, Körperfarbe und Verhalten der Plattfische, doch nicht um eines heimlichen Machtgewinns und eines gewissen Vorteils beim Beutegreifen wegen, sondern um sich durch perfekte Tarnung den Blicken möglicher Freßfeinde entziehen zu können. Die Plattfische bieten mit anderen Worten ein geradezu extremes Beispiel für eine Fluchtangst, die im Überlebenskampf Gestalt angenommen hat, – was einmal zu majestätischer Entfaltung hätte bestimmt sein können, ist zu der furchtsamen Verdrücktheit und Verquertheit eines Lebens buchstäblich ganz unten geronnen. Deutlicher kann das Bild eines »verwunschenen Prinzen« nicht dargestellt werden als in der Gestalt eines solchen Butts.

Einen Schritt weiter noch ist nur der römische Satiriker JUVENAL gegangen: In den Tagen NEROS (das heißt in Wirklichkeit DOMITIANS), so erzählt er, geriet einmal ein Steinbutt[16] »gar wunders groß, ins Netz einem Fischer, vor dem Tempel der Venus hoch über dem dorischen Ancon, und füllte das ganze Netz. Wie er da hängenblieb, war er nicht kleiner als jene, welche das Mäotische Meer birgt im Eise, und wenn es getaut ist, gibt es sie frei, an das brandende Ufer des Pontus, die langsam geworden durch Ruhe und fett durch längere

15 JOACHIM MÜNZING: Die Plattfische, in: Grzimeks Tierleben, V. 231–232.

16 Vgl. a.a.O., V 236: nur »um einen solchen kann es sich (sc. der Größe wegen, d.V.) ... gehandelt haben.« HARRY C. SCHNUR übersetzt das lateinische Wort freilich als Barbe. Barben werden 50 cm, »selten bis 90 cm« groß; vgl PEDRU BANARESCU: Die Karpfenähnlichen, in: Grzimeks Tierleben, IV 353; demgegenüber wächst der Steinbutt sehr langsam. »Die Geschlechtsreife tritt erst im Alter von etwa fünf Jahren bei Längen um dreißig Zentimeter ein. Infolge der ausgiebigen Befischung erreichen heute nur noch ganz wenige Steinbutte Längen von mehr als sechzig Zentimeter.« JOACHIM MÜNZING: Die Plattfische, in: Grzimeks Tierleben, V 236.

Kälte. Der Herr von Kahn und Netz bestimmt dies Wundertier dem Pontifex maximus (sc. dem Kaiser als Hohem Priester, d. V.); denn wer würde es wagen, so einen Fisch feilzubieten oder zu kaufen, wo es selbst am Strande von Denunzianten wimmelt? Außerdem würden die überall verstreuten Seetanginspektoren dem nackten Ruderer alsbald einen Prozeß anhängen: unzweifelhaft sei der Fisch ein entlaufener Sklave, lange in des Kaisers Fischteichen gefüttert, und daher müsse der Flüchtling zu seinem früheren Herrn zurückkehren.« Ohnehin gehöre »alles, was im ganzen Meer von bemerkenswerter Schönheit ist, der Privatschatulle (sc. des Kaisers, d. V.), wo immer es auch schwimmt.«[17] – Kein verwunschener Prinz ist da der Butt, sondern möglicherweise ein Sklave, der im Fischteich des Kaisers zur Schlachtreife herangemästet wurde; ein solcher hat keine königliche Würde durch einen Bann verloren, er hat nie eine Würde besessen, er war nie etwas anderes als ein Sachgegenstand im Besitz eines Kaisers, der als erster im Westen des römischen Reichs sich als »Herrgott« (dominus et deus) titulieren ließ.[18] In dieser Form könnte er unmöglich, wie im Märchen, als Garant der Erfüllung aller möglichen Wünsche auftreten; doch um so mehr taugt er dazu, ein Dasein zu versinnbilden, das in radikaler Ausgeliefertheit und Entfremdung sein Überleben einzig im Verstecken seiner selbst erblicken kann, und in gerade dieser Form berührt es sich denn doch mit dem Bild des Butts im GRIMMschen Märchen.

Was dessen Fang und Freilassung in der Einleitung der Geschichte besagt, läßt sich jetzt in etwa als eine Begegnung mit dem eigenen Unbewußten wiedergeben, in dessen Tiefe all die Wünsche verborgen liegen, die sich nach Möglichkeit durch Anpassung an ihren Untergrund und an ihre Umgebung vor jeder Entdeckung zu schützen suchen, – verständlicherweise, denn würden sie sichtbar, so drohte ihnen die Todesstrafe. Menschen, die so empfinden, können

17 JUVENAL: Satiren, 4. Satire, 41–42. – Man beachte, daß im GRIMMschen Märchen der Butt dem Fischer an die Angel geht; dazu müßte der Butt sich in Strandnähe – in der Ostsee, bei nur mäßigem Tiedehub – eingegraben haben; weit wahrscheinlicher ist JUVENALS Darstellung, wonach der Grundfisch mit einem (Schlepp-)Netz eingefangen wurde.

18 Vgl. SUETON: Leben der Caesaren. Domitian, Kap. 13, S. 338.

zu ihren eigenen Bedürfnissen niemals stehen, – sie müssen befürchten, für sich und andere mit persönlichen Ansprüchen eine tödliche Gefahr heraufzubeschwören. »Ich hätte es nicht ertragen, meinen Eltern oder anderen überhaupt zur Last zu fallen«, faßte eine Frau diese ihre Grunderfahrung in *einem* Satz zusammen. Solange es ihr gelang, über die Tiefen und Abgründe in ihrer Seele hinwegzugleiten, zog sie aus ihrer Fähigkeit zu Selbstverzicht und Selbständigkeit sogar eine gewisse Zufriedenheit; und doch gab es in ihr auch diese andere Seite in Gestalt des Fischers, der, um zu leben, Tag für Tag ans Meer geht, in der Hoffnung, dort das Nötige aus dem Wasser ziehen zu können. Die entscheidende Wende in einem solchen Leben gibt das Märchen damit wieder, daß der Butt bei diesem Fischer »anbeißt«, sich aus dem Wasser ziehen läßt und mit ihm zu sprechen beginnt. Es ist das erste Mal, daß die so gut versteckten, scheinbar verlorenen Wünsche und Bedürfnisse denn doch wieder auftauchen und sich zu Wort melden, und was sie – im Munde des Butts – zu sagen haben, verändert alles: sie möchten weder, wie bisher, verdrängt bleiben noch auch, kaum entdeckt, (ab)getötet werden; in ihnen liegt eine niemals noch wahrgenommene Kostbarkeit.

Wer meint, eine solche Rückkehr des vordem Verdrängten müsse eine freudige und enthusiastische Stimmung einleiten, verkennt die Schuldgefühle und Verletzungen, die eine solche Phase des Erlebens zu begleiten pflegen, und er wird vom Märchen selbst denn auch gleich eines anderen belehrt: als der Fischer, erstaunt, daß der Fisch mit ihm zu sprechen vermag, den Butt zurück in das klare Wasser entläßt, da zieht dieser, während er auf den Grund zurückschwimmt, einen langen Streifen Blut hinter sich her. So verletzend und schmerzhaft also ist es, die so notvoll verborgenen Inhalte der Seele aus der Tiefe des eigenen Unbewußten an die Oberfläche zu ziehen: Es tut weh; es kränkt das bisherige Selbstbewußtsein, – soll man wirklich sich abhängig machen von der Hilfe anderer? Es erzeugt Selbstvorwürfe, – darf man denn einfach auf andere zugehen und sie für eigene Interessen in Anspruch nehmen? Es erschüttert die Selbstsicherheit, die bis dahin bestand, – kann man denn fremden Menschen so einfach vertrauen? So viel steht fest: all diese neuen Erfahrungen und

Umbaumaßnahmen der bisherigen Ich-Einstellung fühlen sich als erstes nicht an wie ein fröhlicher Aufbruch, sondern wie ein Verwundetsein, wie ein Substanzverlust, wie ein bedrohliches Offenstehen nach einer Verletzung, die erst nach einer längeren Zeit verheilen wird. Daß der »Fischer« sich darauf einläßt, dem Fisch das Leben zu schenken, ist zunächst allein der Überraschung und in gewissem Sinne der Neugier geschuldet, mit dem geheimnisvollen Butt reden zu können. Daß das Unbewußte über eine eigene Sprache verfügt, um sich mitzuteilen, und daß es dem Ich etwas von seinem Wesen und seinem Ursprung zu berichten vermag, ist das wirklich Neue, das alles Verändernde im Dasein einer Person, deren Psyche in solchen Bildern sich darstellt.

Sonderbar scheint es nun freilich, daß der Butt zwar behauptet, ein verwunschener Prinz zu sein, doch daß im weiteren Verlauf der Erzählung keinerlei Wert auf seine Erlösung gelegt wird. Ginge es nach der Erzähllogik von Märchen auch in diesem Falle mit rechten Dingen zu, so müßte unbedingt geschildert werden, wer ihn dazu bestimmt hat, als Butt sein Leben zu fristen, und wie er schließlich von seiner schrecklichen Verwunschenheit befreit werden könnte: der Fischer müßte eine Reihe schwieriger Aufgaben lösen, an deren Ende der Prinz seine Menschengestalt wiederfinden und an der Seite einer (ebenfalls verzauberten) Prinzessin dem Zauberer das Handwerk zu legen vermöchte; zum Lohn dann für die geleisteten Dienste und Verdienste gelangte der Fischer schließlich gemeinsam mit seiner Gemahlin am Hofe des auf immer ihm dankbaren neuen Königs zu Wohlstand und Ehre und Einfluß und Ruhm. – So stünde es zu erwarten. Ganz anders aber erzählt sich »unser« Märchen tatsächlich. Die Erlösung des verwunschenen Prinzen findet durchaus nicht statt, und an ihre Stelle tritt erneut seine hilfsbereite Ausbeutbarkeit, indem der Fisch es ist, der die maßlosen Wünsche der Fischersfrau erfüllt. Ja, seine »Verwunschenheit« scheint gerade darin zu bestehen, daß er überhaupt nur am Leben bleiben darf, wenn er prompt und zuverlässig all die Wünsche erfüllt, die bis ins maßlose an ihn herangetragen werden. Vergleicht man dieses sein Schicksal mit dem Verhalten des Fischers, wie dieser von Mal zu Mal auf den Vorschlag seiner Frau hin den Butt um immer neue sich steigernde Wunscherfüllungen angeht, so ist die Übereinstimmung im Verhalten beider augenfällig: der Fluch, der jenen Königssohn in einen diensteifrigen Plattfisch verwandelt, findet seine vollkommene Entsprechung in dem willfährigen Betragen des Fischers seiner Frau gegenüber, und es ist offenbar dessen Schicksal, das sich in ihm aufführt; oder, genauer gesagt: mit dem Einfangen des Butts wird der Fischer sich der Rolle bewußt, die er sein Leben lang bisher hat spielen müssen; daß er es an der Seite *seiner Frau* tut, könnte im Hintergrund des Fluchs über den Prinzen an eine Zauberin als Urheberin aller Verwunschenheit denken lassen, und es läge dann nahe, in dieser seine Mutter zu vermuten, die – ähnlich wie im *Froschkönig*-Märchen[19] – ihren Sohn einerseits wie ein Königskind hält und ihn gleichzeitig mit ihren Erwartungen vollkommen um ein eigenes Leben betrügt.

Doch lohnt es nicht, solchen Vermutungen weiter nachzugehen, denn auch von der möglichen Befreiung des Fischers von der Pagenrolle gegenüber seiner Frau ist nicht die Rede. Man versteht das GRIMMsche Märchen erst wirklich, wenn man es liest als ein Anti-Märchen, das von der für Geschichten dieser Art »typischen« Wunscherfüllungsphantasie überhaupt nur erzählt, um den kindlichen Glauben zu widerlegen, daß es höchst erstrebenswert sei, in einer Zeit zu leben, in der das Wünschen helfen mochte. Die Psychologie, die es verficht, ist ganz im Gegenteil eine beinah flehentliche Warnung davor, seinen aufgestauten, unterdrückten und verdrängten Trieben, wenn sie endlich ins Bewußtsein treten, ungehemmt und immer rücksichtsloser nachzuge-

19 Vgl. E. DREWERMANN: Der Froschkönig, 36–45: »Ich kann wohl Rat schaffen« oder: Von einer eigentümlichen Kontaktform. – HANS JELLOUSCHEK: Wie man besser mit den Wünschen seiner Frau umgeht, 49, fragt zu Recht: »Ist der Fischer wirklich schon ein erwachsener Mann …? Wirkt er … nicht eher wie ein kleiner Junge, der es nach anfänglichen Widerständen doch der Mutter recht machen muss?« Und S. 50: »Zu dieser Passivität des Fischers passt, dass er ein Mensch ist, der scheinbar ohne Wünsche ist, weil er sie so weit verdrängt hat, dass er sie nicht mehr wahrnimmt.« Und (S. 51): »Der Fischer hat keinen eigenen Standpunkt. Er scheint nur er selber zu sein, wenn er am Meer sitzt und angelt – ganz allein für sich und ohne Bezug … Es ist, als gäbe es ihn nur für sich allein als eigenes Ich. Sobald er mit anderen zu tun hat, wird er zum ausführenden Organ.«

ben. Vor allem: jemand, der bisher in seinen eigenen Augen für nichts galt als ein flachgedrücktes Etwas, wenngleich eben dadurch äußerst nützlich für andere, könnte fortan in einen Sog hineingeraten, der in Umkehrung dazu in eine schrankenlose Egoinflation hineintreibt: weil man dazu verurteilt war, ein Nichts zu sein, muß man jetzt alles werden. Genau mit dem Ziel, daß *das nicht* geschieht, erzählt sich die Geschichte von dem »*Fischer und seiner Frau*«.

»Hast du denn nichts gewünscht?«

Kaum nämlich kommt der Fischer nach Hause zurück, als seine Frau sich wundert, daß er mit leeren Händen vom Fang heimkehrt, und als er ihr erklärt, er habe einen Butt gefangen, den er aber wieder habe schwimmen lassen, weil dieser sich für einen verzauberten Prinzen ausgegeben habe, wittert sie ihre Chance: er habe sich von dem Verwunschenen doch selber etwas wünschen können, sucht sie ihn zu ermuntern. An dieser Stelle wird der Unterschied der beiden Ehegatten offenkundig: Auf die Idee auch nur, sich als Belohnung etwas auszubitten, kommt der Fischer von alleine nicht, und selbst wenn seine Frau diesen Gedanken suggeriert, entwickelt er doch keine Vorstellung davon, was er sich im konkreten wünschen könnte; mit einem Wort: der Fischer ist die Wunschlosigkeit in Person. Ganz im Kontrast dazu wird auf der Seite seiner Frau jetzt geradezu ein Feuerwerk der intensivsten Wunschvorstellungen entfacht, jede von ihnen jeweils größer und noch anspruchsvoller als die vorangegangene. In diesen beiden derart Grundverschiedenen malt sich die aus der Neurosenpsychologie bekannte Widersprüchlichkeit von äußerster Gehemmtheit und von Riesenansprüchen[20], die überdeutlich sich im Fischer und in seiner Frau polarisiert und personalisiert.

20 HARALD SCHULTZ-HENCKE: Der gehemmte Mensch, 65, bezeichnet »das subjektive Erleben« des Gehemmten als »stets sehr gequält … Es ist etwas Scharfes, Bitteres, Hilfloses in ihm, das sich abhebt von der hoffnungsvollen Tiefentönung jugendlicher Unsicherheit.« Dem entspricht auf der Haltungsseite ein Gefüge von »Riesenansprüchen«. S. 75: »Es ist … ein allgemeines Habenwollen als begleitende Grundstimmung in gehemmten Erwachsenen.« Und S. 77: Die »Erwartungen« im Hintergrund der Gehemmtheiten »sind Gefühlsgebilde, vage und sehr bestimmt zugleich.

Um sich das Phantastische der folgenden Wunschbedürfnisse und -erfüllungen auf seiten der Frau recht klarzumachen und um ihre Funktion als eine Kaskade von Warnträumen zu verstehen, mag ein Drama FRANZ GRILLPARZERS aus dem Jahre 1840 hilfreich sein, in dem der österreichische Dichter das alte barocke Motiv von der *vanitas vitae*, der Hohlheit und Nichtigkeit beziehungsweise der traumhaften Unwirklichkeit unseres Daseins, aufgreift und umkehrt. – Nach einem Wort des griechischen Dichters PINDAR sind wir Menschen allesamt »Eintagswesen! Was ist einer«, fragt er, »was ist einer nicht?« Und gibt zur Antwort: »Eines Schattens Traum ist der Mensch.«[21] In eben diesem Sinne hat im 17. Jh. der spanische Dramatiker CALDERÓN DE LA BARCA in seinem Bühnenstück »*Das Leben ist ein Traum*« in der Gestalt des polnischen Königssohnes *Segismundo*, den sein Vater *Basilio* eines ungünstigen Horoskops wegen eingekerkert hat, dieses Thema auf seine Weise gedeutet: probeweise, mit dem Ziel, den ungünstigen Schicksalsspruch zu widerlegen, gibt sich der Prinz, verlockt durch seine neue Freiheit, hemmungslos seinen Aggressionen und Begierden hin; sein Diener *Clotaldo* indes erklärt all diese Ausschweifungen für einen bösen Traum, der *Segismundo* belehren sollc, künftig gut zu handeln; als diesem in der Wirklichkeit die Macht auf dem Throne angetragen wird, ist es die schutzbedürftige Moskowiterin *Rosura*, die es ihm abverlangt, den inneren Zwiespalt zwischen Trieb und Verantwortung zugunsten einer mit sich identischen Form der Selbstbestimmung aufzulösen[22]. Ein Leben, das einzig dem Lustprinzip folgt, muß der neue König erkennen, ist ein verträumtes Dasein, – ein Albtraum, dessen Nichtigkeit mit dem Blick auf die Endlichkeit der irdischen und auf die Unendlichkeit der jenseitigen Welt zu einer radikalen Umorientierung nötigt.

Eine ganz ähnliche Aussage enthält FRANZ GRILLPARZERS Drama, nur daß er das Traummotiv als ein Korrektiv weniger zur Relativierung als zur Ernstnahme des irdischen Daseins versteht. Alles

Sie greifen in dem, was sie wollen, weit über jedes wirklich Mögliche hinaus … fast stets mit einem fixierten Anspruch auf Erfüllung.«

21 PINDAR: Pythische Oden, VIII 5 (95), S. 153.

22 CALDERÓN DE LA BARCA: Das Leben ist ein Traum, Stuttgart 1955.

beginnt damit, daß der lebenshungrige *Rustan*, trotz seiner Verlobung mit der begüterten *Mirza*, aus lauter Langeweile den Einflüsterungen seines Sklaven *Zanga* zu folgen droht, denn, klagt er:

> Wie schal dünkt mich dies Leben,
> Wie so schal und jämmerlich.
> Stets das Heute nur des Gestern
> Und des Morgen flaches Bild.
> Freude, die mich nicht erfreuet,
> Leiden, das mich nicht betrübt,
> Und der Tag, der stets erneuet,
> Nichts doch als sich selber gibt.
> O, wie anders dacht ichs mir,
> In entschwundnen, schönern Tagen![23]

Alles scheint darauf vorbereitet, dem öden Dasein zu entfliehen, und tatsächlich: Unter den Liederklängen von *Mirza*s Vater *Massud* sinkt *Rustan* in den Schlaf, vor sich hin noch die Worte murmelnd:

> Schatten sind des Lebens Güter,
> Schatten seiner Freuden Schar,
> Schatten Worte, Wünsche Taten;
> Die Gedanken nur sind wahr.[24]

Seine Gedanken im Traum freilich gehen nicht auf Wahrheit, sondern auf Abenteuer aus, und sie führen ihn in das geheimnisvolle Samarkand. Dort bietet sich bald schon Gelegenheit, dem Herrscher des Landes das Leben zu retten, doch verfehlt sein Speer die Schlange, die den König bedroht, – ein »Mann vom Felsen« bringt sie zur Strecke. *Rustan* jedoch reklamiert die Tat für sich, und mit dieser Lüge gerät er unumkehrbar auf den Weg des Verbrechens: jenen »Mann vom Felsen« muß er als Mitwisser töten, und um die Königstochter *Gülnare* zu gewinnen, muß er auch deren Vater

23 FRANZ GRILLPARZER: Der Traum ein Leben, 1. Aufz., in: Dramen, 295.
24 A. a. O., 1. Aufz., 306.

umbringen, weil dieser inzwischen Zweifel an den Großtaten seines vermeintlichen Retters hegt. Doch selbst die Errichtung einer brutalen Zwangsherrschaft kann das wachsende Mißtrauen gegenüber *Rustan* nicht zerstreuen. Als selbst *Gülnare* sich gegen ihn stellt, flieht er vor seinen Verfolgern zu dem Ort, an dem er jenen »Mann vom Felsen« umgebracht hat; in auswegloser Lage stürzt er sich selbst von dem Berggipfel herab in den Tod – und erwacht erleichtert aus dem Albtraum seines Verlangens nach Größe durch Heldentum beziehungsweise nach äußerem Ruhm und unbeschränkter Macht. Glücklicherweise war alles nur ein Traum. Indem er *Zanga* freigibt, endet das Spiel der

Truggestalten, Nachtgebilde,
Krankenwahnwitz, willst du lieber,
Und wir sehens, weil im Fieber[25].

Die Frage Rustans:

Und das alles,
Was gesehen ich, erlebt,
All die Größe, all die Greuel,
Blut und Tod und Sieg und Schlacht –

beantwortet Massud mit den Worten:

War vielleicht die dunkle Warnung
Einer unbekannten Macht,
Der die Stunden sind wie Jahre
Und das Jahr wie eine Nacht,
Wollend, daß sich offenbare,
Drohend sei, was du gedacht,
Und die nun, enthüllt das Wahre,
Nimmt die Drohung samt der Nacht.

Erstaunt rätselt Rustan:

Eine Nacht? und war ein Leben!

Und Massud entgegnet:

Eine Nacht! es war ein Traum.[26]

25 A. a. O., 4. Aufz., 363.
26 A. a. O., 4. Aufz., 344–354.

Gerade in dieser Weise, als ein Traum, der drohend eine Wahrheit kundtut, als ein Gedankenexperiment, das hilft, sich in der Wirklichkeit besser zurecht zu finden, läßt sich auch die Kette von Wünschen begreifen, welche die Fischersfrau im Märchen im folgenden von dem Butt erfüllt haben möchte; ihr Mann kann all diese unerledigten Bedürfnisse nur widerstrebend zur Kenntnis nehmen und sehen, was dabei herauskommt, schwankend wie das Ich eines Träumenden zwischen Skepsis, Hoffnung und Furcht. Der Leser aber ist aufgefordert, sich selbst zu fragen, was er wohl wünschen würde, wenn er in einen entsprechenden Rapport zu seinem Unbewußten träte und er seinen Wunschphantasien freien Lauf lassen könnte, – er müßte zur Verwirklichung seiner Optionen durch eigene Aktivitäten nicht das mindeste beitragen, alles erfüllte sich wie durch Wunderhand ganz von selbst; welche Wunschträume setzten sich dann in ihm frei, und warum täten sie das, und was besagten sie über ihn selber, und wie, wenn er sie zuließe, vermöchte er sie in einem tieferen Einverständnis mit sich selber zu integrieren?

Ein Heim

Es ist nicht schwer, sich vorzustellen, was ein Mensch dringlichst wünschen wird, der seine Lage so empfindet, wie die Fischersfrau im Märchen. Sie bewohnt, mit einfachsten Mitteln errichtet, wird man denken müssen, eine Arme-Leute-Hütte am Meer, – eine Holzbude, die einigermaßen vor Nässe schützt, wenn es nicht gerade durchregnet, und die den Wind notdürftig abhält, wenn er nicht gerade durch die Ritzen pfeift. Gemütlich zu beheizen ist diese Bude sicher nicht, – man kann auf einem kleinen Herdfeuer die Nahrung zubereiten, mehr nicht. Vor allem Wintertags muß man die Fenster und die Türe deshalb dicht geschlossen halten, daß nicht die Kälte einzieht und sich im Gebälk festsetzt. Aber die Feuchtigkeit! Und der Gestank! »Nen Pißpott« nennt das Märchen auf Pommersch eine solche Kate, – als wäre da ein Großer Nachttopf umgekehrt in die Dünen gesetzt und mit einem Eingang und zwei Sehschlitzen versehen worden. Der Frau stinkt es und ekelt es, – und wie auch nicht! »Eine kleine Hütte«, – das wäre eine riesige Verbesserung, – kein Zweifel. Und wenn nun der

Fisch, der doch ein Prinz ist und dem der Fischer das Leben geschenkt hat, sich mit einem derartigen Geschenk erkenntlich zeigen könnte …!

Wohlgemerkt, es wird viele Menschen geben, die sich nach einer solchen Wohnung sehnen. Ein eigenes Haus zu besitzen – das ist nach wie vor ein wichtiger Teil des American Dream, – so sehr, daß sich Millionen einfacher Leute nach 2001 hoch verschuldeten, um sich den Traum von einem Eigenheim leisten zu können. Im Grunde besaßen sie nichts, womit sie regulär die Kosten einer Neubauwohnung hätten finanzieren können, doch um *Nine eleven* sich nicht zu einer wirtschaftlichen Katastrophe auswachsen zu lassen, sorgte die Fed mit Niedrigzinsen für scheinbar leicht zu schulternde Kredite, nur um 2007 mitzuerleben, wie die Hypothekenspekulation der Banken das Kartenhaus unbezahlbarer Wunschträume in Milliardenhöhe einstürzen ließ.[27]

Die Rolle des Butt im Märchen hatten damals die großen Geldhäuser übernommen; sie verfügten über die Zauberkräfte, Wünsche wahr zu machen, – auf wunderbare Weise, aus dem Nichts. So arme Leute wie der Fischer und seine Frau, die froh sein müssen, mit Fang zu Fang von Tag zu Tag zu kommen, könnten mit Eigenmitteln niemals ein ordentliches Eigenheim erstehen, – nicht einmal auch nur einen bescheidenen Beitrag dazu vermöchten sie zu leisten; aber der Butt! Die Subprime-Krise in den USA bedeutete vor 10 Jahren für Millionen von Amerikanern ein böses Erwachen, indem sie aus ihren schuldenbelasteten, unverkäuflichen Häusern vertrieben und buchstäblich auf die Straße gesetzt wurden. Was in der Geschichte der Brüder GRIMM wie ein Selbstversuch auf die Folgen des eigenen Wunschdenkens sich verstehen läßt, wird zur bitteren Wirklichkeit, wenn man das Märchen vom Butt durch die Machenschaften der Banken ersetzt.

Aber streben nicht alle Menschen nach vier Wänden, in denen sie zu Hause sind? Sagten nicht schon die Alten Römer: *domus propria – domus optima* – ein eignes Heim, Glück allein, oder, in gleichem Sinne: Eigner Herd ist Goldes wert? Steckt es also nicht als ein

27 Vgl. E. DREWERMANN: Finanzkapitalismus, 232.

Grundbedürfnis in jedem Menschen, daß er einen Ort sucht, an dem er sich sicher und geborgen fühlen kann – ein Heim, ein Stückchen Heimat? Es muß ja nicht viel sein, was Menschen brauchen, – nur einen Flecken Erde, um sich darauf einzurichten. Und wie bescheiden gibt an dieser Stelle sich noch mit ihrem Wunsch die Frau des Fischers! »Eine kleine Hütte!« Mehr nicht. Kein Promi-Palast mit 15 Schlafzimmern, Badeeinrichtungen, Swimmingpool im Garten, edlen Möbeln, geschnitzt aus Teakholz und aus Palisander, geschmückten Zimmern, ausgekleidet mit persischen Teppichen, chinesischen Vasen und französischen Gobelins, – das alles nicht eigentlich, um dort zu leben, sondern um damit zu prunken, daß man sich ein solches Anwesen auf Mallorca oder Gran Canaria finanziell leisten kann. »Eine kleine Hütte!«

Allerdings weist dieser durchaus gemäßigte Wusch der Fischersfrau alle Zeichen einer noch vorsichtig sich einübenden Anfangsbescheidenheit auf: die alte Angst, die vormals *jedes* Wünschen unter Strafe stellte, erlaubt es nicht, großspurig fordernd aufzutreten, – man ist ein Bittsteller, man darf den Bogen nicht gleich überspannen. Freilich ist es gerade diese Bescheidenheit aus Angst, hinter der sich weit größere Ansprüche verbergen. Das »ich möchte ja nur« sieht aus nach einem kleinen Löchlein in der Wand, jedoch dahinter kann der Staudruck eines riesigen Sees sich geltend machen, und dann wird aus dem kleinen Loch die rasch sich auftuende Durchbruchstelle eines schwer noch zu schließenden Wasserfalls: ein ganzes aufgespartes Leben drängt und zwängt sich in die kleine Öffnung.

Und es scheint, daß der Fischer – das bewußte, beobachtende Ich – durchaus ahnt, welch eine Entwicklung da anhebt; er findet es unpassend, den Butt zu behelligen, er zaudert und zögert, – er will nicht. In gewissem Sinne verkörpert er mit dieser Einstellung keinesfalls nur die Kontrolle der Realität, sondern es wirkt in ihm vor allem wohl die Verbotsmentalität von früher nach: was ein eigenes Wünschen angeht – ein Befragen und Bitten also des Butts als der Verkörperung der verdrängten Inhalte des Unbewußten –, so verhält er sich wie bisher resignativ-passiv: »Ach, was soll ich da noch hingehn, Frau?« lautet seine stereotype Abwehr gegenüber den Wünschen seiner Frau. Doch er handelt so nicht aus Überzeugung, – sonst würde er seiner Frau Gründe nennen, weshalb es nicht recht sei, den Fisch nachträglich anzugehen; er ist ein Getriebener der Verbote alter Ängste, aber jetzt auch der Gebote all der Wünsche, die sich in seiner Frau zu Wort melden. Es ist ein kleines Ich, das er repräsentiert, zermahlen zwischen Überich und Es und außerstande, Kompromisse mit den alten Einschränkungen und den neu erwachten Erwartungen einzugehen.

So begibt er sich, gezwungenermaßen, zurück an die See, und spricht über sie eine Zauber- und Beschwörungsformel, die den Fisch von Mal zu Mal herbeiruft; doch statt den Wunsch seiner Frau sich zu eigen zu machen, distanziert er sich deutlich davon: daß er den Butt überhaupt um etwas bittet, ist das Ergebnis jenes Zwiespalts, der darin besteht, daß seine »Frau, die *Ilsebill*, nicht so will, wie er wohl will.« Er will gar nicht, sie aber will unbedingt; er ist der widerwillens Willige, sie die willentlich Bestimmende; er der widerstrebend Fügsame, sie die aktiv über ihn Verfügende. »Der arme Mann«, möchte man denken, wüßten wir nicht längst, daß wir es nicht sowohl mit einer Ehegeschichte, als vielmehr mit der Psychologie einer in sich zerrissenen Persönlichkeit zu tun haben: mit der Seele eines Getriebenen, der seinen Wünschen trotz aller halbherzigen Gegenwehr erliegt.

Das Bild, das so entsteht, ist in der Tat erschreckend. Da ist jemand, der förmlich um Entschuldigung dafür anhält, daß er etwas tut, das er nicht selber will, sondern das ihm von einer anderen Instanz diktiert wird, der er sich ausgeliefert vorkommt wie ein Sklave. »Ich bin nicht ich bei dem, was ich da tue«, – das soll jetzt die Entschuldigung dafür sein, daß er Wünschen nachgeht, die er als seine eigenen verleugnet. »Ich kann ja nichts dafür.« »Etwas in mir ist stärker.« »Ich will nicht, was ich möchte, und ich mag nicht, was ich will.« Auf solch verschlungenen Wegen stellt der Fischer sich dem Butt als unschuldig an dem Wunsch hin, den er vorbringt, und er täte von sich her nicht einmal dies, wenn der Butt ihn nicht ausdrücklich aufforderte, nun doch endlich zu sagen, was zwar nicht er, doch seine Frau derart begehrt.

Diese Frau, die *Ilsebill*, trägt einen Namen, der von Else, verkürzt aus Elisabeth, kommt (»mein Gott ist ein Schwur«, hebräisch); doch ihre Rolle, die sie im Märchen spielt, erinnert sehr an den verhängnisvollen Einfluß, den in der Bibel die phönizische Prinzessin *Isabel*, die Tochter des Königs von Tyrus, auf ihren Gemahl, auf *Ahab*, den König des Nordreichs, ausübt; sie ist es, die ihn dazu anstiftet, sich gegen den Jahwe-Propheten *Elija* zu stellen und dem Fruchtbarkeitsgott Baal zu huldigen; zudem verleitet sie ihn dazu, sein Königtum auf eine Weise auszuüben, daß es eher den kanaanäischen Vorstellungen eines absolutistischen Herrschers als den Rechtsnormen des althebräischen Jahwe-Glaubens entspricht (1 Kön 21,1–29)[28]. Beide, *Ahab* wie *Isabel*, werden zur Strafe für ihre Taten auf schändliche Weise ums Leben kommen[29]; die Katastrophe des Königshauses der Omriden trägt scheinbar – erneut – das verführerische Ränkespiel einer Frau, die sich mit ihrem Verlangen nach Glück und Geltung über die Regeln von Vernunft und Frömmigkeit erhebt[30].

Doch an dieser Stelle ist die eingangs schon erwähnte Warnung noch einmal mit Nachdruck zu wiederholen: Es fällt leicht, sich auf den sarkastischen Männerhumor einzustellen, den die Geschichte nahelegt, würde man damit, an der Oberfläche verbleibend, nicht über die Abgründe der menschlichen Psyche leichthin hinwegsegeln. Es bedarf ebenfalls keiner großen Anstrengung, einen solchen

28 Vgl. GERHARD VON RAD: Theologie des Alten Testaments, II 35: Es geht (in 1 Kön 21, der Geschichte von Naboths Weinberg) »um die bedingungslose Gültigkeit des Gottesrechts, vor dem alle gleich sind und dem auch ein König unterstellt ist.«

29 1 Kön 22,29–38; vgl. 1 Kön 21,20–24; 2 Kön 9,30–37.

30 Im Sinne der »Männer«theologie heißt es 1 Tim 2,11–14: »Eine Frau lerne in der Stille mit aller Unterordnung. Einer Frau gestatte ich nicht, daß sie lehre, auch nicht, daß sie über den Mann Herr sei, sondern sie sei still. Denn Adam wurde zuerst gemacht, danach Eva. Und Adam wurde nicht verführt, die Frau aber hat sich zur Übertretung verführen lassen.« Vgl. Spr 5,1–7; 24–26: 7,7–23. – HANS JELLOUSCHEK: Wie man besser mit den Wünschen seiner Frau umgeht, 55, verweist auf den »Ärger« des Fischers auf seine Frau, doch »weil er dieses Gefühl ja irgendwo loswerden muss, darum beklagt er sich hinter ihrem Rücken (sc. beim Butt, d. V.) über sie. Die netten Kerle – wenn sie zusammen am Stammtisch sitzen, dann klingen die Reden über ihre Partnerinnen oft sehr viel weniger nett, dann lassen sie ihrer Aggression freien Lauf«, doch sie verpufft.«

Abgrund die Unersättlichkeit menschlicher Gier mit moralischen Mitteln als ein »Laster« zu verklagen und sich mit ERASMUS VON ROTTERDAM in der Pose eines humanistischen Moralphilosophen darüber lustig zu machen, – sein »Lob der Torheit«[31] rühmt geradezu die »Vorteile«, die alle möglichen Untugenden im bürgerlichen Leben mit sich bringen: mit Skrupellosigkeit und Frechheit kommt man nun mal weiter als mit sensibler Rücksichtnahme und vornehmer Bescheidenheit; wenn es aber so sich verhält, wer sollte dann in den ganz normalen Tricks, Rankünen und Finessen des Alltagslebens sich nicht selber wiedererkennen? Ein solcher Akt der Selbsterkenntnis ist niemals ganz ohne Nutzen; nur, was hilft es, in den Charakterspiegel des ERASMUS zu blicken und, mit gewissem Schrecken, die Entstelltheit des eigenen Gesichtes wahrzunehmen? Man wird ein wenig das Make-up verbessern und so weitermachen wie bisher, – der Humanismus schon des 16. Jhs. rühmte sich zwar seiner quasi stoischen Moralauffassung, doch gerade in puncto Gier vermochte er offensichtlich weder die Zustände noch die Menschen in irgendeiner Weise auch nur um ein weniges zu bessern.

Um so wichtiger erscheint hier bereits, noch ehe die Geschichte recht in Gang kommt, das *Isabel*-Motiv; – es gemahnt daran, im Hintergrund menschlichen Fehlverhaltens mit biblischem Ernst die Frage nach der rechten Religion zu stellen. Vordergründig klingt es nach einer einfachen, gut verständlichen Wunschphantasie der GRIMMschen *Ilsebill*, wenn sie aus dem Saustall, als welchen sie ihre bisherigen Wohnverhältnisse betrachtet, endlich herauszukommen und in hygienisch und ästhetisch »ordentliche« Umstände versetzt zu werden bittet; doch wie in allen Wünschen, die ins Unbedingte und Maßlose tendieren, spricht sich auch hier, verborgen, ein ganz anderes Bedürfnis aus, das sich zwar als Verlangen nach einem endlichen Gegenstand darstellt, in Wahrheit aber ins Unendliche geht. Wohl, die Frau möchte ein schöneres Zuhause, – das wäre, wenn es dabei

31 ERASMUS VON ROTTERDAM: Lob der Torheit, S. 8: »Und dann schlägt der Biedermann doch auch nach Pfauenart ein Rad, und der Kamm schwillt ihm, wenn der unverschämte Lobhudler den Nichtsnutz zu einem Gott macht.«

bliebe, denn auch gut verständlich und ihr als Ausnahme gewiß zu gönnen; doch so harmlos, wie es daherkommt, ist es nicht. Schon hat die See ihre Farbe gewechselt: nicht mehr ungetrübt hell und durchsichtig liegt ihr Wasser da, sondern es hat sich verfärbt in Gelb und in Grün – in die galligen Farben von Neid und von Eifersucht. Auch ohne den weiteren Gang der Geschichte vorwegzunehmen, läßt sich hier bereits erahnen, daß der begrenzt erscheinende Wunsch der Frau ein ganz anderes, schier grenzenloses Bedürfnis kaschiert: Ein Haus, ein Heim, eine Heimstatt, – Menschen, die danach verlangen, suchen im Grunde einen Ort der Ruhe, der Geborgenheit, der Sicherheit und Unbedrohtheit; ein solcher stand einem jeden unangefochten zu, bevor er in diese Welt gestoßen wurde, und seine Sehnsucht danach ist eine Erinnerung eben daran.

OTTO RANK sah diesbezüglich in seiner Schrift vom »Trauma der Geburt« ganz richtig[32]: letztlich sind die vier Wände eines Hauses nichts anderes als die künstliche Nachbildung des Schoßes der Mutter, – jeder Hausbau bleibt ein mühsamer, stets unvollkommener Versuch, inmitten dieser Welt einen Zustand vor aller Welt nachzubilden. Denn nicht so sehr ein physisches, als vielmehr ein psychisches Bedürfnis spricht sich darin aus: »Ich möchte nur *einmal* in meiner Eigenart anerkannt und bejaht sein«, wiederholte fast flehentlich eine Frau, die seit Mädchentagen im Schatten ihrer Eltern sich abgelehnt und wie unberechtigt in ihrer Existenz vorgekommen war; einzig wenn sie durch Nützlichkeit ihr Dasein rechtfertigte, mochte sie auf eine gewisse Duldung hoffen. Doch selbst die Anerkennung ihrer Leistung, die ihr als Erwachsener später reichlich zuteil wurde, konnte sie nicht über den Grundwiderspruch hinwegtrösten: was sie für die anderen tat, mochte noch so verdienstvoll sein, – es blieb doch eine Rolle, die sie spielte, es war nicht sie selbst. »Ich habe nie gewagt, mich anderen zu zeigen, wie ich wirklich bin«, erklärte sie; »im

32 OTTO RANK: Das Trauma der Geburt, 182, führte alle primären Kulturerfindungen als Äquivalente des Mutterschoßes auf die Angst und Ausgesetztheit durch den Vorgang der Geburt zurück, indem »das Paradies statt in der Vergangenheit in der nach dem Ebenbild der Mutter gestalteten Welt« gesucht werde.

Grunde weiß ich selbst nicht, wer ich bin, ich glaube mich nur sicher, daß es niemals gut genug sein wird.«

Ständig war diese Frau auf der Suche nach einem Zuhause, das sie so, wie nötig, nie gehabt hatte; statt dessen schleppte sie ihr Nicht-Zuhausesein, ihre so schmerzhaft fehlende Beheimatung seit ihrer Kindheit mit durch ihr gesamtes Leben. »Ich habe gelernt, die Religion, speziell die Botschaft Jesu, bestehe gerade darin, uns zu versichern, daß wir bei Gott uns als gemocht, berechtigt und erwünscht betrachten dürften,« fuhr sie fort, »doch um das zu glauben, müßte ich es doch einmal erleben. Gott ist so weit weg. Ich brauche, um an Gott zu glauben, Menschen.« Die Nähe von Menschen aber mied sie förmlich aus Scheu vor neuerlichen Kränkungen und Ablehnungen, und so saß sie fest im Teufelskreis uralter Ängste und Verneinungen sowie nie sich erfüllender Sehnsüchte und Wünsche.

Um diese innere Gefangenschaft zu öffnen, bedurfte es sicherlich einer intensiven Begleitung, die den Graben zwischen Damals und Heute beziehungsweise die unterschwellige Verwechslung der alten Gefühle mit der gegenwärtigen Wirklichkeit nach und nach aufhob. Die Hypothek der Vergangenheit im Leben dieser Frau ließ sich nur durch bessere Erfahrungen in der Gegenwart abtragen, doch zu diesem Zweck mußten solche Erfahrungen erst einmal zugelassen und richtig eingesetzt werden, um spürbar zu merken, daß heutigentags fast alle Menschen positiver und freundlicher ihr gegenüber eingestellt waren, als es die Eltern in ihrer Beengtheit damals hatten sein können; es kam mithin darauf an, die Einschränkungen ihrer Kindheit als situativ bedingt zu relativieren und hinter sich zu lassen, statt sie so total beizubehalten, wie sie damals erlebt wurden, und sie damit als Lebenseinstellung zu verabsolutieren. Auf dem Wege dahin, keine Frage, bedurfte es unbedingt eines anderen Menschen; um *den* würden sich, zögernd und suchend, die alten Bedürfnisse nach einem Ort des Sein-Dürfens ranken, immer in Sorge, enttäuscht werden zu können, doch um so leidenschaftlicher auf der Suche nach Einheit und Verschmelzung, – eine neue Geburt, wie das Fischsymbol sie eigentlich andeutet. Diese gesuchte andere Person, wohlgemerkt, kann nicht selber die Sonne sein, allenfalls daß sie die Fenster zu öffnen vermag, durch welche das Licht in den Innenraum strömt; im besten Falle ermöglicht sie einen Übergang des Vertrauens auf dem Wege zu mehr Selbstvertrauen – und zu mehr Gottvertrauen. Ihm, Gott, gilt am Ende die Zuversicht, im Absoluten und Unbedingten als berechtigt im Dasein sich betrachten zu dürfen. Das jedenfalls wäre die recht verstandene Quintessenz der gesamten biblischen Religion *Jahwes*, wie sie in der Tat in der Botschaft und in der Person des Jesus aus Nazareth gelehrt und gelebt wurde.

Gerade dagegen aber steht nun die Religion *Baals*, wie vor allem die Propheten des Nordreichs sie laut biblischer Darstellung – religionsgeschichtlich nicht korrekt, doch gültig als Korrektiv für das Selbstverständnis des Menschen zu allen Zeiten – zur Entscheidung vorgelegt haben: In der Vergöttlichung der »Fruchtbarkeit« (der Produktivität, des Nutzens, der Leistung) gelten Menschen allenfalls so viel, wie sie zur Vermehrung des »Wohls« aller beitragen; sie gelten nicht als Personen, sie haben keinen Wert als Individuen, sie sind wie das Saatgut auf den Feldern: der Ernteertrag, nicht das einzelne Korn ist da von Belang. Ob historisch zu Recht oder zu Unrecht, – im wesentlichen zutreffend lautete der Vorwurf der *Jahwe*-Religion gegen den *Baals*-Kult der Phönizierin *Isabel*, daß in ihm Kinder durchs Feuer gehen müßten, damit das Manneswasser des Himmelsgottes *Baal* (zugleich mit den Tränen der trauernden Eltern) aussichtsreich genug das mütterliche Erdreich durchfeuchte.[33] Jeder, der seine Kindheit bereits den Überlebensinteressen der Eltern hat opfern müssen, wächst unbewußt in einem geistigen Milieu auf, das psychologisch in der Fruchtbarkeitsreligion des *Baal* zum Ausdruck kommt und den Wunsch nach Heim und Heimat, mithin nach Wertschätzung und Anerkennung, ebenso unerläßlich wie unersättlich macht.

Was also ist es, wonach die GRIMMsche *Ilsebill* (die althebräische *Isabel*) eigentlich trachtet, wenn sie vom Butt eine »kleine Hütte« sich wünscht? Äußerlich läßt sich diesem Verlangen entsprechen, – sogar mehr als gedacht; denn nicht das erbetene »Hüttchen« setzt der Butt

33 Zu den Kinderopfern der Phöniker und Karthager vgl. MARTIN BUBER: Königtum Gottes, in: Werke, II 599–607: Anm. 41. Vgl. DERS.: Moses, in: Werke, II 219–223: Der Baal.

an die Stelle der elenden Kate, sondern eine durchaus ansehnliche, schmucke und in jeder Hinsicht praktisch eingerichtete Wohnung: Als der Fischer auf das Wort des Butt hin sich zu seiner Behausung zurückbegibt, steht da eine »kleine (feine) Hütte«, in der man »behütet« sich fühlen kann; auf einer Bank davor hat seine Gattin bereits Platz genommen, und als sie ihn sieht, nimmt sie ihn freundlich bei der Hand und lädt ihn ein, herein zu kommen und sich alles anzusehen. Da tritt er in ein kleines Vestibül am Eingang, dann in eine *»kleine herrliche Stube«* und dann in ein Schlafzimmer mit zwei Betten; auch eine Küche und Speisekammer fehlten nicht; und schließlich, als die Krönung von allem, findet sich sogar ein eigener Geräteschuppen mit Werkzeug aus blinkendem Zinn und Messing; in einem hinter dem Haus gelegenen Hof haben Hühner und Enten ihren Auslauf, und ein anschließender kleiner Garten ist bestanden mit Gemüse und Obst. Einfallsreicher, geschmackvoller und schöner kann ein Eigenheim für ein kinderloses Ehepaar, das sich selbst versorgt, nicht eingerichtet sein, – das muß auch der Fischer anerkennen. *»Ist das nicht nett?«*, fragt ihn die Frau, und zustimmend gibt er zur Antwort: *»Ja, … so soll's bleiben, nun wollen wir recht vergnügt leben.«* Alles könnte in seinen Augen gut sein und scheinbar auch in den Augen seiner *Ilsebill*; sie essen und gehen allsdann zusammen ins Bett, – für den Augenblick sind sie miteinander vollkommen versöhnt und im Einklang.

Und doch hebt gerade an dieser Stelle möglicher Zufriedenheit die Frau sich ein weiteres noch auf. Vergnügt leben, – *»das wollen wir uns bedenken* (noch mal überlegen)«, hält sie sich offen, und spannt damit schon den Bogen, um einen neuen Schuß zu setzen. Klar ist, sie sucht nicht äußere Befriedigung, sondern innere Erfüllung, doch eben darin besteht die zerstörerische Tendenz aller »Gier« im Sinne des »Fruchtbarkeitskultes« des Baal, daß sie – aus lauter Unsicherheit und Angst – nach Dingen ausgreift, wo es um Fragen der Beziehung und des Vertrauens geht.

Alle Sucht ist Leidenschaft, die Leiden schafft, pflegt man gern als Bonmot zu sagen, doch kommt es darauf an, den Grund suchtähnlichen Verlangens zu begreifen. Wenn wir, geprägt durch unser kapitalistisches Wirtschaftssystem, unsere gesamte Kultur mit gewissem Recht einer maßlosen Gier zeihen, so läßt sich die Unersättlichkeit aller Wünsche und Ansprüche am einfachsten durch ein grundlegendes materielles Mißverständnis erklären, bei dem zentrale seelische Bedürfnisse mit gegenständlichen Gaben gestillt werden sollen.[34] Alle Sucht ist das Ergebnis einer solchen Täuschung, eines Betrugs.

Natürlich, im Kleinkindalter sind Dinge wie Nahrung und Kleidung nicht nur lebenswichtig, sondern es zeigt sich in ihnen auch die mütterliche Zuwendung, Fürsorge und Pflege an, – Sinnliches und Seelisches sind auf dieser Stufe der Entwicklung noch ein und dasselbe; dann aber treten die beiden Ebenen zunehmend auseinander und geraten in Gefahr, miteinander verwechselt zu werden: Nahrungsaufnahme etwa kann zu einem Ersatz für alles werden, was einmal als mütterliche Geborgenheit gesucht und empfunden wurde, so daß die mangelnde Sicherheit in der Nähe der Mutter kompensiert wird durch Essen; wenn die Gegenwart der Mutter vormals die Sicherheit der Nahrungsmittel garantierte, so ersetzen jetzt die Nahrungsmittel des Spektrum all dessen, was über die Nahrungsaufnahme hinaus bei der Mutter gesucht wurde: Verständnis und Begegnung, Anerkennung und Wertschätzung, Einklang und Liebe.

Es ist buchstäblich die Lieblosigkeit selber, die in unserer Gesellschaft sich materiell und wirtschaftlich ausbeuten läßt: der Konsument braucht desto mehr an Gegenständen, je mehr ihm an persönlicher Erfüllung fehlt. Das Innere wird damit veräußerlicht, das Seelische materialisiert, das Persönliche vergegenständlicht, das Subjektive sich selbst als objektiv Gegebenes entfremdet, – das Menschliche verwandelt sich ins marktmäßig Manipulierbare, das Individuelle ins massenhaft Vermarktbare, das Intime ins medial und digital Veröffentlichte, – kurz: alles Liebesuchende wird pervertiert in die Sucht nach Fetischen des Liebesersatzes und der organisierten Lieblosigkeit.

34 Vgl. E. DREWERMANN: Suchtstrukturen, Süchte und ihre fast unmögliche Behandlung, in: Psychoanalyse und Moraltheologie, III 86–87: Der Süchtige, sein Mißverhältnis zu sich selbst.

Und nun scheint es diese Verschiebung von innen nach außen zu sein, die in dem noch »unschuldig« wirkenden Wunsch der *Ilsebill* nach einer ansehnlichen Wohnung die unstillbare Sehnsucht nach einer Bleibe und Geborgenheit der eigenen Existenz aufscheinen läßt. Ein Ort, an dem man leben darf, – das ist die fühlbare Liebe eines anderen Menschen; wenn aber gerade eine solche Nähe fehlt? Wie viele Menschen suchen sich ein Eigenheim, um ihrer Heimatlosigkeit in dieser Welt seit Kindertagen zu entfliehen? Doch das Gefühl der Unbehaustheit wird sie unfehlbar einholen, die schönste Wohnungseinrichtung schafft nicht das, was man mit einem schönen deutschen Wort als »Gemütlichkeit« bezeichnet, – ein Begriff, der ins Amerikanische nicht mit »happiness« und ins Französische nicht mit »sentiment« sich übersetzen läßt.

Wo ist ein Mensch zu Hause? Einzig bei sich selbst; das aber setzt voraus: in der Liebe eines anderen Menschen; und diese wiederum gründet allein in der Absolutheit der Liebe einer Person, die selbst absolut ist. Die Religion des *Baal*, verkörpert in der biblischen *Isabel*, ist identisch mit der Verunendlichung aller Wünsche im Endlichen, indem die Beheimatung des Daseins im Äußeren, Dinghaften, im Mach- und Faßbaren verfestigt wird, anstatt sie aufzuheben ins Vertrauensvolle, Unsichtbare, nie zu Greifende, doch eben deshalb einzig Ruheschenkende, Beheimatende, Bergende, das alle Angst der Ausgestoßenheit des Daseins einhüllt in das Vertrauen unbedingter Güte. Erst so, aus dem Unendlichen zurückgekehrt ins Endliche, kann diese kleine Welt zum Vorausbild des Himmels werden. Dort, einzig dort, im Himmel ist unsere wahres Zuhause, unser Bürgerrecht, unser Staatswesen, unsere wesentliche Zusammengehörigkeit als Heimat (vgl. Phil 3,20); niemals wird je ein Eigenheim uns heimisch werden, solange wir die Sehnsucht nach dem Unvergänglichen verdrängen durch die Anhäufung von Sachwerten, die unsere Seele mehr ersticken, als erfüllen. Befriedet werden zur Zufriedenheit kann kein Bedürfnis, das sich festmachen möchte an Gegebenheiten, die man als Dinge weitergeben kann. Allein im Inneren ließe sich das »vergnügte Leben«, das dem Fischer vorschwebt, in die Wahrheit setzen. Es wäre eins damit, sein Genügen zu finden am Endlichen, geborgen im Unendlichen. Doch das ist gerade nicht die Drangsal und der Drang der *Ilsebill*.

Ein Palast

Wann kommt ein Mensch bei sich zu Hause an? Niemals, wofern er sich im äußeren verliert, – wofern er seine seelischen Bedürfnisse an materielle Forderungen bindet. ERICH FROMM konnte in dem Zusammenhang sprechen von der Alternative zwischen »Haben oder Sein«[35]. Des Fischers Frau weitet in gerade diesem Sinne ihr Nicht-Sein aus durch die Erweiterung der Hab-Ansprüche, von denen sie gleich einer Süchtigen beherrscht wird.

Bei Alkoholabhängigen oder bei Kettenrauchern hört man manchmal, daß sie es jetzt schon geschafft hätten, eine Woche lang, zwei Wochen, gar nicht rückfällig zu werden; dabei aber staut sich das Verlangen nach dem Suchtmittel immer mehr auf, und der kleinste Anlaß oder auch schon die bloße Gelegenheit bereitet den neuerlichen Griff zum Glase oder den Zug an der Zigarette vor, und man kann verstehen, warum: der Alkohol dämpft gleich einem Betäubungsmittel viele negative Gefühle der Schuld, der Minderwertigkeit, der Überforderung, der Niedergedrücktheit und der Leere[36]; das Nikotin verstärkt ein Gefühl der Wachheit, der Leistungsfähigkeit, ja, der Überlegenheit[37]; je größer das Mißverhältnis zu sich selber, desto heftiger kann das Bedürfnis nach solchen (und vielen anderen) Drogen sich geltend machen. Frau *Ilsebill* hingegen wird nach ein, zwei Wochen des »Bedenkens« in eine neue Woge der Unzufriedenheit hineingeworfen, – das schöne neue Haus, ein unerhörtes Glücksgeschenk, soeben erst bezogen, ist ihr schon nicht mehr gut genug:

35 ERICH FROMM: Haben oder Sein, in: Gesamtausgabe, II 280, kritisiert »die vom System (sc. des Kapitalismus, d. V.) hervorgebrachte Selbstsucht, die Politiker veranlaßt, ihren persönlichen Erfolg höher zu bewerten als ihre gesellschaftliche Verantwortung… Gleichzeitig ist der Durchschnittsmensch so selbstsüchtig mit seinen Privatangelegenheiten beschäftigt, daß er allem, was über seinen persönlichen Bereich hinausgeht, nur wenig Beachtung schenkt.«

36 Zur Wirkungsweise von Alkohol vgl. E. DREWERMANN: Atem des Lebens, I 540–548.

37 Zur Wirkungsweise des Nikotins vgl. a. a. O., I 537–539.

»die Hütte ist auch gar zu eng und der Hof und der Garten ist so klein« – »ein größeres Haus« soll her; *»in einem großen steinernen Schloß«* möchte Madame nun Wohnung nehmen. Wozu?

Bisher ließ die Unzufriedenheit an den »zu engen« Wohnverhältnissen sich mit durchaus verständlichen, in der Realität begründeten Gegebenheiten erklären: *»zu eng«* – das hieß: armselig, schmutzig, stinkig, ungemütlich, eklig. Daß man aus einer solchen Behausung umziehen möchte in ein schmuckes Bürgerhaus, ist keines langen Kommentars bedürftig. Jetzt aber, wenig später schon, tritt in dem Wunsch der Fischersfrau ein gänzlich anderes Bedürfnis hervor: Rein praktisch betrachtet, als Nutz- und Gebrauchsgegenstand, ist die vom Butt geschenkte Immobilie optimal eingerichtet, besser geht es nicht. Das findet auch der Fischer: *»Die Hütte* (das Haus) *ist doch gut genug, was wollen wir in einem Schloß wohnen?«*, wendet er ein. Der Wunsch danach, in ein Schloß einzuziehen, entspringt ganz sicher keinem funktionalen Zweck, er folgt ausschließlich einem repräsentativen Ziel. Ein Schloß zu bewohnen gilt als Vorrecht der Adligen; ein solches Gebäude bildet das Ambiente der Blaublütigen; es ist primär ein Statussymbol, allenfalls sekundär eine Wohneinrichtung. Mit einem Wort: das Verlangen nach einem Schloß als Lebensraum entstammt ganz und gar dem Bedürfnis nach Selbstdarstellung. Die Frage ist nicht, wer die Fischersfrau wirklich ist, – sie ist in Wirklichkeit sich selber nicht genug, und um der Verachtung, die sie in den Augen aller bei ihrem Anblick vermutet, ein für allemal zu entgehen, erträumt sie sich die Außenwirkung einer Privilegierten und Bevorzugten, einer Vornehmen und vom Schicksal Begünstigten, einer von Geburt dem Durchschnitt der Gewöhnlichen Überlegenen. Das Schloß soll ihre Minderwertigkeitsgefühle im Urteil der Menge widerlegen, es soll ihr eine natürliche Würde verleihen, – es soll an die Stelle des Seins den Schein setzten: ich bewohne ein Schloß, also bin ich eine Hervorragende, eine Prominente, eine Ausnahme und verdiene, als eine solche respektiert zu werden.

Das Schloß, wir verstehen, ersetzt die fehlende Selbstachtung, es schafft ein blendendes Außen, um ein blamables Innen zu verhüllen, es soll nach außen etwas vorstellen, das man sich selbst im Inneren nicht glauben kann, und es wird notwendig, die seelische Leere durch eine sichtbare Fülle zu verdecken. Ein derartiger Versuch ist von vornherein zum Scheitern verurteilt, – das hindert nicht, daß solche Kompensationsversuche latenter Minderwertigkeitsgefühle derart häufig vorkommen, daß man sie fast schon für »normal« halten müßte, bildeten sie nicht insbesondere in unseren Tagen das geradewegs aufdringliche Symptom einer Krankheit, an der die gesamte Gesellschaft im Zeichen des kapitalistischen Konkurrenzwettbewerbs leidet. Es gibt so viele Formen, sich in ein »Schloß« zu träumen.

In manchen Märchen, wohlgemerkt, dient das Schloß als eine Chiffre für den Ort der Selbstfindung oder auch negativ, wie in FRANZ KAFKAS gleichnamigem Antimärchen, für die Stätte endgültiger Selbstverfehlung[38]. Hier, in der GRIMMschen Geschichte von dem »Fischer und seiner Frau«, ist das »Schloß« nur die verdichtete Phantasmagorie eines Ersatz-Ichs, eines Gegenentwurfs zu der als beschämend empfundenen Gegenwart, eines Widerlegungsfetischs oder -talismans des deutlichen Empfindens persönlicher Nichtigkeit. An solchen Fetischen kann alles in Dienst treten, was der Außenwirkung aufhilft, um die Wirklichkeit drinnen zu kaschieren. Solche ein würdeverleihendes, adelndes Schloß ist für den einen der Erfolg seiner Karriere, für einen anderen ein akademischer Titel, für wieder einen anderen die Reputation der Kollegen auf seiner Arbeitsstelle, für noch einen anderen das zur Schau getragene Niveau seines Wissens oder Könnens, – in jedem Falle erhebt er sich sichtbar über die Niederungen der gewöhnlich Sterblichen, so wie die schroffen Mauern eines Schlosses, errichtet auf einem Felskegel, mit ihren zum Tal abfallenden Steilwänden weithin alles Leben in den Niederungen überragen. Doch bei all den sonstigen Versuchen der Scheinadeligkeit läßt sich immerhin ein Mindestmaß an Arbeitsaufwand und an

38 FRANZ KAFKA: Das Schloß, 1. Kap., S. 12, schildert insbesondere den »Turm« des »Schlosses« als »etwas Irrsinniges«, »wie von ängstlicher oder nachlässiger Kinderhand gezeichnet.« »Es war, wie wenn ein trübseliger Hausbewohner, der gerechterweise im entlegensten Zimmer des Hauses sich hätte eingesperrt halten sollen, das Dach durchbrochen und sich erhoben hätte, um sich der Welt zu zeigen.«

Mühe feststellen; die Fischersfrau im GRIMMschen Märchen indessen verlangt ohne jedwede Eigenleistung nach einer Anerkennung einzig für das Schein-Ich ihrer ungelebten Existenz; sie will und muß geschenkt bekommen, was sie von sich her sicherlich niemals erwerben oder werden kann. Ihr Schloß ist nicht das Symbol ihrer Identität und Authentizität, sondern das Signum ihrer Nicht-Identität und Unaufrichtigkeit.

In all dem läge Grund genug, ihr die Erfüllung ihres Wunsches zu verweigern. »Du kannst wohnen, wo du willst, du wirst nie eine Adlige,« könnte der Fischer ihr entgegenhalten; »du machst dich nur lächerlich im Kreis der Leute, die in Schlössern wohnen; du hast – mit Verlaub – keine Ahnung von dem *comme il faut*, von der Elegance der guten Sitten, die da erwartet werden; wenn du vergißt, wo du herkommst, verlierst du deine Bodenhaftung, dann bist du eine für dich selbst Verlorene, eine Wurzellose, eine Veräußerlichte und Entfremdete. Hör damit auf! Besinne dich! Halt inne!«

Doch gerade so spricht nicht der Fischer. Er wäre absolut zufrieden mit der Wohnung, die er gegen die alte Behausung hat eintauschen dürfen; was er immerhin als ein wesentliches Argument gegen die neue Petition seiner Frau ins Feld führt, ist so etwas wie Schamgefühl: Er hat dem Butt das Leben geschenkt, und dieser hat sich dafür auf großzügige Weise erkenntlich gezeigt; solch eine Situation darf man nicht ins unverschämte und erpresserische ausnutzen. Man sollte fair bleiben. Der Fischer selber hätte von sich her schon den ersten Deal nicht abgeschlossen; jetzt aber möchte es mit den Marotten seiner Frau doch ein Genügen finden, hofft er. »*Nein, Frau*«, spricht er, »*der Butt hat uns erst die Hütte* (das schöne Haus) *gegeben, ich mag nun nicht schon wieder kommen, den Butt möchte es verdrießen.*« Eine solche Rücksicht zu üben und nicht einfach drauflos zu fordern, was einem in den Sinn kommt, darf als ein durchaus berechtigter Ich-Standpunkt gelten, – eine solche Einstellung muß nicht aus dem Überich wie ein Zwangsbefehl diktiert sein, sondern sie entspricht durchaus einer moralischen Evidenz im Umgang miteinander. Wenn überhaupt, dann müßte in der Tat an dieser Stelle das Ich, verkörpert in dem Fischer, der Wunschwelt, verkörpert in der Frau, Einhalt gebieten. Genau das aber geschieht nicht; statt dessen wird dem braven Mann »*sein Herz so schwer, und er wollte* (eigentlich) *nicht*; *er sagte bei sich selber: ›Das ist nicht recht‹, er ging aber doch hin.*« Wieso tut er das?

Denkt man sich den Fischer und seine Frau als ein Ehepaar (interpretiert man das Märchen also auf der »Objektstufe«), so kommt die Art des Dialogs der beiden in diesem Moment einer Offenbarung ihrer gesamten Beziehung gleich: Die Frau deklariert und diktiert ihren Willen; ihr bloßes Empfinden dient als »Argument«, und es hat als maßgebend zu gelten. Demgegenüber findet über die durchaus berechtigten Bedenken und Einwände des Fischers keinerlei Diskussion oder Gedankenaustausch statt; dieser Mann kann wohl seine Gefühle äußern, doch finden sie bei seiner Gattin kein Gehör, und auch er selber zeigt sich außerstande, ihnen Nachdruck zu verleihen oder für sich aus dieser Situation die entsprechenden Konsequenzen zu ziehen. Er könnte beispielsweise seine hier schon lästige, unangenehme Botenrolle ablegen und seiner Frau die Entscheidung überlassen: wenn sie unbedingt will und die Dreistigkeit aufbringt, immer nur weiter zu wünschen, soll sie doch selbst ans Meer gehen und dem Fisch ihr Anliegen vortragen! Statt mit »*schwerem Herzen*« sich (mal wieder!) seiner Frau zu beugen, könnte er eine deutliche Grenze markieren, bis wohin er noch mit ihr zu gehen bereit ist und von wo an nicht mehr. Doch erkennbar mangelt es ihm an Durchsetzungsvermögen; anscheinend fürchtet er, daß dieselbe Unverschämtheit, welche die Frau gegenüber dem Butt an den Tag legt, sich auch gegen ihn selbst richten könnte. Er gibt also nach, schon um des lieben Friedens willen, nicht weil er der Klügere wäre, sondern weil er ausgesprochen konfliktscheu ist. So handelt er zwangsläufig gegen seine Überzeugung und riskiert es lieber, den Butt zu »*verdrießen*«, als seine Frau, – schließlich ist er mit dieser jeden Tag zusammen, während er dem Fisch nur für einen kurzen Augenblick begegnet; im übrigen bleibt es ungewiß, was dessen Mißgelauntheit im Endeffekt bedeuten könnte: daß er sich verweigert, das neue Begehren der Fischersfrau zu erhören, wie der Fischer es ihm förmlich in den Mund legt, wäre offensichtlich nicht gar so schlimm, und daß er eine empfindliche

Strafe für die Unverschämtheit dieser Frau verhängen würde, steht auch nicht sogleich zu erwarten. Also ist es klar, wohin im Parallelogramm der Kräfte die Entscheidungsrichtung des Fischers gehen wird.

Auf fatale Weise ist dieser Mann damit freilich der Gefangene eines Spiels, welches das Leben so vieler bestimmt: Sie sind in Beziehungen festgelegt, deren Strukturen sich nur schwer verändern lassen, ohne dem Partner empfindlich weh zu tun, doch die sie auch nicht aufkündigen können, weil sie durch ein tiefes Verantwortungsgefühl an den anderen gebunden sind. – Jene Frau zum Beispiel, die sich als Mädchen schon mitschuldig fühlte an den Verzweiflungsausbrüchen ihres Vaters, konnte ihm nicht sagen: »Jetzt hör' doch auf, dich in den Alkohol zu flüchten; damit machst du alles noch schlimmer. Schlimm ist nicht so sehr, daß dich die aufgenommenen Kredite überfordern, schlimm ist der Umstand, daß du dich weigerst, der Wirklichkeit ins Auge zu blicken. Du kannst dich selbst nur akzeptieren, wenn du stark und erfolgreich bist, und vor allem fürchtest du den Spott der anderen, im Fall du eine Niederlage eingestehen mußt. Doch warum bindest du deine Selbstachtung an das Ansehen bei anderen? In meinen Augen bist du als Mensch und als Vater unendlich wichtiger und menschlich näher als in der Rolle des gestreßten Unternehmers in einer Schlacht, die absolut nicht zu gewinnen ist. Was wäre denn so schrecklich bei dem Gedanken, in Insolvenz zu gehen? Das müssen mittlerweile jährlich über 35000 Betriebe in der BRD, – unser Wirtschaftssystem ist so; es ist nicht dein Versagen. Sieben Jahre würde es dauern, in denen wir kleine Brötchen backen müßten, doch dann wären wir frei. Wir wissen, wie du dir Mühe gegeben hast. Vor uns mußt du dich niemals schämen. Es ist allein die Frage, was dir jetzt wichtiger ist: deine eingebildete Geltung vor den anderen oder die reale Zuneigung und Wertschätzung deiner Familie.«

Nicht einmal im Ansatz hätte diese Frau daran denken können, mit ihrem Vater so zu reden. »Er wird einfach weggehen oder mich für verrückt erklären«, gab sie sich sicher. Doch tatsächlich hatte sie nie gelernt, einem Menschen »nein« zu sagen, der ihr nahe stand.

Also mußte sie sich *nolens volens* (wohl oder übel) mit ihrem Vater arrangieren. Indem sie tat, was er wollte, handelte sie freilich gegen sich selber; sie machte damit den Widerspruch im Wesen ihres Vaters zwischen Selbstverachtung und Suche nach Achtung bei anderen zu ihrem eigenen Zwiespalt zwischen Innen und Außen: sie mußte die Verantwortung übernehmen, die ihr Vater in der Wirklichkeit verweigerte; sie mußte in äußerster Disziplin all die Gefühle beherrschen, die ihr Vater unkontrolliert herausstieß; sie mußte im Umgang mit ihm so rücksichtsvoll sein, wie sie es an Rücksichtnahme als Mädchen selber gebraucht und sich heimlich gewünscht hätte; – um mit seinen Widersprüchen leben zu können, mußte sie ständig anders denken, als sie fühlte, und anders handeln, als sie es für richtig hielt. Doch in ihrer Liebe und Verantwortung war sie an den Vater gebunden, – sie konnte, wollte und durfte ihn nicht verlassen. Sie befand sich mithin ihr Leben lang schon in einer Lage, wie sie mit Sicherheit alle einfühlen können, die an einen süchtigen Partner gebunden sind, dessen Unmaß in den Ansprüchen an sich selbst und an andere sie zum Maßstab ihres Verhaltens nehmen müssen, um mit ihm weiter zusammenzuleben.

Mit dem sublimen Unterton des Vorwurfs und in der betonten Pose des immer schon Wissenden spricht man in Therapeutenkreisen in Anbetracht solcher Fälle gern von Koabhängigkeit; man unterstellt dabei ein geheimes Bedürfnis des helfenden Teils solcher Beziehungen, zur Stabilisierung des eigenen Selbstwertgefühls von dem anderen gebraucht und benötigt zu werden; immer ist die Diagnose dabei auch schon der Therapievorschlag: »Sie müssen zu ihrem Partner auf Distanz gehen; er wird sich nie besinnen, wenn Sie ihn weiter vor der Notwendigkeit zur Selbstbesinnung schützen; so helfen Sie ihm nicht, so ruinieren Sie nur sich selbst – Ihre Nerven, Ihr Vermögen, Ihren sozialen Ruf.« Und richtig: auch alle in der Umgebung verfügen über genügend »gesunden Menschenverstand«, um ins gleiche Horn zu blasen: »Du mußt das sinkende Schiff verlassen, solange es noch geht! Willst du an der Seite dieses Säufers wirklich selbst absaufen?« Schließlich wissen alle, was man vernünftigerweise jetzt tun sollte, – nur daß unbegreifbarerweise die Betreffenden an all die guten Ratschläge sich nicht halten. »Sie sind aber auch vollkommen uneinsichtig«, heißt es dann. »An denen ist Hopfen und Malz verloren«, klagt man jetzt (ohne die Ironie zu bemerken, von Bierbraurezepten bei Alkoholkranken zu reden).

Tatsächlich ist der springende Punkt eines solchen Beziehungsgefüges wie im Falle des »Fischers und seiner Frau« indes so einfach nicht zu begreifen: Man würde den »gesunden« bzw. den »vernünftigen« Teil einer solchen Partnerschaft – hier jetzt den Fischer – mit derartigen Avancen unumwunden dazu verlocken, seinen eigenen Vorteil zu suchen, und sei es zum Schaden seiner Ehegattin oder seines Ehegatten. In seinen Augen läuft ein solches Ansinnen auf nichts anderes als auf krassen Egoismus hinaus; derlei auch nur in Erwägung zu ziehen vermehrt bloß seine Schuldgefühle, und erst recht werden diese zunehmen, wenn bereits die Andeutung eines wachsenden Abstands den Partner neuerlich »abstürzen« läßt; – mit um so schuldbewußterem gutem Willen wird er den angerichteten Schaden wieder gutzumachen suchen.

Es ist dieses hohe Maß an Pflichtgefühl und Verantwortung, auch an echtem Mitleid und inniger Einfühlung, das eine objektiv so verkehrt erscheinende Beziehung subjektiv schier unentrinnbar macht. Nicht eine »unmännliche« Ichschwäche nötigt diesen Fischer womöglich zu seiner steten Nachgiebigkeit, sondern das an sich ganz richtige Gespür, seine Frau doch nicht ändern zu können. An ihrer Seite zu leben heißt deshalb, sich ihrem Verlangen zu beugen, wohlgemerkt an dieser Stelle noch nicht, weil die Frau ihn gezielt dominieren und kujonieren möchte – das wird erst im nächsten Schritt zum Thema werden –, sondern weil er das laterale Opfer des Durchmarschs ihrer Wünsche ist, über deren Gründe er keinerlei kritische Reflexion in Gang zu setzen vermag.

Das einzige, was ihm unter diesen Umständen verbleibt, um das Verlangen seiner Frau nach einem »Palast« vielleicht denn doch zu erübrigen, bestünde darin, ihr nicht nur gehorsam zu Gefallen zu sein, sondern ihre unterschwellige Selbstverachtung mit ehrlicher Zuneigung und wirklicher Anerkennung zu überlieben. Sie möchte leben wie eine Prinzessin? Nun, für ihn ist sie eine Prinzessin! Und sie kann es ihm glauben: er trägt sie auf Händen, sie liegt ihm am Herzen, er schätzt und (ver)ehrt sie ganz und gar. Dabei werden solche anerkennenden Bemerkungen, selbst wenn noch so ehrlich gemeint, erst einmal auf die alteingerichteten Abwehrmauern ganz anderer Erfahrungen und Einstellungen prallen: »Wenn Männer – oder Frauen – so reden, wollen sie nur etwas Bestimmtes.« »So redet der – oder die – ja nur, weil er mich noch nicht wirklich kennt.« »Man sieht mich halt nur, wie man mich möchte und wie ich mich gebe, aber das stimmt ja alles nicht.« – Es ist nicht leicht, in diesem Schutzwall standardisierter Vorurteile und Negativismen das Türchen zum Herzen des anderen zu finden; doch nur so endet der verhängnisvolle Sog der Sucht. Wenn alles Suchtverlangen sich festmacht an den Ersatzobjekten fehlender Zuneigung, so wird sie nur enden, wofern das Ersehnte fühlbar als wirklich erfahren wird. Die Hände eines Ertrinkenden werden die Planke des zerborstenen Schiffes nur loslassen, wenn starke Arme ihn umfassen und ihm Grund unter den Füßen verschafft wird. Freilich, ein solcher Prozeß braucht Geduld und viel Zeit, und gerade darüber verfügt nicht eine *Ilsebill.* Jeder Süchtige will alles auf einmal, jetzt und sofort, – Aufschub, Verzicht und Frustrationstoleranz sind für ihn unverständliche Fremdwörter. Doch nur wenn er sich durch die Dornenhecke ständiger Anschuldigungen und Klagen, noch immer nicht den Butt um den schönen Palast gebeten zu haben, von Mal zu Mal hindurcharbeitet, wird der Fischer sich und seiner Gemahlin den Gang ans Gestade des verwunschenen Prinzen ersparen. – Wenn wir die Erzählung vom »Fischer und seiner Frau« als Beschreibung einer realen Ehesituation interpretieren, wird sie in etwa sich so darstellen wie hier angegeben.

Doch in gewissem Sinne sind der »Fischer« und »seine Frau«, wie gesagt, auch zu verstehen als die zwei Seiten ein und derselben Person, aufgespalten in resignierter Genügsamkeit und protestierendem Ungenügen beziehungsweise in vorwärts drängendem Verlangen und chronisch schlechtem Gewissen. Eine Persönlichkeit wie diese bedürfte selbst eines Gegenübers, das sie über die Gefühle der Minderwertigkeit und der Selbstablehnung hinweghübe, doch woher sollte ein solches kommen? Im Grunde erweitert der Wunsch der

Fischersfrau nach einem »Palast« nur ihr Verlangen nach einem (Eigen-)Heim: sie möchte sich geborgen und aufgehoben fühlen in einem Raum, da sie sich wirklich zu Hause wähnen kann. Das Suchtartige in diesem Wunsch bereits ließe sich letztlich nur erfüllen durch ein wachsendes Einverständnis mit sich selbst, basierend auf dem Vertrauen in ein absolutes Angenommensein bei einem absoluten Gegenüber. So jetzt auch hier: In jeder Liebe steigt der andere auf in den Rang der höchsten Wertschätzung, doch verleiht der Liebende diese Auszeichnung und Würde dem anderen nicht durch sein eigenes Mögen, vielmehr entdeckt er in seiner Zuneigung zu dem anderen nur dessen wahren Wert, voller Dankbarkeit dafür, daß es ihn gibt, buchstäblich als Geschenk des Himmels. Religiös ausgedrückt, beginnt jeder Liebende den anderen zu betrachten mit den Augen Gottes; er fängt an zu begreifen, daß und warum es den anderen geben muß; in seiner Liebe nähert er sich dem eigentlichen Grund der Existenz des anderen, der nicht länger mehr als ein Erzeugnis gleichgültiger Umstände erscheint, sondern als das Erzeugnis eines unbedingten Willens zu seinem Sein. In seinem ganzen Dasein ist er immer schon auf absolute Weise bejaht, gemocht, umfangen und begleitet; er ist ein Kind des höchsten Gottes, – er darf »Kind« sein in dem Empfinden einer neu geschenkten Unschuld und Ursprünglichkeit, wie sie allein die Liebe schenkt. Jesus selber konnte so sagen: Gefragt, was im Leben eines Menschen das wichtigste sei, gab er zur Antwort: das Reich Gottes anzunehmen wie ein Kind (Mk 10,15)[39], – so vertrauensvoll, so ruhend in der Güte Gottes. Allein um uns dieses Grundgefühl im Dasein zurückzuschenken, sei Jesus in die Welt gekommen, auf daß wir – jenseits aller Gesetzesvorschriften und ihrer Einhaltung – »die Kindlichkeit wieder empfingen«, meinte Paulus (Gal 4,5), denn einzig in diesem Geiste hörten wir auf, in Abhängigkeit und Knechtschaft zu leben (Röm 8,13–15): »Der Geist selber«, schrieb er, »gibt Zeugnis unserm Geist, daß wir Gottes Kinder sind.« (Röm 8,16) Alle Freiheit, alle Berechtigung, alles Seindürfen, alles Selbstvertrauen gründet in dem Vertrauen in diesen absolu-

39 Vgl. zur Stelle E. DREWERMANN: Das Markusevangelium, II 104–114: Mk 10,13–16: Der Mensch wird in Gott geboren oder: Jesus und die Kinder.

ten Hintergrund der Existenz, der in der Sprache aller Religionen Gott genannt wird, – der »Vater«, wie ihn Jesus im Johannes-Evangelium bezeichnet: »Der Vater«, erklärt er dort, »hat den Sohn lieb und zeigt ihm alles, was er tut.« (Joh 5,20)[40]

In einer solchen Zuversicht bedarf es keiner äußeren Bestätigung mehr, sich seines eigenen »Adels« zu versichern. Das »Schloß«, in dem wir wohnen dürfen als geborene Königskinder, ist in den Händen Gottes immer schon errichtet in all der Schönheit unseres Seins, – wir müssen es nicht suchen in dem steinernen Gebäude einer rein äußerlichen Prachtentfaltung. Wenn es gelingt, einen anderen Menschen mit der eigenen Liebe spüren zu lassen, in welch einem Hintergrund absoluter und unvergänglicher Bejahung er eingebettet ist, vergeht ganz wie von selber jegliches Verlangen nach dem Wohnen in prachtvoll prunkenden Palästen. Ein Ende der Gier nach immer Größerem ergibt sich allein in einer solchen Veränderung der Sichtweise auf das eigene Dasein, vermittelt durch eine Liebe, die in ihrer menschlichen Begrenztheit das Herz des Geliebten aufschließt zum Unbegrenzten. Solch eine Macht besitzt die Liebe unter Menschen, daß sie den Himmel öffnen, aber auch verschließen kann.

Jedoch: für eine solche Erfahrung reicht das konfliktvermeidende Verhältnis des Fischers zu seiner Frau in Form dienstbarer Kompromißbildungen keinesfalls aus; es führt schon deshalb nicht zu einer entschiedenen Klarstellung der Grundlagen des Daseins, weil es selber im Unklaren und Unentschiedenen verbleibt. Das Resultat ist dementsprechend: Das Problem wird nicht gelöst, es wird nur aufgeschoben und damit ausgeweitet. Erneut also begibt sich der Fischer ans Meer, erneut ruft er den Butt herbei, und wieder erklärt er, daß er jetzt etwas tut, das er nicht möchte, das er aber tun muß, weil seine Frau es will; wie um ihm aus der Bredouille zu helfen, fragt der Butt denn auch ermunternd nach, was sie denn möchte; doch dann ist es heraus: keine neue Wohnung, – ein Palast! Und der Butt tut's: »*Geh nur hin*«, spricht er, »*sie steht schon vor der Tür.*« So prompt erfüllen sich, kaum ausgesprochen, wie durch Magie, die Wünsche, – es

40 Vgl. zur Stelle E. DREWERMANN: Das Johannesevangelium, I 235–248: Joh 5,19–30: Auferstehung zum Leben.

herrscht, wie auf der Stufe noch von dreijährigen Kindern, die »Allmacht der Gedanken«[41]. Wie aber soll die Frau, wenn alles derart wohl sich fügt, erkennen, welch einen Irrweg sie damit beschreitet?

Was sie vor der Hand erwartet, scheint in der Tat ein Meisterstück fürstlicher Baukunst darzustellen, – die BRÜDER GRIMM bieten ihr ganzes literarisches Vermögen auf, uns eine Vorstellung von der erlesenen Pracht an diesem Hofe zu erschaffen. Ganz die Prinzessin schon, ergreift die Fischersfrau von einst die Hand ihres Mannes und bittet ihn herein, durchschreitend eine große »Diele« (wie es bäurisch heißt, von einem Vorhof wäre richtiger zu sprechen), die mit Marmor ausgelegt ist; Bedienstete stehen zahlreich bereit, die mächtigen Türen zu öffnen; und nun entfaltet das Enterieur seine ganze Pracht: die Wände sind mit schönen Tapeten ausgekleidet, die Tische und Stühle gefertigt aus Gold, kristallene Lüster hängen an der Decke, und die Fußböden sind mit Läufern belegt. Auf den Tischen stehen Speisen und Weine in solcher Fülle, daß sie zu brechen drohen; und hinter dem Schloß öffnet sich ein großer Hof zu einem Pferde- und Kuhstall, davor, schon fahrbereit, Kutschwagen parken. Und immer noch des Staunenswerten nicht genug: hinzu kommt *»ein großer herrlicher Garten mit den schönsten Blumen und feinen Obstbäumen sowie ein Freigehege, wohl eine halbe Meile lang, darinnen waren Hirsche und Rehe und Hasen und alles, was man sich immer wünschen mag.«* Mit Recht und mit einem gewissen Stolz, ihrem Mann all diese Herrlichkeiten präsentieren zu können, fragt die Fischersfrau ihn endlich, ihrer Bestätigung sicher: »*Na, ist das jetzt nicht schön?*« Der aber, wie um dem Weiteren schon vorzubeugen, streicht seine völlige Zufriedenheit mit dem, was jetzt erreicht ist, beinah allzu betont bereits heraus, indem er repliziert: *»Ach ja, so soll's auch bleiben, nun wollen wir auch in dem schönen Schloß wohnen und wollen zufrieden sein.«* Doch wieder hält die Fischersfrau, pardon: die adelige Herrschaft, kaum daß da von Zufriedenheit die Rede geht, sich eine Hintertüre offen: »*Das wollen wir* (erst noch) *bedenken.*« Es muß und wird sich zeigen, womit sie zufrieden ist. Immerhin begibt sie sich am Ende dieses Tages mit

41 SIGMUND FREUD: Totem und Tabu, in: Gesammelte Werke, IX 93–121: Animismus, Magie und Allmacht der Gedanken.

ihrem Mann zu Bett. Für diese eine Nacht zumindest sieht es so aus, als sei sie wieder eins mit ihm und mit sich selber. Nur ahnt man schon: auf lange Zeit wird dieser Zustand kaum anhalten.

Freilich, an »Bedenken« wäre an so einem »Schloß« nach modernen Maßstäben in der Tat manches auszusetzen. Vor allem: es fehlt an fließendem Wasser, an Heizung, an Belüftung, an Beleuchtung ... So prunkvoll die Schlösser der feudalen Oberschicht, gebaut auf hochragenden Bergen, in das umliegende Land ihrer Leibeigenen und Untertanen noch heute herabschauen, so sicher ermangelte es ihnen an einer gewissermaßen bürgerlichen Bequemlichkeit. So etwa galt es um 1890 im Schloß der Hohenzollern zu Sigmaringen als ein unerhörter Luxus, daß in einem eigenen Badezimmer immerhin eine Wanne mit fließendem warmem Wasser installiert wurde, – wohingegen Kaiserin *Augusta*, die Gattin *Wilhelms I.*, in ihrem geliebten Koblenz nach wie vor des Morgens und Abends mit Schüssel und Kanne hantieren mußte. Ein Komfort, wie die Alten Römer ihn bereits am Rheine pflegten, blieb auf allen Rheinburgen unbekannt. Auch an den Genuß einer Zentralheizung, favorisiert schon in den Bädern der Antike und eine Selbstverständlichkeit heute in allen Hochhäusern, war kein Gedanke. Gicht, Rheuma und Arthritis bildeten – neben den Belastungen der Atemwege – sozusagen die Berufskrankheiten eines fürstlichen Lebens in einem dieser schmucken Schlösser. Verständlich also wäre es, wenn die »Bedenken« der Fischersfrau in ihrem neuen Schloß in gerade eine solche Richtung gingen: orientierte sie sich einfach an ihrem Wohlbefinden, gewönne sie hier Gelegenheit, eine ganz neue Epoche der Wohnkultur einzuleiten. Doch wie man wohnt und wie sich's lebt, ist offenbar die Frage nicht für diese Frau; wie es nach außen wirkt, wie sie sich darstellt und welch ein Bild sie als Bewohnerin eines Palastes bei den anderen hinterläßt, – nur darauf kommt's ihr an, und eben damit wird's jetzt weitergehen.

Die Königin, die Kaiserin ...

Was, normalerweise, würden Menschen tun, die plötzlich sich in einem Schloß wiederfinden, das zudem noch ihnen selbst gehören soll? Gewiß, sie würden voll dankbaren Erstaunens, erschrocken fast ob all der Wunder, nach und nach die Säle durchschreiten, scheu beinah die Möbel und Gerätschaften berühren und Tag und Nacht ein bißchen mehr versuchen, sich in die gänzlich ungewohnte Zauberwelt, die sie umgibt, behutsam einzuleben. Dazu möchte wohl zählen, den schon bereitgestellten Kutschwagen zu nutzen und ins Umland auszufahren oder sich mit den anmutigen Tieren in dem Freigehege zu vergnügen oder vom Personal sich einweisen zu lassen, wie man nach höfischer Manier parliert und diniert, sich frisiert oder kostümiert und wie nach artiger Courtoisie galant und elegant man miteinander sich zum Rendezvous vereinbart, gar nicht zu reden von den Unterweisungen der Cameristes in der Kunst des Boudoirs. Von all dem ist im Märchen keine Rede, und das wohl nicht nur seiner strengen literarischen Ausrichtung zuliebe, um die Erzählung rasch und zielstrebig voranzubringen – an ausmalender Freude an der Darstellung zahlreicher Details hat es in der Geschichte keinen Mangel –, es ist von all dem offenbar mit keinem Worte zu berichten, weil es schlicht nicht stattfindet. Und das ist denn doch schon bestürzend: soeben erst hat sich der tolldreiste Wunsch der Fischersfrau wider jegliches Erwarten überreich erfüllt, sie sitzt in ihrem prachtvoll errichteten und ebenso geschmackvoll eingerichteten Palast, den sie sich so herbeigesehnt hat, – und kann mit ihm genau nichts anfangen! Sie kann das Erreichte nicht genießen! Sie nimmt es überhaupt nicht wahr! Das kann daran liegen, daß es zuvor, noch ehe der Butt in ihr Leben trat und ihr die Welt des Wünschbaren sich öffnete, im Grunde wie verboten schien, nach irgend etwas seine Hände auszustrecken. Jetzt liegt ringsum zwar alles griffbereit, doch hat die Fischersfrau von einst es nie gelernt, in Ruhe etwas in sich aufzunehmen. Ein Süchtiger kann den Ersatzstoff seiner Grundbedürfnisse nach Liebe und Geborgenheit nur immer neu hastig in sich hineinschlingen, ohne zu merken noch zu würdigen, was er, stets unerfüllt, stets unersättlich, wie sinnlos aufbraucht. Er spürt nur seine Leere. Er fühlt nur sein Verlangen. Er hat nie genug. Er kann an nichts sich freuen. Deshalb ist er so ruhelos, getrieben, gierig, ohne Maß.

Manchmal, wenn man betrachtet, mit wieviel Mühe und mit wieviel Qual für ihre Lohnabhängigen und Untertanen die Hautevolee sich ihre Villen, Landhäuser und Bungalows erbauen läßt, möchte man wünschen, all die Plackerei belohnte sich doch wenigstens durch das verschwenderische Glück der wenigen, für die das alles eingerichtet wurde; dann aber liest man gerade bei den »Promis« und den Oligarchen von ausufernden Drogenproblemen oder Alkohol-Entziehungskuren, von fehlgeschlagenen Selbstmordversuchen oder von stets wechselnden Liebespartnern und Affären, und man ahnt hinter der Glanzfassade des schönen Scheins so viel an Unglück und Verzweiflung. Und die Erklärung ist immer dieselbe: All die Palastbewohner ruhen nicht in sich. Sie wissen gar nicht, wer sie selber sind. Sie kommen selber sich wie Nullen vor, die ihren Wert erst durch die Zahl bekommen, die man ihnen vorschreibt. Da schon sie selbst nichts von sich halten, wollen sie zumindest auf sich halten. Dann sind sie wer. Aber für wen?

Die Frage treibt die Fischersfrau derartig um, daß sie am nächsten Morgen, als sie, kaum erwachend, vom *»Bett aus das herrliche Land vor sich liegen«* sieht, ihren Mann mit dem Ellbogen in die Seite stößt und ihn auffordert, mal aufzustehen und aus dem Fenster zu schauen. *»Sieh«*, spricht sie, *»können wir nicht König werden über all das Land? Geh hin zum Butt, wir wollen König sein.«* Es ist das erste Mal, daß der Fischer seiner Frau entschieden widerspricht und zumindest, was ihn selbst betrifft, sich von seiner Frau absetzt. Die bisher unverbrüchliche Aktionseinheit der beiden zerbricht an dieser Stelle, ihre Wege trennen sich. Nach wie vor bleibt er der Dienst- und Sendbote seiner Gemahlin, aber er tut nicht länger so, als wäre er mit allem, was sie will und wünscht, trotz aller Einwände im Grunde einverstanden. Er ist es – mindestens am Anfang – nicht mehr, und er gibt sich dabei unnachgiebig. *»Wozu denn wollen wir König sein?«* fragt er seine Frau und stellt damit ihr Begehren grundsätzlich in Frage; und für den Fall, daß sie bei ihrer Vorstellung verbleibt, erklärt er für sich selber: *»Ich möchte nicht König sein.«* Ihm schwant in etwa, was da auf ihn zukommt, wenn er ein öffentliches Amt in höchster Position bekleidet: Wieviel an Privatleben geht da verloren! Wie wenig von der einfachen Existenz eines beschaulichen Fischerlebens läßt sich da mitnehmen! Es würde einen vollkommenen Bruch mit seinem bisherigen

Leben bedeuten! Eine neue Wohnung beziehen, sich mit einem hochherrschaftlichen Ambiente umgeben, – das sind Veränderungen, die irgendwie noch äußerlich bleiben; aber einem ganzen Volke als Herrscher vorzustehen, das ist denn doch eine Nummer zu groß für ihn. Nur: warum ist es gerade das, was die Frau für sich will?

Man kann ihren sehnsüchtig begehrlichen Blick aus dem Fenster beim morgendlichen Erwachen unschwer begreifen, wenn man sich anschaut, wie viele Persönlichkeiten des öffentlichen Lebens als erstes sich eine wirtschaftliche Stellung erobern, die sie dann mit einer politischen Macht verknüpfen. Um zum Beispiel in God's own country, den USA, Senator zu werden, muß man als erstes Millionär werden. Wie im sonst so verhaßten Mittelalter sind auch in der Gegenwart des Vorbildlandes westlicher Demokratie im Grunde nur die hablichen Leute imstande, die – in wörtlichem Sinne – Staats»geschäfte« in die Hand zu nehmen. Um Bürgermeister in New York zu werden oder Gouverneur in Texas, muß man 50, 100, 150 Millionen Dollar auftreiben und sie in einen Wahlkampf stecken, der eher einer Seifenoper als einem Austrag sachlicher Richtungsentscheidungen gleichkommt. Und wie erst gar, wenn es ums höchste Amt: um die Kandidatur als Präsent der Vereinigten Staaten von Amerika, zu tun ist! Da ist ohne eine Kriegskasse von mindestens 200 Mio. Dollar von vornherein nichts auszurichten. Aus dem Haben folgt das Herrschen. So ist es üblich, – überall, und offenbar auch in der inneren Entwicklung der Fischersfrau. Als die Bewohnerin ihres Palastes hält man sie für eine bedeutende Persönlichkeit, – undenkbar, daß jemand in solcher Lage nicht auch über bedeutende Geldmittel verfügen würde.

Allerdings ist der Palast der *Ilsebill* ein reines Luftschloß, jenseits aller Wirklichkeit. Reale Züge erhielten diese Lebensumstände erst, wenn die einstige Fischersfrau ihre neue adelige Stellung dazu nutzen würde, mit ihren überraschend geschenkten Möglichkeiten wirtschaftlich etwas anzufangen und eigene Einkünfte zu generieren; wie auch immer sie ihr Wohl zu mehren wüßte – heutigentags zum Beispiel mit Börsenspekulationen, Investitionen in der Erdöl- oder Rüstungsbranche, mit Immobilien oder Versicherungen –, es müßte zumindest der Eindruck entstehen, nicht durch den bloßen Zufall, als Geschenk des Schicksals, sondern durch eigenes Verdienst Schloßherrin zu Ruh- und Sanftleben zu sein. Doch nichts davon. Im Gegenteil, die bloße Hohlheit ihrer Habansprüche treibt die Fischersfrau dahin, ihr Selbstbild noch zu erweitern. Um nicht als Nichts entdeckt zu werden, zwingt sie der leistungslose Anspruch, in der Geltung anderer etwas zu sein, zu einer Flucht nach vorn, oder, wohl richtiger, nach oben.

Da liegt zu Füßen ihres Fensters ein schönes weites Land, verführerisch genug, das eigene Ich ins Räumliche bis an den Horizont hin auszudehnen, eine Egoinflation[42], bei der nach Art eines hoffnungslos Verschuldeten das Zurückbleiben hinter den Anforderungen gelöst werden soll durch ständige Steigerung der Ansprüche, – eine Schuldenfinanzierung mit immer höherer Verschuldung, eine Abwehr der Selbstentwertung durch Ausdehnung des Wertmaßstabes, eine Blasenbildung im Vakuum.

Wohlgemerkt: es gibt, um dem persönlichen Nichts den Anschein von gesellschaftlichem Etwas zu verleihen, einen probaten Weg, einen einzigen, der eben deshalb von zahlreichen Emporkömmlingen, Möchtegern-Größen und politischen Halbwelt-Grandseigneurs nicht selten auch beschritten wird: es muß ein Titel her! Wie wär's zum Beispiel mit akademischem Zierat? Ein Doktortitel etwa umhüllt den Namen mit einer Aura von Intellektualität und Seriosität; zu einer Doktorarbeit gehört freilich der Nachweis wissenschaftlicher Kenntnis und Arbeitsweise, – ohne Gewissenhaftigkeit, Geduld und Gründlichkeit ist dahin nicht zu kommen. Wie aber, man findet ein »Wurmloch« zur Abkürzung? Es muß, wenn die Zeit

42 LEOPOLD SZONDI: Ich-Analyse, 179–180, sah beim Eintreten schwerer Krisen die nach außen gerichtete »Allodiastole« des Ich abgelöst von einer Autodiastole: das Ich will selber alles sein; statt Teilhabe herrscht die Egoinflation. MICHEL FOUCAULT: Die Macht der Psychiatrie, 50, geht auf die »protopsychiatirische Praxis« ein: »Die Psychiater vom Anfang des 19. Jahrhunderts hätten sagen können, irre zu sein bedeute, die Macht in seinen Kopf aufzunehmen.« (S. 51) Man behandelt die Krankheit mit der »Mikrophysik« disziplinierender Macht: »man ersetzt die Gewalt der Ketten … durch die konstante Gefügigkeit eines Willens gegenüber einem anderen.« (S. 52) Im Märchen ist es umgekehrt die Gefügigkeit des Fischers, die den Wahn der *Ilsebill* betätigt und bestätigt.

drängt (der nächste Wahltermin, die nächste Sprosse der Karriereleiter), auch einfacher und leichter gehen. Eine Doktorarbeit besteht in der Verteidigung einer These, die so noch nicht vertreten wurde; eben deshalb sind alle eingebrachten Erkenntnismittel vollständig zu dokumentieren. Doch wenn man einfach mit breitem Besen die Spuren hinter sich verwischt? Man übernimmt einfach die Entdeckungen anderer und gibt sie als die eigenen aus. Man zitiert ganze Passagen aus fremden Arbeiten, ohne die Stellen als Zitate zu markieren. Man riskiert damit, als Plagiator entlarvt zu werden, doch die Wahrscheinlichkeit dafür ist nicht sehr groß. Also: arriba! – Oder noch einfacher: Man knüpft die richtigen Kontakte, arrangiert eine großzügige Spende an eine Universität und erhält dafür die Auszeichnung eines Doktors »honoris causa«, – das h.c. hinter dem akademischen Titel muß man nicht immer mitbenennen, – Ehre, wem Ehre gebührt. Und mit der Ehre läßt sich wuchern: Achtung führt zu Beachtung, zu Hochachtung, – zu Wählerstimmen. Der Ehrentitel schon geht trächtig mit dem möglichen Amtstitel. Und so ein Titel ist fortan das Logo der Selbstvermarktung der Person; es klebt als Werbeinbegriff dem Menschen auf, der jetzt nach seinen Titeln sich benennt.

Indessen will die Fischersfrau nicht einen Titel unter anderen erwerben, sie verlangt, absolut zu sein; sie will nicht nur hinausschauen auf das Land und in die Welt, die sie umgibt, sie will darüber herrschen, will bestimmen und gestalten, sie will unter den anderen als unverzichtbares Zentrum, als Sinnmittelpunkt und Entscheidungsinstanz wahrgenommen werden. An ihrer Rolle als einer hochwohlgeborenen Adeligen mochte man noch Zweifel setzen: wer ist sie, woher kommt sie, was bildet sie sich ein? Doch alle Zweifel, alle Selbstzweifel zumal verstummen, wenn man selbst das Sagen hat. Macht besitzt nur, wer bestimmen kann, was man von ihm zu halten hat, in welchen Worten man ihn darstellt, wie man ihn anredet und wie man von ihm redet, und eben eine solche alles bestimmende Stellung scheint einer *Ilsebill* die einzige Beruhigung ihrer abgrundtiefen Unsicherheit und quälenden Minderwertigkeit zu bedeuten. Sie muß sein, was sie nicht ist, um nicht sein zu müssen, was sie ist: nur eine

Fischersfrau, sich selber nicht und nie genug, dafür ein Fiktum und Faktotum, das allen anderen befehlen kann, zu glauben, was sie selber sich nicht glauben mag: eine hoheitliche Würde, geboren aus dem Nichts, doch eben deshalb maßgebend für alle.

Am meisten auffallen muß an diesem Projekt der *Ilsebill*, unbedingt Königin zu werden, die vollkommene Selbstbezüglichkeit. Es geht allein um sie; in ihrem Königreich existieren scheinbar keine Menschen; es handelt sich um ein Land und eine Landschaft ohne Einwohner; das heißt, daß alles, was diese absolutistische Regentin verlautbart, nicht nur von keines Menschen Meinung abhängt, sondern auch keinen Menschen meint und mitberücksichtigt. Diese Frau repräsentiert eine Monarchie, die bei ihrer Art der Selbstdarstellung ihr eigenes Publikum vergessen macht. Zwar ist das Ansehen bei anderen für eine *Ilsebill* von überragender Bedeutung, doch eigentlich sind diese anderen ihr vollkommen egal, – sie existieren gar nicht erst; es geht ihr nicht um sie, es geht ihr um sich selbst. Zu einer Königin wird sie nicht, um für andere Menschen, ihre Untertanen, verantwortlich zu denken und zu handeln; einzig *der Titel* einer Königin, verbunden mit der Vorstellung von absoluter Herrschaft, fasziniert sie. Nicht das Regieren, das Regentin-Sein ist ihr Verlangen. Nicht sozialpolitische Verantwortung, – rein psychologische Verdrängungsmechanismen diktieren das Verhalten dieser Frau. Mit einem Wort: sie wird als Königin nicht souverän im eigenen Leben, sie bleibt und wird nur um so mehr die innerlich Getriebene der widersprüchlichen Gebundenheiten an sich selbst.

Sehr gut verstehen kann man demgegenüber den anderen, entgegengesetzten Seelenanteil, den *der Fischer* verkörpert. Er will nicht König sein. Und wozu auch! Die Rolle beziehungsweise die Funktion eines Königs einzunehmen ist, objektiv betrachtet, alles andere als erstrebenswert. Ein solches Ansinnen läuft auf einen ständigen Selbstwiderspruch hinaus, ja, damit beginnt es bereits, – jede Bitte, die der Fischer an den Butt richtet, reflektiert diese Doppelbödigkeit: indem er den Wunsch seiner Frau an den Butt weitergibt, spricht er etwas aus, das ihm selber durchaus nicht entspricht; was diese *Ilsebill* will, ist der klare Gegensatz zu seinem eigenen Wollen. Das war auch vorher bereits so, doch fortan steigert es sich jetzt Zug um Zug. Noch einmal, warnend, hat das Meer seine Farbe verändert: schwarzgrau liegt es jetzt da, aufschäumend und faulig riechend, ganz als wollte es den Seelenzustand der *Ilsebill* zwischen Unzufriedenheit und Ungenießbarkeit selbst parodieren. »Ich will nicht König sein«, – die See selbst scheint dem Fischer recht zu geben; daß er gleichwohl sich in den Auftrag seiner Frau fügt, verdeutlicht nur das zunehmende Auseinanderfallen zwischen Sein und Schein, zwischen Person und Position, zwischen Titel und Tun, zwischen Mögen und Müssen im Erleben einer solchen gespaltenen Persönlichkeit.

So viel ist klar: König zu sein (oder ein vergleichbares Amt auszuüben) ist nur möglich unter weitgehendem Verzicht auf die eigene Person, auf das eigene Wollen, auf das eigene Glück, es ist genau gegenteilig zu den Erwartungen der *Ilsebill.*

Überraschen kann dieser Widerspruch nicht. Eine Kanzlerin, eine Königin, eine Zarin hält man für mächtig, und in der Tat: ein Gesetz, ein Dekret, ein Ukas, ein einzelnes Wort auch nur von ihr vermag, weil gültig für viele, viel zu bewegen; doch gerade diese Wirkung nach außen ist identisch mit erheblichen Einschränkungen nach innen. Es gibt so gut wie keine Privatsphäre mehr, es gibt kein Recht mehr auf persönliche Spontaneität und Kreativität, es gibt nicht einmal mehr die Möglichkeit, unverstört und geradeaus zu tun, was einem ursprünglich für richtig galt. Alles ist gebrochen, reflektiert und kalkuliert, und dann kommt alles irgendwie meist noch ganz anders als gedacht. Jeder, der eine Entscheidung trifft, meint damit, so viel an ihm liegt, für die Zukunft sprechen zu können. Doch wer kennt schon die Zukunft? Was heute richtig scheint, kann morgen schon als falsch erscheinen; also muß man die Entscheidung von gestern heute schon ändern oder zurücknehmen; dem Volk aber muß man vorspielen, es sei alles immer schon ganz so geplant gewesen wie geschehen; – daß sich die Wirklichkeit indes nicht kommandieren läßt, markiert die Grenze aller Machtansprüche. Also muß der Mächtige sich eine eigene virtuelle Wirklichkeit erschaffen, an die er seine Untertanen glauben läßt. Kann man regieren ohne Lügen? Und kann man glaubhaft lügen, ohne selbst an seine Lügen auch zu glauben?

In seinem Drama »Antigone« hat der französische Autor JEAN ANOUILH im Jahre 1942 diese Widersprüchlichkeit des Königseins am Beispiel *Kreon*s, des Herrschers von Theben, verdeutlicht. *Kreon* wird seine eigene Nichte *Antigone* zum Tode verurteilen, weil sie wider den ausdrücklichen Erlaß des Königs den Leichnam ihres Bruders *Polyneikes* mit Erde bedeckt hat. Im Kampf um die Macht haben beide, *Polyneikes* und *Eteokles*, sich wechselseitig in einem mörderischen Bruderkampf umgebracht, der eine ist nicht besser als der andere; doch *Kreon* braucht, um den Bürgerkrieg zu enden, klare Maßstäbe, und so stilisiert er *Eteokles* zu einem Volkshelden und *Polyneikes* zu einem Verbrecher. »*Niederträchtig*«, nennt *Antigone* sein Verhalten, und *Kreon* stimmt ihr sogar zu: »Ja, mein Kind, ich bin's, das verlangt mein Beruf. Man kann sich zwar darüber streiten, ob man ihn ausüben soll oder nicht. Aber wenn man ihn ausübt, dann schon richtig.« Anders als eine *Ilsebill*, hat es *Kreon* nie in seinem Leben »nach Macht gelüstet«, aber er konnte die Macht auch nicht ablehnen; er wäre sich sonst »vorgekommen wie ein Arbeiter, der sich weigert, sein Tagewerk zu verrichten«. Als »unehrenhaft« wäre es ihm erschienen. Also hat er ja gesagt, doch damit seine Freiheit preisgegeben. Das zeigt sich gerade jetzt: Er muß *Polyneikes* das Grab verweigern, gegen seinen Willen; er muß *Antigone* töten, gegen seinen Willen. »[D]as heißt König sein!« stellt höhnisch *Antigone* fest. Sie hat nein gesagt; was also gehen sie die Politik, die vermeintlichen Notwendigkeiten und all die »armseligen Geschichten« an? Sie ist ihr »eigener Richter«, der eigentliche Souverän. »Mit meinen armselig verrissenen, erdigen Fingernägeln (sc. mit denen sie die Erde aufgrub, um *Polyneikes* symbolisch zu bestatten, d. V.), mit den blauen Flecken am Arm vom harten Griff deiner Wächter und mit meiner ganzen Angst, die mir die Eingeweide zerwühlt, bin ich doch Königin.«[43]

Es gibt demnach zwei Arten, »König« zu sein: eine äußere und eine innere, eine, die zupackt, und eine, die sich raushält. – Wie sehr dieses Bild zutrifft, wird augenblicklich klar, sobald man sich die zahlreichen Herrscher-Tragödien in der Geschichte anschaut. Zar

43 JEAN ANOUILH: Antigone, 41–43.

Nikolaus II. (1894–1917) zum Beispiel galt persönlich als ein gebildeter, sensibler Mensch, als ein gutmütiger Familienvater, der sich sorgte um sein bluterkrankes Kind, – gerne hätte er die Zeit mit Gesprächen, Spaziergängen und Spielen verbracht; doch derselbe Mann sah sich gezwungen, Unruhen und Aufstände mit militärischen Mitteln niederzuschlagen, Krieg gegen Japan zu führen und mit furchtbaren Folgen in die Urkatastrophe des 20. Jhs., den Ersten Weltkrieg, einzutreten; er hätte die Kraft haben müssen, gegen den Rat seiner Entourage die autokratische Verfassung aufzulockern und aufzulösen, er hätte von innen her, als Person, sein Amt neu definieren müssen, er hätte Rußlands Stellung in der Welt durch Verhandlungen und Interessenausgleich, statt mit absoluten Demonstrationen absolutistischer Macht, stärken sollen, doch dazu hätte er ein ganz anderer Mensch mit einer ganz anderen Vergangenheit sein müssen.

Von all diesen Verwicklungen macht sich die *Ilsebill* des Märchens offenbar kein Bild. Die Idee eines inneren Königtums, einer persönlichen Freiheit und Unabhängigkeit scheint ihr nie gekommen zu sein. Eben deshalb verlangt sie so unnachgiebig nach dem Titel einer Königin. Käme ihr nur selber etwas »Königliches« und »Hoheitsvolles« zu, bedürfte sie nicht einer solchen Häufung hohler Accessoires. Im Grunde brauchte sie nur zu glauben, was der Fischer in seiner Widersprüchlichkeit gleich doppelt zum Ausdruck bringt: für ihn *ist* sie eine »Königin«, denn nur weil er sie wirklich liebt, möchte er sie vor einer Krone bewahren, die ihr mit Sicherheit zu schwer werden wird, und dennoch fügt er sich, weil sie es unbedingt so will, in ihren Auftrag. In seinen Augen müßte sie keine Königin werden, sie müßte lediglich für sich selbst realisieren, wie zufrieden und glücklich sie an der Seite ihres Mannes leben könnte. Vor allem ist es die religiöse Botschaft von der »Gotteskindschaft« eines jeden Menschen, die das Dasein in die Existenzform eines ungekrönten Königs umwandelt. Da ist es weder nötig noch möglich, daß der eine über den anderen Herrschaft zu erringen sucht; vielmehr ist jeder vor sich selbst und vor den anderen dazu berufen, seine Mündigkeit, seine Fähigkeit zur Selbstbestimmung, seine Autonomie zu wagen und zu lernen, die seiner Mitmenschen zu respektieren.

Statt dessen verlagert sich in der Perspektive einer *Ilsebill* alle Größe ins Äußere. Kaum kommt der Fischer vom Meer zurück, da steht vor ihm ein noch viel größeres Schloß als zuvor, bestückt »*mit einem großen Turm und herrlichem Zierat, und die Schildwache … vor der Pforte, und … so viele Soldaten und Pauken und Trompeten.*« Die Innenausstattung des Schlosses ist aus reinem Marmor und Gold, ausgeschlagen mit »*samtenen Decken und großen goldenen Quasten.*« Als dann die Türen sich auftun, hat sich »*der ganze Hofstaat*« versammelt, und *Ilsebill* hat Platz genommen »*auf einem hohen Thron aus Gold und Diamanten*«, auf ihrem Kopf »*eine große goldene Krone auf und das Szepter in der Hand aus purem Gold und Edelstein, und zu beiden Seiten … sechs Jungfern in einer Reihe, immer eine einen Kopf kleiner als die andere.*«

Natürlich gibt diese Schilderung das Genre-Bild von Königen im Märchen wieder: immer sitzen sie auf dem Thron mit einer Krone auf dem Kopf und einem Szepter in der Hand, stets sind sie ganz in Amt und Würden; hier aber ist es sonnenklar, daß diese neue Königin weder ein Volk hat, über das sie herrschen könnte, noch auch eine Ahnung davon besitzt, wie an ein solches zu kommen und wie es zu regieren wäre. Daß eine Adlige aus königlichem Geblüt sich auf die Suche nach einem Volk machen muß, um Königin zu werden, ist in den Tagen des Absolutismus nicht ungewöhnlich, – *Maria Stuart* als Königin von Schottland bietet ein solches Beispiel[44]; im Fall der Fischersfrau aber haben wir nichts vor uns als einen leeren Anspruch, der sich einzig und allein für ein zu klein geratenes Ego selbst erfüllt. Sogar der Fischer, als er vor sie hintritt, weiß nur erstaunt zu fragen: »*Ach, Frau, bist du nun König?*« Was es damit auf sich hat, eine Königin zu sein, werden ihr die Leute vom Hofstaat wohl zu gegebener Zeit erklären.

Auch diese Lage, so abstrus sie scheinen mag, ist nicht so ungewöhnlich, wie man denkt. Politiker halten eine Rede, doch werden

44 Vgl. STEFAN ZWEIG: Maria Stuart, 3. Kapitel, S. 43–60: Königin, Witwe und dennoch Königin: »Immer, wo ein hoher Mensch sein Leben als Dichtung, als Drama, als Ballade zu Ende lebt, werden Dichter sich finden, um es neu und zu immer neuem Leben zu formen.«

sie sagen, was sie denken, und werden sie's so sagen, wie sie denken? Das nun nicht gerade. Recht häufig verlesen sie vom Blatt, was irgendwelche Ghostwriter ihnen aufgeschrieben haben. Oder sie treten im Fernsehen auf; dann bedarf es einer eingehenden Beratung: die Frisur, die Kleidung, die Maske, das Brillengestell, die Zähne, – alles kann Sympathiewerte bei den Zuschauern fördern. Und dann die Performance: ein sorgfältiges Coaching muß den Abgeordneten optimal auf die Sendung vorbereiten: seine Sprache, seine Argumentation, seine taktische Einstellung, die Stärken und die Schwächen seines Kontrahenten – das alles will sorgfältig bedacht sein, um möglichst erfolgreich »rüberzukommen«. Am Ende vernimmt man kaum noch eine authentische Äußerung; die Sprache ist erstickt im bürokratischen Verwaltungsjargon, die geäußerten Gefühle sind so echt wie auf einer Theaterbühne, die vorgetragenen Gedanken und Informationen sind das Ergebnis von Briefings und von eingeübten Statements; nichts in alledem ist echt, nichts ist lebendig, alles ist Dekor, wie die Mädchen, die jetzt gleich Orgelpfeifen den Thron dieser Königin umstehen.

Wie ganz anders ein wirklicher »König« auftritt, dessen persönliche Integrität sich nach außen durchsetzt, zeigt auf überragende Weise die Gestalt *Mahatma Gandhi*s. Eine kleine Episode aus dessen Leben beschreibt sein Enkel ARUN GANDHI: Im Jahre 1930 war der *Mahatma* von der britischen Regierung zur »Londoner Konferenz« gebeten worden, »um die Zukunft Indiens zu besprechen. Wie immer trug mein Großvater seine handgesponnene und handgewebte Kleidung, *khadi* genannt, für die er sich stark machte, um auf diese Weise den ärmsten Kleinbauern zu helfen. Die *Khadi*-Bewegung hatte sich etabliert und wirkte sich allmählich auf die britische Textilindustrie aus. Da viele Inder unabhängig werden wollten, indem sie selbst *khadis* herstellten, war es den Briten nicht mehr möglich, die ganze indische Baumwolle zu Billigpreisen einzukaufen und sie dann als maschinell hergestellte Stoffe teuer an die Inder zu verkaufen. – Die Teilnehmer der *Round-Table*-Konferenz wurden in den Buckingham Palace geladen, und mein Großvater erschien in Lendenschurz und Schultertuch. Die Berater des Königs waren empört. Diese Aufmachung sei unpassend für die Audienz bei einem König. Doch Bapuji (sc. mein Großvater, d. V.) lächelte nur und sagte: Falls King George V. ihn in den Kleidern, die er immer trage, nicht empfangen wolle, werde er nicht teilnehmen. Die Presse bekam Wind von der Geschichte und stürzte sich darauf: ›Gandhi in Lendenschurz auf Königsparty!‹ lautete eine der Schlagzeilen. Die Presse war verliebt in die Vorstellung, dass er in *khadi* und ausgelatschten Sandalen im Buckingham Palace über die purpurroten Teppiche lief. King George erschien formell gekleidet im *Cutaway* mit gestreiften Hosen und Queen Mary an seiner Seite im silbrig schimmernden Nachmittagskleid. Als man Mahatma fragte, ob er sich im Lendenschurz nicht ›underdressed‹ vorgekommen sei, konterte er mit dem berühmten Witz: ›Der König hatte genug für uns beide an.‹«[45]

Man muß sich eine Szene wie diese nur recht klarmachen, um den absoluten Unterschied zu begreifen. Eine *Ilsebill* präsentiert sich in der üblichen Form vornehmer Selbstdarstellung – »Kleider machen Leute.« *Gandhi* sieht in der Kleidung nicht nur einen Ausdruck, sondern ein Mittel persönlicher Freiheit: Solange Inder Tuche tragen, die mit indischer Baumwolle in England hergestellt werden, solange werden sie die Abhängigen des kolonialen Empires bleiben, nur wenn sie ihre Kleidung selber herstellen, werden sie den Briten selbstbewußt und selbständig entgegentreten können. Der beste Ort, dieses Selbstbewußtsein einer neu gewonnenen Freiheit zu zeigen, ist in der Tat der Buckingham Palace, und die beste Art, es zu tun, besteht in der Treue zu sich selbst. *Winston Churchill* sah in *Gandhi* nichts weiter als einen halbnackten Fakir[46]; doch damit demonstrierte er nur, daß er ganz und gar nichts verstand von der politischen Bedeutung der religiösen Spiritualität und Moralität dieses großen Inders, der gewillt war, die Wahrheit seiner Person durchzuhalten, ohne sich einschüchtern oder ablenken zu lassen. So handelt und verhält sich ein Mensch, der alles Äußere vergleichgültigt zugunsten der einen

45 ARUN GANDHI: Wut ist ein Geschenk, 72–73.
46 Vgl. GURINDA CHADHA (Reg.): Viceroy's House, dt.: Der Stern von Indien, England – Indien 2017.

entscheidenden Frage, wie es möglich ist, wahr und wahrhaftig inmitten einer Welt der Lüge und des Selbstverrats zu leben.

Genau umgekehrt die Gestalt einer *Ilsebill*. Sie ist die Inkarnation der Oberflächlichkeit, der Aufgeblasenheit, der Eitelkeit, – einer inneren Hohlheit, die sich als bestimmender Maßstab für eine ganze Nation setzt. Genau besehen, reproduziert sich in ihr freilich nur, was ohnehin als sozialer Standard in Gesellschaft und Politik gilt: es kommt nicht darauf an, was ist, es ist wichtig allein, wie etwas ist, und das hängt ab von der Drapierung des Äußeren, vom schönen Schein, von all dem »Zierat« anstelle des Geziemenden. Doch gerade auf ein solches Leben in Äußerlichkeit steht eine empfindliche Strafe, die da heißt: die Qual der Langeweile. Sie ist das Resultat eines leeren Herzens und eines leeren Kopfes, und sie entsteht, wenn ein Leben ständig wie in einer Zentrifuge um sich selbst rotiert und aller Inhalt an die Außenwand geschleudert wird. Nur: welche Konsequenzen sind daraus zu ziehen?

Der Fischer, gerade weil er selbst nicht König werden wollte, vermag am Ende dem »Königsein« der Frau doch noch etwas Passendes abzugewinnen, zumindest wenn er es länger betrachtet. *»Ach Frau«*, spricht er, *»was sieht das schön aus, wenn du König bist.«* Womöglich sagt er das auch in der Hoffnung und mit der Bitte, es mit dem Königtum jetzt genug sein zu lassen. *»Nun wollen wir auch nichts mehr wünschen«*, lautet seine dringende, zum dritten Mal inzwischen wiederholte Mahnung – in dem schönen Haus bereits hätte man »vergnügt« leben und sein Genügen haben können, mit dem Schloß spätestens hätte man *»zufrieden«* sein und in Frieden leben sollen, jetzt gälte es, wunschlos glücklich zu sein und bei sich selber anzukommen. Doch mit einem solchen Ansinnen mißversteht der Fischer seine Frau aufs gründlichste. Der geht es längst schon nicht mehr um ein »schönes Leben«, sie ist – man sieht's! – zum Glücklichsein vollkommen außerstande und wird schon eben deshalb rastlos getrieben von dem Drang zur Ichausdehnung. Sie hält es bei sich selbst nicht aus. Das Rumgesitze auf dem Thron, das Scheinregieren, das Agieren in reiner Symbolpolitik, das stete Handeln *in effigie*, das die Wirklichkeit weder berührt noch sich von ihr berühren läßt, dieser

Selbsteinschluß in die pure Egomanie, – all das dehnt die sinnlos gewordene Zeit in eine unerträgliche Länge. Es ist, als ob unter dem Lastgewicht der eigenen Schwere die Uhr im Wohnzimmer, wie in einem Schwarzen Loch, zum Stillstand käme. »*Ganz unruhig*« erklärt die Frau deshalb: »*Mir wird die Zeit und Weile allzu lang.*«

Diese Feststellung könnte – theoretisch – im Leben dieser Fischersfrau die Wendemarke in dem Zwang und Drang nach immer Größerem und Höherem einleiten; doch sich zufrieden zu geben mit dem schon Erreichten und es innerlich mit Sinn zu erfüllen, liegt durchaus nicht im Horizont der Planungen der neuen »Königin«. Sofort und umweglos tritt sie erneut die Flucht nach vorn, nach oben, an. »*Geh hin zum Butt*, befiehlt sie ihrem Mann, »*König bin ich, nun muß ich auch Kaiser werden.*« Völlig zu Recht wendet der Fischer ein: »*Kaiser ist man nur einmal im Reich*«, und folgert daraus: »*Kaiser kann der Butt ja nicht machen, das kann und kann er nicht.*« Doch genau dieses unmöglich Scheinende, diese unbedingte Alleinstellung, diese Herrschaftsposition über alle Herrscher, ist das, was eine *Ilsebill* am meisten reizt. Sie merkt nicht, daß sie mit der Steigerung des Machtanspruchs ins Maximale vorerst nur den schon jetzt schier unerträglich ausgedehnten Hohlraum ihres Herzens ebenso wie ihres Begehrens sinnlos noch mehr ausweitet.

Ein Hauptgrund für die Totalisierung ihrer Wünsche ist wohl wirklich in dem Zeitproblem gelegen. König zu werden – die Idee kam ihr beim Anblick des Landes, das sich unter dem Fenster ihres Schlosses ausbreitete; das Königsein entsprang einer Ichausdehnung ins Räumliche. Doch so weit das Feld sich vor ihren Augen auch dehnen mochte, es bleibt lokal begrenzt, es legt selbst seinen Eigner punktuell fest, – man kann nur an einem bestimmten Ort, in den Grenzen des jeweiligen Landes Königswürde beanspruchen. Nicht so ein Kaiser. Wohl, auch er ist Herr nur auf dem Gebiet seines Reiches; doch als der oberste Regent aller Regierenden ist er mit seiner Aufsicht und mit seiner Weisung ständig anwesend, die räumliche Begrenzung öffnet sich zu einer zeitlichen Präsenz. Ein Kaiser hält sich stets in unsichtbarer Nähe auf; er ist omnipräsent und damit beinahe omnipotent. Das will also auch Frau *Ilsebill* sein. Und wozu soll die Allmacht nutzen? Das ist erkennbar nicht mehr ihre Frage. Als Königin hat sie Befehlsgewalt, und was wird sie befehlen? Es ist bezeichnend: als erstes und als einziges, daß ihr Mann auf der Stelle jetzt den Butt angeht, sie augenblicks zum Kaiser zu erheben.

An dieser Stelle bricht die Ehe der beiden freilich noch ein Stück weiter auseinander. Schon, daß der Fischer sich nicht überwinden konnte, an der Seite seiner Frau zum König aufzusteigen, trug eine kaum überwindbare Spannung in die Beziehung: er blieb, was er ist, ein einfacher Fischer, sie aber thront da als eine Person des öffentlichen Interesses wie auf einem Selfie im Internet. Damit hat sie zwar noch kein Volk, dem sie gebieten könnte, doch wofür hat eine Frau einen Mann? Sie ist jetzt Herr im Hause. All die Zeit über verlieh das Märchen der *Ilsebill* Titel, die nach Geschlecht nicht unterschieden sind: sie wird König, nicht Königin, sie wird Kaiser, nicht Kaiserin, – sie ist nicht länger Frau, sie hat jetzt selbst »die Hosen an«, wie man so sagt; sie trägt wie die ägyptische *Hatschepsut*, um Pharao zu sein, den stilvoll geflochtenen Bart eines Mannes. Sie ist eine Mannfrau geworden. Was kann ihr da männlicher Widerstand anhaben? In ärgerlicher Ungeduld fährt sie der Dreinrede ihres Mannes über den Mund: »*Was, … ich bin König, und du bist* (nur) *mein Mann* (und kein König), *willst du gleich hingehn? Gleich geh hin, kann er König machen, kann er auch Kaiser machen, ich will und will Kaiser sein; gleich geh hin.*« Alles muß instantan und umweglos, auf der Stelle, geradeaus, passieren, wie wir es von allem Suchtverhalten bereits als typisch kennen. Und der Mann, als der nunmehr erste und oberste Untertan seiner Gattin, kann gar nicht anders, als prompt hinzugehen, – jede Gegenwehr ist ausgeschlossen; sie käme einer Majestätsbeleidigung gleich. Dabei ist ihm alles andere als wohl; er hat Angst und denkt bei sich: »*Das geht und geht nicht gut. Kaiser ist zu unverschämt, der Butt wird's am Ende müde.*«

So kommt er an die See, die war jetzt »*ganz schwarz und dick* (undurchsichtig) *und fing an von unten auf zu schäumen, daß es Blasen aufwarf, und es ging ein Sturmwind drüber hin, daß er die See um und um kehrte, und der Mann war voller Grauen.*« Es ist ersichtlich jetzt sein eigenes Inneres, das derart aufgewühlt wird, und es ist die

Stimme seiner Frau, die sich verheerend über alles legt. Gleichwohl ruft er mit der bewährten Beschwörungsformel wider sein eigenes Wollen den Butt herbei und trägt ihm den Wunsch, das heißt den Befehl, seiner Frau vor: sie will Kaiser werden. Und so geschieht's, – denn kaum gesagt, ist sie es schon.

Der Fischer kommt zurück, da ist »*das ganze Schloß aus poliertem Marmor mit alabasternen Figuren und goldenen Zieraten*« gefertigt, und es wird alles aufgeboten, was zu einem zukünftigen Kaiser im Märchen gehört: Soldaten sind da aufmarschiert, nicht freilich zum Manöver, sondern zur Militärmusik, mit Pauken und Trompeten; und wie an einem kaiserlichen Hofe zu erwarten, geben im Inneren der Räume sich die Barone, Herzöge und Grafen mitsamt ihren Bediensteten ein Stelldichein. Eilfertig werden dem Fischer die Türen geöffnet, die ganz aus Gold getrieben sind. »*Aus einem Stück Gold*« gefertigt ist auch der zwei Meter hohe Thron, auf dem die Fischersfrau als Kaiserin Platz genommen hat, auf ihrem Haupt »*eine große goldene Krone, die drei Ellen hoch und mit Brillanten und Karfunkelsteinen besetzt*« ist; »*in der einen Hand hatte sie das Szepter und in der anderen Hand den Reichsapfel, und auf beiden Seiten neben ihr, da standen die Trabanten* (sc. Leibwächter, d. V.) *in zwei Reihen, immer einer kleiner als der andere, von dem allergrößten Riesen, der war zwei Meter hoch, bis zu dem allerkleinsten Zwerg, der war nur so groß als mein kleiner Finger. Und vor ihr standen so viele Fürsten und Herzöge.*«

Wieder braucht der Fischer eine Zeitlang, um sich die Szene anzuschauen und zu begreifen; dann fragt er vorsichtig, ob es auch stimmt, daß seine Frau nun Kaiser ist, und als sie es bejaht, murmelt er erstaunt die gleichen Worte, die er schon zu ihr als Königin gesprochen: »*Ach, Frau, was sieht das schön aus, wenn du Kaiser bist.*« Eigentlich müßte er auch hier seine stereotype Mahnung wiederholen: »*Nun wollen wir auch nichts mehr wünschen.*« Doch dazu kommt es gar nicht mehr. Schon schilt die Frau ihn: »*Mann, was stehst du da? Ich bin nun Kaiser, nun will ich aber auch Papst werden, geh hin zum Butt.*« Ihr Kaisersein nimmt sie im Grunde gar nicht wahr; sie überrennt es einfach beziehungsweise sie ist dorthin hinauf gelangt, wie jemand auf ein Sprungbrett klettert, um sogleich sich eine Stufe höher einzuwippen.

Diese Frau, so viel ist klar, wird nie zufrieden werden, – ihr ist endgültig nicht zu helfen. Nur: was macht damit ihr Mann?

Die Päpstin

Was einen solchen Wunsch hervortreibt, ist nicht leicht zu sagen. Eine Frau, die *par tout* »Heiliger Vater« werden will, steht psychisch in Verdacht, selbst die Position ihres eigenen Vaters einnehmen zu wollen. »Ödipuskomplex« müßte die Diagnose der Psychoanalyse in diesem Falle lauten, und gemeint wäre damit die Persönlichkeit einer Frau, die durch eine sehr enge Bindung an ihren Vater geprägt ist. Doch der Zusammenhang läßt sich noch ein Stück weit näher beschreiben: Manch eine Frau, die »ödipal« von ihrem Vaterbild geleitet wird, ist ihr Leben lang geneigt, sich in Männer zu verlieben, die positiv oder negativ (antithetisch) dem Bild ihres Vaters ähnlich sehen; der Fischer könnte antithetisch zur Vatergestalt passen: seine Figur trägt ausgesprochen kindliche Züge, – er tritt nicht auf als Mann, eher als ein braver Junge, der sich durch Wohlverhalten und Gefügigkeit der Liebe seiner Mutter, jetzt seiner Gattin, zu versichern sucht. Doch diese, selbst identifiziert mit ihrem Vater, ist absolut nicht »mütterlich«, sie brauchte selber eine Mutter; als Stellvertreter oder Nachfolger des Vaters im Leben seiner *Ilsebill* nimmt der Fischer eine eher mickrige Rolle ein und läßt in deren Erleben in jedem Falle einen riesigen Erwartungsraum unausgefüllt zurück. Es kann sein, daß der *Ilsebill* ein »richtiger« Vater schon als Mädchen nicht zur Seite stand, – er war nicht da, wenn sie ihn brauchte; oder er erdrückte sie mit dem Übergewicht seiner eigenen Schwierigkeiten und Nöte; möglich auch, daß er durch Krankheit oder Scheidung von seinem Kinde getrennt war, das seinerseits sich um so mehr nach ihm sehnte, als er mit der erwünschten Zuneigung ihm unerreichbar blieb. Doch welche Umstände auch immer in früher Kindheit vorherrschend gewesen sein mögen, das Ergebnis ist stets das nämliche: die Gestalt des fehlenden Vaters wird auf eine Weise ins Ich aufgenommen, daß der Mangel durch Identifikation aufgehoben wird: man ist selber der Vater, also daß es ihn äußerlich gar nicht mehr zu geben braucht. Wer selber sein eigener Vater ist, vermißt ihn nicht länger, – er nimmt vielmehr die Machtfülle ein, die er jenem in Kindertagen bereits zugeschrieben, doch nicht bei ihm gefunden hat.

Eine solche Tendenz offenbarte bereits das *König*sein-müssen der *Ilsebill*; doch augenscheinlich reichte ihr das als Befriedigung nicht aus. *Die* Vater-Gestalt schlechthin ist die religiös überhöhte Titulatur eines *Heiligen* Vaters, eines Vaters aller Väter, lateinisch eines *pater patrum*, abgekürzt Papa:-Papst.

Das scheinbar irrwitzige Verlangen der *Ilsebill* fände so eine psychologisch genauere Erklärung noch, als es bisher anhand ihres deutlich suchtähnlichen Gebarens möglich war. Der Süchtige, sagten wir, hängt sich an Ersatzobjekte, die stellvertretend für die vermißte Liebe seiner Mutter oder seines Vaters stehen und mit denen die Löcher im Ich geschlossen werden sollen, die deren Fehlen hinterlassen hat; die Titel-Sucht der *Ilsebill* aber ist, wie sich jetzt zeigt, besonderer Natur: letztlich möchte sie nicht irgend etwas haben (Haus, Palast, Thron und Reichsinsignien), sie möchte selber etwas sein: eine mächtige, immer mächtigere Person – ihr eigener Vater, ihr eigener Übervater; und die innere Hohlheit, die in all diesem Drang zu beobachten war, findet jetzt ihre Begründung in der Einsamkeit eines Kindes, das seinen Vater vermißt und herbeisehnt und ihn nicht anders zu finden vermag, als selbst dieser Vater zu werden und zu sein.

Auch das *Wahnhafte* dieser Serie von traumähnlichen Wunscherfüllungen sowie das kindliche Bewußtseinsstadium eines etwa Dreijährigen, der sich noch ganz im Banne der Magie der Allmacht der Gedanken aufhält, fügt sich in dieses Portrait. Wer immer bis hierher die durchaus komische Außenseite der Geschichte lustig finden konnte und an den offenbaren Übertreibungen der Gier und der Maßlosigkeit der *Ilsebill* sein Vergnügen hatte, steht jetzt, am vorläufigen Gipfelpunkt dieser Entwicklung, beinah erschrocken vor dem Abgrund, der unterhalb eines solchen Gebirges an Selbstüberhöhung sich auftut. Über Menschen zu spotten und an ihnen sich zu verlustieren oder sie zum Anlaß überlegenen Moralisierens zu nehmen ist eines; aber zu lernen ist hier ein Anderes, Wichtiges: Je exzentrischer und abnormer ein Mensch sich zu betragen beginnt, desto mehr offenbart er von seinen Bedürfnissen und Nöten, deren Erfüllung und Lösung er vergeblich auf den Wegen einer schicksalhaften Einsamkeit zu erreichen sucht. Die Identifikation der *Ilsebill* mit ihrem Vater ist identisch mit der Isolation von ihrem Mann und damit von allen anderen, die im Märchen gar nicht erst genannt werden. Es ist in jedem Fall unmöglich, die Geschichte von dem »Fischer und seiner Frau« sich als eine Familiengeschichte vorzustellen, mit einer *Ilsebill* in der Rolle einer Mutter, – ihre ganze Persönlichkeit verweigert sich einer solchen Idee; und selbst die Rolle, die sie als Gattin spielt, beschränkt sich aufs Wünschen, Befehlen und mittlerweile aufs Herumkommandieren, – das alles zudem in einem Tempo, das auf nichts und niemanden mehr Rücksicht nimmt.

Erneut (und wiederum vergebens) versucht der Fischer, auf seine anscheinend verwirrte Frau mäßigend einzuwirken und ihr die Unsinnigkeit ihrer Wünsche vor Augen zu stellen; »*ach, was willst du denn nicht?*«, fragt er im Ton resignierender Klage. »*Papst kannst du nicht werden, Papst ist man nur einmal in der Christenheit, das kann er* (sc. der Fisch, d. V.) *nicht machen.*« Das ist das gleiche Argument, das schon dagegen sprach, Kaiser zu werden, und es fruchtete nicht, ja, es wurde widerlegt dadurch, daß der Butt das unmöglich Scheinende trotz allem dann doch möglich zu machen wußte. Was also sollte die Frau jetzt noch aufhalten? Sie hört auf nichts mehr außer auf sich selbst. »*Mann*«, sagt sie, »*ich will Papst werden, geh gleich hin, ich muß heute noch Papst werden.*« Die Worte »heute noch« und »gleich« geben den Takt an, in dem diese Frau in ihrer Sucht vorangetrommelt wird. Umsonst auch jetzt, daß der Fischer sich weigert, den Befehl auszuführen, – schon aus Rücksicht auf den Butt möchte er sich darauf nicht einlassen: »*das mag ich ihm nicht sagen, das geht nicht gut, das ist zu groß, zum Papst kann der Butt nicht machen*«, erklärt er. – Da aber widerspricht jetzt *Ilsebill*: »*Mann, was ein Quatsch*!«, fährt sie ihn an, und mit gewissem Recht beruft sie sich auf ihren neuen Status, den sie inzwischen doch erreicht hat: »*Kann er* (der Butt) *Kaiser machen, kann er auch Papst machen. Geh sofort hin, ich bin Kaiser, und du bist nur mein Mann, willst du wohl hingehen?*« Deutlich ist die Beziehung der Frau zu ihrem Gatten zu einem absolutistischen Herrschaftsverhältnis geronnen, – ihr Wille hat Gesetzeskraft, sie duldet keinen Widerspruch.

Unter diesen Umständen kann man verstehen, daß dem Fischer ganz »bang« wird; »*ihm war … ganz flau und er zitterte und bebte, und ihm schlockerten die Knie und die Waden.*« Und so wie er sich fühlt, so drohend erscheint ihm ringsum die ganze Natur: »*Da strich so ein Wind über das Land, und die Wolken flogen dahin so düster, wie wenn's Abend würde; die Blätter wehten von den Bäumen, und das Wasser ging* (wogte) *und brauste, als kochte es, und platschte ans Ufer, und von fern sah er die Schafe, die schrien in der Not und tanzten und sprangen auf den Deichen.*« Wie zum Trost, jedenfalls wie zum Zeichen, daß die Sache ihr Ende wohl noch nicht erreicht hat, scheint »*der Himmel noch so ein bißchen blau in der Mitte, aber an den Seiten, da zog das richtig rot auf wie ein schweres Gewitter.*« In dieser Stimmung, drinnen wie draußen, ganz »*verzagt … in der Angst*«, stellt der Fischer sich hin, den Butt herbeizurufen und ihm, widerwillig wieder, den Willen seiner Frau anzutragen. Doch das Wunder geschieht. »*Geh nur hin*«, sagt der Fisch, »*sie ist es schon.*« Und wirklich, staunend, als er heimkommt, findet der Fischer, statt einer kaiserlichen Residenz, nunmehr »*eine große Kirche mit lauter Palästen umgeben*« vor, und wie er »*sich durch das Volk drängt*« und das Innere betritt, gewahrt er »*alles mit tausend und tausend* (Kerzen-)*Lichter erleuchtet, und seine Frau war in lauter Gold gekleidet und saß auf einem* (noch) *viel höheren Thron, und hatte drei große goldene Kronen auf, und um sie herum so viel an geistlichem (Hof-) Staat, und auf beiden Seiten von ihr standen zwei Reihen Lichter, das größte so dick und groß wie der allergrößte Turm bis zu dem allerkleinsten Kerzenlicht; und all die Kaiser und die Könige – die warfen vor ihr sich auf die Knie und küßten ihr die Schuhe* (Stiefel).«

Auch hier trifft man, wie beim König- oder Kaisersein, auf ein Genrebild von einem Papst: er lebt in einer vollkommen abgesonderten Welt, in die das Tageslicht nicht fällt und die dafür vornehm erhellt wird durch eine Überzahl von Kerzen; wer sich liturgisch auskennt, weiß, daß diese Kerzen sicher nicht aus Talg oder Stearin gefertigt sind, es dürfen vorgeschriebenermaßen nur wohlduftende Bienenwachskerzen hier zum Einsatz kommen, und diese umstehen den Papst jetzt wie vormals die Mädchen den König und die »Trabanten« den Kaiser, – das menschliche Dienstpersonal ist zu einer kultisch-unlebendigen Dauereinrichtung geworden; nicht nur geborene Skeptiker werden sich fragen, ob all die künstliche Beleuchtung wohl irgendeine *Er*leuchtung des neu inthronisierten Papstes zu bewirken imstande ist. Eher nicht, denn schon die Existenz eines Papstes *Ilsebill* erfüllt den Tatbestand einer vollendeten Satire, und das gleich in mehrfacher Hinsicht.

»Was sind das eigentlich für Leute, die uns regieren?«, fragt sich zu allen Zeiten der »kleine Mann« schon angesichts der Könige und Kaiser und findet »die da oben« als Wesen einer anderen Welt: die sitzen da in Glanz und Glorie, in Prunk und Pracht, in Hofhaltung und Hoffart und haben selbst nichts dazu beigetragen; die »einfachen Leute« arbeiten und schuften, aber zu Marmorsälen mit goldenen Stühlen und Gewändern bringen sie es nie, jenen hingegen ist es einfach in den Schoß gefallen. Und wie ist's gekommen? Durch ihre unvorstellbare Gier, durch ihre Maßlosigkeit und dadurch, daß sie »den Hals nie voll kriegen«. Alle Vorurteile und Negativbilder, die im »Volke« über den »Adel« und die »hohen Herren« heute noch im Schwange sind, verdichten sich in der Geschichte einer *Ilsebill*: eigentlich sind all die Granden droben nichts Besseres als diese Fischersfrau, nur daß sie ganz und gar vergessen haben, wo sie hergekommen sind; auf wunderbare Weise ist es ihnen gelungen, ihre Einbildungen zur Realität zu erheben, doch ist es eine reine Scheinwelt, in der sie sich da einrichten, – und offenbar zu ihrem Unglück, sonst würden sie nicht immerzu nach noch Pompöserem und Protzigerem streben. – Diese Sicht der Dinge, die schon im Blick auf Könige und Kaiser gilt, bewährt sich jetzt erst recht den Päpsten gegenüber: Sie können strohdumm sein, das einzige, wovon sie wirklich was verstehen, ist anscheinend die Zelebration ihres Gepränges und ihres Genusses. Sie sind die Herrgötter der Eitelkeit, doch alle werfen sich vor ihnen nieder und lecken ihnen obendrein die Füße. Das Papsttum, sicher, ist ein Gottesdienst, – ein Gottesdienst der Selbstvergottung von unerhörten Wichtigtuern. So spätestens die Sicht der Dinge in der Zeit, als Deutschland protestantisch wurde.

Zum zweiten muß man sich natürlich fragen, wieso es plötzlich eine Päpstin geben kann, – dergleichen ist bis heute in der Kirche Roms vollkommen undenkbar. Es kann gewiß nicht daran liegen, daß der Christus-Fisch als Butt die Kirche, die ihn vorgibt zu verkörpern[47], mit einem solchen Wunder überrascht hätte, um durch die Schaffung neuer Tatsachen ihr Denken zu erneuern. Wie auch? Eine *Ilsebill* als Päpstin könnte die althergebrachte Voreingenommenheit im Vatikan den Frauen gegenüber nur verstärken: so psychopathisch wie sie auftritt, darf es in der langen Geschichte sogar der Kirche Roms denn doch als »ungewöhnlich« gelten, – in Zukunft wird man ein Malheur wie dieses zu vermeiden wissen. Man höre sich nur mal den keifigen Tonfall an, mit dem Frau *Ilsebill* soeben, als residierte sie nicht nominell als Kaiserin, sondern als säße sie noch immer in der Fischerhütte, ihren Mann anraunzte, und vergleiche ihn mit der öligen Stimmführung eines höheren Kirchenbeamten, – sogleich weiß man, daß eine solche Frau in solchen Kreisen nichts verloren hat. Doch gilt ein gleiches jetzt auch umgekehrt. Begann das Märchen stimmungsmäßig mit der Häme einer launigen Herrenrunde gegenüber Frauen, die da sind wie eine *Ilsebill*, so müssen alle feministischen Protestler im Fortgang der Geschichte jetzt sich nasgeführt vorkommen. Schlimm treibt's die *Ilsebill*, wie man da sieht, ja nicht schon, weil sie eine Frau ist, sondern weil sie unbedingt ein Mann sein will; der Wahn, der in ihr tobt, entstammt dem Männerbild, das sie in sich, als Kind vermutlich bereits, aufgenommen hat. Um an die Macht zu kommen, kommt es darauf an, sich komplett zu vermännlichen. Und das erklärt's: Sie ist so sehr – als König und als Kaiser, –

47 Vgl. HENRICUS DENZINGER – ADOLFUS SCHÖNMETZER: Enchiridion Symbolorum, Nr. 3813, S. 750: Pius XII: Mystici corporis, 29.6.1943: »Das mystische Haupt, das Christus ist, und die Kirche, die hier auf Erden gleichsam als ein anderer Christus dessen Person vertritt, bilden einen neuen Menschen, durch den in der Verewigung des heilbringenden Kreuzeswerkes Himmel und Erde verbunden sind; Christus nennen wir Haupt und Körper (sc. der Kirche, d. V.), den ganzen Christus.« Ganz genau so denkt die Ostkirche; vgl. JOSEPH LORTZ: Geschichte der Kirche, II 475: »Die Kirche ist der mystische Leib des Herrn, der auf Erden und im Himmel ist; die Kirche hier und dort ist also seinsmäßig in der Vergottung durch den auferstandenen Herrn in eins zusammengebunden.«

zu einem Mann geworden, daß sie den Bart der *Hatschepsut* schon nicht mehr braucht, um als ein solcher durchzugehen. Böswillige Münder munkeln, nach einer Papstwahl werde physisch abgetastet, ob der Papabilis auch sexuell jenes Organ besitze, das ihn als Mann kennzeichnet; bei einer *Ilsebill* kann diese Nachprüfung getrost entfallen: sie wurde nicht zum Papst gewählt, sie wurde durch ein Wunder zum Papst eingesetzt, und ihre Männlichkeit erweist sich im Umgang wenigstens mit ihrem Mann von solcher Art, daß man vor ihr schon nicht mehr niederfallen, nur noch kuschen kann. Wirklich: die Frau ist keine Päpstin, sie ist das, was sie werden wollte: Papst.

Doch hat, zum dritten, nicht ihr Ehemann ganz recht mit seinem Einwand, daß es einen Papst nur einmal geben kann? Wohl, er sagte schon, es könne auch nur einen Kaiser geben, doch das gilt offensichtlich nur begrenzt: ein Habsburgischer Kaiser kann, mehr als ihm lieb ist, sich mit Osmanen-Kaisern konfrontiert sehen, oder mit dem Zar von Rußland oder mit dem Kaiser von China oder dem von Japan … Es gibt in jedem Reich nur einen Kaiser, aber es gibt halt viele Kaiserreiche. Nun aber sollte es nur eine »allgemeine« (katholische) Weltkirche geben, also, wenn es mit rechten Dingen zugeht, auf Erden auch nur einen Papst. Doch geht es nicht immer mit rechten Dingen zu. Als zu Beginn des 15. Jhs. *Jan Hus* in Prag als Reformator auftrat, stand er gleich drei Päpsten in Amt und Würden gegenüber[48], einer ehrgeiziger und machtlüsterner noch als der nächste. Einer allein ist Papst? Das ist dann wohl derjenige, der sich am besten durchzusetzen weiß, entweder schon gleich bei der Wahl oder, wo schon gewählte und gesalbte Häupter sind, in eigener Regie; Staatsstreich im Kirchenstaat, das hat es schon gegeben!

Das aber ist anscheinend nun die Frage, die eine *Ilsebill* umtreibt: woher die Macht? Kaiser zu sein konnte ihr nicht genügen, regiert ein solcher doch – nach abendländischer Auffassung – allein durch Gottes Gnadentum; ein Kaiser braucht, um in sein Amt zu kommen,

48 Vgl. EUGEN DREWERMANN im Gespräch mit JÜRGEN HOEREN: Jan Hus, 78–80. Zum Avignonischen Exil vgl. JOSEPH LORTZ: Geschichte der Kirche, I 430–440.

einen sakralen Weiheakt, den, als der Stellvertreter Gottes hier auf Erden, an ihm allein ein Papst vollziehen kann. Der mittelalterliche Investiturstreit[49], wer da wen »einkleidet«, also auf den Thron hebt: der Kaiser den Papst oder der Papst den Kaiser, wurde theologisch zwar zugunsten des geistlichen, machtpolitisch aber zugunsten des irdischen Herrschers entschieden. Doch immerhin: wenn alle Macht von Gott verliehen wird, steht ein Papst logischerweise über dem Kaiser, so wie Papst *Bonifaz VIII.* es im 13. Jh. in seinem Schreiben »Clericis laicos« (daß »den Klerikern die Laien« unterstellt sind)[50] alle Welt zu wissen kund tat. Die Frage freilich bleibt – nicht zwar für eine *Ilsebill*, jedoch für jeden nachdenklichen Leser –, was denn im Ernst als »eingesetzt von Gott« bezeichnet werden mag. Die Antwort darauf kann nicht länger in Formalien und Ritualien gelegen sein, die magisch eine Macht vorgaukeln, die der »Heiligkeit des Amtes«, doch eben nicht dem Träger dieses Amtes: der Person, zukommen soll. – Der einfachen Botschaft des Mannes aus Nazareth war auch in diesem Punkte ohne Zweifel *Mahatma Gandhi* näher: Er hätte sich im Hofstaat König *Georges V.* mit seinem Anliegen nur selber widerlegt: nicht in der Silhouette eines großen Herrschers, nur in der glaubhaften Integrität seiner Person lag seine Stärke; sie war von Gott, wenn man in Gott, wie *Gandhi* selber, die Wahrheit und die Liebe ehrt. Wie sähe diese Welt wohl aus, wenn es »Herrscher« gäbe, die allein in Wahrheit und in Liebe ihre »Macht« erblickten? Die *Ilsebill* des Märchens ist nur das Konterfei einer Realität des Lächerlichen. Aber: erweist das Lächerliche sich als das Alltägliche, ist es schon wieder nicht zum Lachen, dann ist es ernst zu nehmen, dann gilt es, sich dran zu gewöhnen und damit zu leben.

Der Fischer in dem Papstpalast der *Ilsebill* muß jedenfalls sich erst einmal voller Verwunderung die Augen reiben, um beim Betrachten dieses neuen Seins im Leben seiner Frau die Frage zögernd stammelnd loszuwerden: »*Frau, … bist du nun Papst?*« Und stolz vermeldet

49 Zum Investiturstreit vgl. JOSEPH LORTZ: Geschichte der Kirche, I 312–327, bes. zur Papstidee *Gregors VII.*

50 Vgl. a. a. O., I 423–429: Das Ende der mittelalterlichen Weltherrschaft des Papsttums. *Bonifaz VIII.* und *Philipp IV.* von Frankreich.

sie: »*Ja, … ich bin Papst.*« Der Fischer stellt sich hin und sieht sie so recht an, und wahrlich, »*das war, als wenn er in die helle Sonne schaute. Wie er sie da eine Zeitlang angesehen hatte, so sagte er: Ach, Frau, was sieht das schön aus, wenn du Papst bist.*« Es ist das gleiche Spiel, das er schon aufgeführt hat, als – entgegen seinem Willen – die Frau zum König und zum Kaiser wurde: nach anfänglichem Widerstand fügte er mit Regelmäßigkeit sich in die neue Wirklichkeit, weil sie »*so schön*« aussieht. Er begehrt nicht aktiv, doch er genießt passiv den schönen Schein, der ihm geboten wird, er wird verführt von dem gleißenden Äußeren einer makellosen Ästhetik, und das ist ausschlaggebend; im nachhinein billigt er Schritt für Schritt bewundernd die Begehrlichkeit seiner Gemahlin und macht sie sich damit nicht nur zu eigen, er zeigt damit auch an, daß sie ihm selber eigen ist; er ist, was wir die ganze Zeit über hervorgehoben haben, in sich zutiefst gespalten und im Grunde nur der zugehörige »Schatten«, den das Glanzlicht dieser *Ilsebill* um sich verbreitet. Doch als die andere Seite der Ambivalenz von Übererwartung und Gehemmtheit im Erleben einer solchen Persönlichkeit verbleibt der Fischer nach wie vor als Mahnung, es mit dem Erreichten nun endlich sein Bewenden sein zu lassen: »*Frau, nun sei zufrieden, nun du Papst bist, nun kannst du nichts mehr werden*«, spricht er.

Auch in der Anerkennung seiner Frau als Papst, zu der er sich ebenso fasziniert wie zweifelnd durchgerungen hat, klingt damit auch wieder der hilflose und stets vergebliche Versuch an, mit Lob und Zuspruch die unersättliche Unzufriedenheit der *Ilsebill* allmählich zu beruhigen. In ähnlicher Weise werden nicht wenige Mütter versuchen, das Ungestüm ihres Kindes zu besänftigen, indem sie auf all das verweisen, was es bisher bereits geschenkt bekommen hat. »Du hast doch alles«, sagen sie, wenn sie ihr Mädchen, ihren Jungen leiden sehen oder klagen hören. Doch sie fallen damit selbst dem Wechselspiel von Haben und von Sein zum Opfer: das suchtähnliche Begehren einer *Ilsebill* geht nicht auf Gegenstände, es wird geboren aus dem Ungenügen an sich selbst; die als durch und durch mangelhaft empfundene eigene Existenz soll doch nach außen hin als anerkennens- und beachtenswert erscheinen. Diesen Abgrund an Selbstwertzweifeln kann man nicht zuschütten mit Spielzeug und mit Süßigkeiten oder mit Kleidern, Schuhen und Schmuckkettchen; er läßt sich einzig schließen durch ein geduldiges Nacharbeiten all der Gründe, die schon in Kindertagen dazu führten, sich als abgelehnt und unerwünscht zu fühlen und sich dann eines Tages selber abzulehnen und von Herzen zu verwünschen: alle diese Gründe stellten damals schon ein schweres Unrecht dar, das nicht verdient, im Umgang mit sich selber fortgesetzt zu werden; es muß und darf ersetzt werden durch ein gerechteres Bild von sich selber in der Gegenwart, und dann, im wechselnden Vergleich zwischen den Negativgefühlen von einst und den tatsächlichen Gegebenheiten heute, können beide Hälften der Persönlichkeit: der Fischer und seine Frau, zusammenwachsen zur Selbstanerkennung und zum Einverständnis mit dem eigenen Ich. Es wäre das Ende der brennenden Scham, nicht gut genug, nicht schön genug zu sein oder zu schwach, zu fehlerhaft, zu mangelhaft. Es wäre der Anfang echter Selbstannahme.

Für gewöhnlich gilt gesellschaftlich der Glaube, dieser Prozeß zu wachsender Identität sei psychologisch-psychotherapeutisch »machbar«, – eine Routineübung im üblichen; doch so verhält es sich durchaus nicht. In der Rolle der Papstfrau hat man es mit einer Persönlichkeit zu tun, die sich mittlerweile nur unter die Menschen noch getraut, wenn sie in abgehobener Schutzdistanz in ihren Augen Gott auf Erden stellvertritt, – als Maß aller Dinge, als letzte Autorität, als eine, die wissend ist im Status der Unfehlbarkeit[51], als Quelle und Kontrollinstanz jeglicher Macht, als befähigt sogar zur Vergebung von Schuld und zur Entsühnung von Schuld, als entscheidend über Heiligkeit und Verworfenheit in Zeit und Ewigkeit, in Himmel und Hölle[52]. Eine solche Person, die das Absolute zu verkörpern vorgibt,

51 Vgl. HENRICUS DENZINGER – ADOLFUS SCHÖNMETZER: Enchiridion Symbolorum, Nr. 2879, S. 573, wo *Pius IX.* die Irrtumsfreiheit der (römischen) Kirche mit ihren konziliaren und päpstlichen Lehrentscheidungen in allen Glaubensfragen betont, welche anzuerkennen alle Kirchenmitglieder gehalten sind. In Nr. 3074, S. 601, spricht das 1. Vatikanische Konzil 1870–1872 dem Bischof von Rom Irrtumsfreiheit zu, wenn er »ex cathedra spricht«.

52 Die Heiligkeit der Kirche ermöglicht natürlich auch die Feststellung der Heiligkeit einzelner ihrer Mitglieder, vgl. Catéchisme de l` Église Catho-

läßt sich nur »heilen«, das heißt hier: vermenschlichen, wenn sie es lernt, im Hintergrund ihrer Existenz Gott zu vertrauen als jener Macht, die sie bedingungslos liebt; erst dann kann sie, unendlich erleichtert, davon lassen, in ihrem Rollenverhalten »Gott« spielen zu müssen. Dazu freilich müßte sie die kompensatorische Identifikation mit ihrem Vater nach und nach auflösen, dessen erdrückend-quälerisches Bild sie bis in ihr religiöses Grundgefühl hinein in Wahrheit mit Gott verwechselt. Das Ende des »Ödipuskomplexes« besteht letztlich darin, ein solches bejahendes und vertrauensvolles Verhältnis zu jener Macht zu gewinnen, der wir in Wirklichkeit die Rechtfertigung und die Berechtigung unseres Daseins verdanken. – Den Weg dahin weist ein psychologisch wenig gewürdigtes, doch alles ordnendes Wort aus dem Munde Jesu, in dem er seine Jünger mahnt: »Niemand von euch lasse sich ›Vater‹ nennen; ein einziger sei euer Vater – der im Himmel ist.« (Mt 23,9)[53]

Statt dessen demonstriert Papst *Ilsebill*, wie man ein Amt in göttlicher Unfehlbarkeit zu denken hat: »*Sie saß da ... ganz steif wie ein Baum und ruckte und rührte sich nicht.*« Wohlgemerkt, so muß sie sich verhalten. Jede Bewegung im Amt wäre ja ein Eingeständnis, daß da etwas verbesserungswürdig, also unvollkommen, also ungöttlich gewesen ist. Ein Gott, der seine Seinsvollkommenheit erst noch entwickeln muß, kann niemals Gott sein. Gott ist rein metaphysisch nur als ein allervollkommenstes Seiendes (als ein *ens perfectissimum*) zu denken[54]; eben deswegen *wird* Gott nicht, er *ist*; es gibt in ihm, dem reinen Sein, keine Bewegung, keine Seinsveränderung; Gott ist, aristotelisch, der Unbewegte, der alles bewegt[55]. Wer also Gott auf

lique, Nr. 2012–2016, S. 417.

53 Zur Stelle vgl. E. DREWERMANN: Das Matthäus-Evangelium, III 143–160: Mt 23,1–12: Wehe euch, ihr Schriftgelehrten oder: Vom Unterschied zwischen Leben und Lehren.

54 ARISTOTELES: Metaphysik, XII 7 (1072 b 25), S. 314, definierte Gott als »ein lebendes, ewiges und bestes Wesen ... Denn Gott kommt demnach ununterbrochenes, fortdauerndes und ewiges Leben zu; denn das eben ist der Gott.«

55 ARISTOTELES: Metaphysik, XII 7 (1072a), S. 312–315, bestimmte Gott als »ein ewiges, unbewegliches und von den Sinnesdingen abgetrenntes Wesen ... unaffizierbar und unwandelbar.« Und er folgerte: »Füglich ist das bewe-

Erden stellvertritt, kann nur »ganz steif« sich allem Wandel in der Zeit entgegenstellen – als »Baum«, der Anlehnung und Halt gewährt, als Pfeiler im Strom, der in sich fest steht, während alles sonst an ihm vorüberfließt, als Fels in der Brandung, der dem Andrang der Gezeiten standhält in Überzeitlichkeit. Das Unverrückbare, Unwandelbare, Zeitenthobene, die Ewigkeit, wenn sie hineinreicht in den Zeitenstrom aller Vergänglichkeit – das abzubilden ist der tiefste Sinn des Papsttums; nicht die Sakralverwaltung einer Kirche, sondern die unerschütterliche Repräsentanz des Göttlichen zu sein ist Aufgabe und Ziel dieser Institution. Daher das Unansprechbare, das Starre, das steife Geradeaus des Unablenkbaren, mit dem Papst *Ilsebill* den Thron einnimmt. – Die Schlachten der japanischen Samurai wurden so geführt: während seine Truppen in die Reihen der Gegner einzudringen suchten und die Kampflinien hin und her wogten, hatte ihr Oberbefehlshaber unbeweglich zu ruhen. Er war »der Berg«, und wenn er sich bewegte, brach alles wie bei einem Erdbeben in sich zusammen.[56] Der Sieg kam einzig aus der Kraft der Ruhe.

Doch wieder: Kein Mensch vermöchte weniger in sich zu ruhen als eine *Ilsebill*-Persönlichkeit. Sie ist positioniert in einem exponierten Amt, das ihr von außen Ruhe und Unbeweglichkeit zur unbedingten Vorschrift macht, und so posiert sie in Starrheit, um jene Stärke vorzutäuschen, die allein von innen kommen könnte. Doch ist das bei der Anmaßung, die ihrem Amte ohnedies schon innewohnt, überhaupt anders möglich? Was von der Hohlheit einer *Ilsebill* als Mensch gilt, gilt um nichts weniger auch objektiv von jenem Amt, in das sie sich hinaufgeflüchtet hat. Dessen totaler Machtanspruch hat sein Insigne in der Tiara, in der Dreifachkrone eines Papstes, – in richtiger Ahnung, doch nicht ganz korrekt, spricht das Märchen von »*drei großen goldenen Kronen*«, welche der neue Papst auf seinem Haupte trage: es sind drei Ringe, die übereinanderliegen und die anzeigen, was mit der Vorstellung vom Papsttum sich verbindet: die

gende Unbewegliche mit Notwendigkeit seiend; und insofern es mit Notwendigkeit existiert, existiert es auch schon; in diesem Sinne ist es auch Prinzip.« (1072b 10, S. 313)

56 Vgl. AKIRA KUROSAWA (Reg.): Kagemusha, Japan 1980.

richterliche Vollmacht, die im Himmel, bei Gott, gilt, sodann die Herrschaft über die Stadt Rom als die Zentrale und das Herz der »Kirche« und, missionarisch, visionär, der Auftrag des verklärten Christus an die Jünger bei seiner eigenen Thronbesteigung (»Himmelfahrt«), die Botschaft der Erlösung hinauszutragen bis an die Enden der Welt (Mt 28,19–20)[57] – im letzten auch die Macht über den ganzen Erdkreis. *Urbi et orbi* – der Stadt (Rom) und dem Erdenrund gilt deshalb, ermächtigt vom Himmel, der Segen, den der Papst zu Ostern, verbunden mit einem vollkommenen Ablaß aller zeitlichen und ewigen Sündenstrafen, über die Menschheit ausgießt.

Kann ein Mensch eine solche Krone auf seinem Haupte tragen? Die strenge Starre, zu der *Ilsebill* versteinert, verrät die Unerträglichkeit, die sie in ihrem Übermut sich zumutet. Sie begibt an diesem Abend sich zwar mit ihrem Mann zur Ruhe, doch findet sie keine Ruhe. Die »Gierigkeit«, die Unzufriedenheit, nagt an ihr weiter. Sie spürt sehr wohl, daß dieses Amt nicht das ist, was sie (aktiv ebenso wie passiv) ausfüllt; und dieses Ungenügen über alles Wünschbare, das sie bislang erreicht hat, treibt sie schon über Nacht zu einer letzten Steigerung all ihrer Wünsche.

Werden wie Gott

Wie unterschiedlich man etwas erleben kann! Er, in der Hoffnung, sie gebe nunmehr Ruhe, durchschläft die Nacht unangefochten in Zufriedenheit; er ist »*den Tag über viel gelaufen*« – die vatikanischen Paläste kann man sich kaum weitläufig genug vorstellen; da fährt sich's besser mit der Kutsche als zu Fuß zu laufen. Sie, denkend »*immer, was sie noch wohl werden könnte, und konnte sich doch auf nichts mehr besinnen*«, »*konnte gar nicht einschlafen und warf sich von einer Seite auf die andere, die ganze Nacht.*« Es ist, als würde ihr die eigene »*Gierigkeit*« zum Albtraum, und doch läßt sich die Lücke auch im Papsttum schon erahnen, durch die jenes Gefühl der Unzufriedenheit die Phantasie der *Ilsebill* heimsuchen wird: Sie ward benannt mit dem machtvollsten Titel, der im »christlichen« Abendland zu verge-

57 Zur Stelle vgl. E. DREWERMANN: Das Matthäus-Evangelium, III 280–292: Mt 28,16–20: »Gehet hin in alle Welt und taufet alle Völker.«

ben ist: Vater der Väter, und sie könnte ihr Leben fortan verbringen in Saus und Braus; doch dann müßte sie die Möglichkeiten ihrer Position vital auskosten können, und gerade dazu ist sie völlig außerstande; ihre Sucht nach Titeln entstammt nicht dem Ehrgeiz einer kraftvollen Persönlichkeit, die sich berauscht am Selbstgenuß, sondern der Unsicherheit tiefer Minderwertigkeitsgefühle, so tief, daß sie mit all den angemaßten Ehren und den angelernten Würden durchaus nicht zu beruhigen sind. Im Gegenteil, je höher eine *Ilsebill* eingebildetermaßen im Ansehen der anderen emporsteigt, desto quälender muß insgeheim das unerträgliche Empfinden wachsen, den Aufgaben in keiner Weise nachkommen zu können, die sich ergäben, wollte sie den Ansprüchen der äußeren Nomenklatura annähernd nachzukommen suchen. Als Rettung könnte es allein geschehen, daß ihr auf wundersame Weise innerlich die notwendigen Kräfte zuwüchsen, um wirklich Gott auf dieser Erde vor aller Augen sichtbar zu vertreten. Doch worin könnte eine solche Kraft bestehen? – Die passende Idee kommt jetzt Papst *Ilsebill*, gleich als der Morgen graut; es ist eine Vorstellung, die so alt ist, wie daß die Menschheit existiert; besonders ausgestaltet aber wurde sie schon vor rund 5000 Jahren in der Religion des Alten Ägypten. Für *Ilsebill* kommt die entscheidende Eingebung offenbar auf folgende Weise zustande:

Immer noch sinniert die neu inthronisierte Lenkerin der römischen Weltkirche auf ihrem Lager darüber nach, wessen sie bedarf, um mehr zu sein als Papst; »*damit wollte die Sonne aufgehen, und als sie das Morgenrot sah, streckte sie sich über den Bettrand und sah da hinein, und wie sie aus dem Fenster die Sonne so heraufkommen sah, dachte sie: ›Ha, kann ich nicht auch die Sonne und den Mond aufgehen lassen?‹* Gedacht, gesagt: *›Mann‹, sagte sie und stieß ihn mit dem Ellenbogen in die Rippen, ›wach auf, geh hin zum Butt, ich will werden wie der liebe Gott.‹ Der Mann war noch fest am Schlafen, doch er erschrak sich so, daß er aus dem Bett fiel. Er meinte, er hätte sich verhört, und rieb sich die Augen klar und sagte: ›Ach Frau, was sagtest du?‹ ›Mann‹, sagte sie, ›wenn ich nicht die Sonne und den Mond kann aufgehen lassen, und muß das so ansehen, daß die Sonne und der Mond aufgehen,– ich kann das nicht aushalten und habe keine ruhige Stunde mehr, daß ich sie nicht selbst kann aufgehen lassen.‹*«

Im Unterschied zu der Welt einer *Ilsebill*, die selbst sich um sich selber dreht, dreht sich die Erde kopernikanisch um die eigene Achse und erzeugt damit selbst im Lichtausstoß der Sonne das Schattenspiel von Tag und Nacht; im Weltbild einer *Ilsebill* geht es archaisch zu: über die Erde zieht am Firmament die Sonne täglich ihre Bahn und nachts (in wandelnder Gestalt) der Mond, und um dies Wunder zu bewirken, bedarf es göttlicher, geheimnisvoller Kräfte – Engel zum Beispiel, die mit ihren Flügeln die Sonne vor sich herfächeln[58] –, oder es ist Gott selber, der die Sonne an den Himmel setzte und sie auf dem rechten Weg hält. So formulieren es die Psalmen: »Die Himmel rühmen des Ewigen Ehre, der Himmel verkündet das Werk seiner Hände. Ein Tag sagt's dem andern, eine Nacht verkündet's der anderen, ohne Sprache und ohne Stimme, unhörbar ist ihre Stimme. Ihr Schall geht aus in alle Lande und ihre Reden bis an die Enden der Welt. Er hat der Sonne ein Zelt am Himmel gemacht, sie geht heraus wie ein Bräutigam aus seiner Kammer und freut sich wie ein Held, zu laufen ihre Bahn. Sie geht auf an einem Ende des Himmels und läuft um bis wieder an sein Ende, und nichts bleibt vor ihrer Glut verborgen.« (Ps 19,1–7)

Daraus hervorgehen konnten die bewundernd-demütigen Worte aus Psalm 8,4–5: »Seh' ich den Himmel, das Werk deiner Hände, den Mond und die Sterne, die du gemacht hast, – was ist der Mensch, daß du seiner gedenkst, das Menschenkind, daß du seiner dich annimmst?« Doch statt unter den Händen Gottes sich zu bergen, treibt die Ungeborgenheit der Angst inmitten dieser Welt einen Menschen wie Papst *Ilsebill* in genau die Fluchtrichtung, die biblisch als die Ursünde im Hintergrund von allen Lastern und Bosheiten geschildert wird: der Mensch, der das Vertrauen zu Gott nicht mehr aufbringt, hält es mit sich nicht aus; er muß den Gott, der fehlt, durch Selbstvergottung zu ersetzen suchen.

»*Ich will werden wie der liebe Gott*«, erklärt die Fischersfrau als Päpstin ihrem Mann, dem Fischer. Das eben sind die Worte, die jedem aus der sogenannten Sündenfallerzählung in Gen 3,1–7 geläu-

58 Vgl. E. DREWERMANN: Im Anfang…, 366.

fig sind, indem dort die »Schlange« (das Symbol des Nichtseins) der Frau (*Eva*, dem Leben) erklärt, Gott habe sein Verbot, vom Baum der Erkenntnis zu essen, nicht erlassen, weil Todesgefahr sich damit verbände, vielmehr sei »wissend die Gottheit, daß am Tage eueres Essens davon euere Augen sich auftun werden und ihr selber sein werdet wie Gott, wissend Gutes und Böses.«[59] In der theologischen Auslegung der Stelle hat man darin stets einen Ausdruck prometheischer Hybris erblickt und das »Seinwollen wie Gott« als den Grundfehler von Hochmut, Ungehorsam und Stolz interpretiert, und zwar mit einer einfachen Begründung: Gott hat verboten, von dem Baum der Erkenntnis von Gut und Böse zu essen; wer es dennoch tut, übertritt Gottes Befehl, also: er ist ungehorsam. Er will »wie Gott« sein. Damit vermißt er sich, er ist grenzenlos überheblich mit solch einem Anspruch, er handelt, wie es der Prophet *Ezechiel* als Gericht über den König von Tyrus ausspricht: »Weil sich dein Herz überhebt und spricht: ›Ich bin ein Gott, ich sitze auf einem Göttersitz mitten im Meer, während du doch ein Mensch und nicht Gott bist; dennoch überhebt sich dein Herz, als wäre es eines Gottes Herz, siehe, du hältst dich für klüger als *Daniel*, daß dir nichts verborgen sei, und durch deine Klugheit und deinen Verstand habest du dir Macht erworben und Schätze von Gold und Silber gesammelt und habest in deiner großen Weisheit durch deinen Handel deine Macht gemehrt; nun bist du so stolz geworden, weil du so mächtig bist, – darum spricht Gott der Herr: Weil sich dein Herz überhebt, als wäre es eines Gottes Herz, darum siehe, ich will Fremde über dich schicken, die Gewalttätigsten unter den Völkern; die sollen ihr Schwert zücken gegen deine schöne Weisheit und sollen deinen Glanz entweihen. Sie sollen dich hinunterstoßen in die Grube, daß du den Tod eines Erschlagenen sterbest mitten im Meer‹.« (Ez 28,1–8)[60]

Stolz, Hochmut und Überheblichkeit, gegründet auf Klugheit, Verstand und besondere Weisheit, das ist eine Haltung, für die nach

59 Zur Auslegung von Gen 3,1–7 vgl. E. DREWERMANN: Strukturen des Bösen, I 53–110.

60 Zur Stelle von Ez 28,1–8 vgl. E. DREWERMANN: »… auf dass ihr wieder leben sollt. Die Botschaft des Propheten Ezechiel, 157–179.

prophetischer Weissagung Gott das phönizische Tyrus mit dem Untergang bestrafen wird. Wegen der Worte von »Weisheit« und »wie Gott sein wollen«, liegt es scheinbar nahe, auch die Verurteilung der Menschen im Paradiese von diesem prophetischen Fluchwort her zu interpretieren; doch darf man den entscheidenden Unterschied nicht übersehen: der Untergang der Hafenstadt Tyrus (der erst durch *Alexander* den »Großen« erfolgte)[61] ist in der Deutung des Propheten ein »Strafgericht« Gottes inmitten der menschlichen Geschichte, die Erzählung der Urgeschichte von der Trennung des Menschen von Gott indessen geht zurück auf *die Gründe* des menschlichen Fehlverhaltens, – die Folgen von etwas sind nicht dasselbe wie die Ursachen von etwas. Vor allem aber: die »große Weisheit« der Bewohner von Tyrus bestand vornehmlich in der pragmatischen Fertigkeit, edle Produkte herzustellen und im ganzen Mittelmeergebiet zu vermarkten; das »Wissen« von *Adam* (dem Menschen) und *Eva* (dem Leben) hingegen ist allen Menschen wesenhaft eigen, einfach weil sie Menschen sind, und es bezieht sich auf etwas ganz anderes: auf die Kenntnis von »Gut« und »Böse«. In der theologischen Tradition wurde dieses »Wissen« zumeist bedauerlicherweise als die Fähigkeit verstanden, Gutes und Böses *in moralischem Sinne* zu erkennen und dazwischen zu unterscheiden, – sittliche Selbstbestimmung und Freiheit gehen damit einher. Diese Ansicht jedoch, so weit verbreitet sie auch sein mag, ist im Ansatz bereits vollkommen falsch. Das beweist allein schon die Tatsache, daß Gott, entsprechend einer solchen Deutung, den Menschen gerade den Erwerb dessen verboten hätte, was sie als Menschen wesenhaft auszeichnet: moralische Vernunft und Einsichtsfähigkeit. Absurd! In Wirklichkeit ist mit »gut« und »böse« überhaupt nichts Ethisches gemeint, vielmehr geht es um die Polarität und Ambivalenz der menschlichen Existenz zwischen Glück und Unglück, Gelingen und Mißlingen, Selbstannahme und Selbstzerstörung je nach der Stellung zu Gott: das Dasein des Menschen kann als Segen empfangen werden im Vertrauen auf Gott, in der Ferne von

61 Zur Eroberung von Tyrus durch *Alexander* vgl. ARRIAN: Alexanders des Großen Siegeszug durch Asien, 2. Buch, S. 150–164.

Gott, im Felde von Angst und Negiertheit jedoch, wandelt es sich zu einem unentrinnbaren Fluch.[62]

Der Grund dafür liegt in der radikalen *Kontingenz* des menschlichen Daseins: kein Mensch *muß* sein, kein Mensch ist notwendig, es gibt empirische Ursachen dafür, daß er existiert, doch all die kausalen Zusammenhänge, die ihn hervorgebracht haben, sind im Raum der Natur völlig gleichgültig; ob es uns gibt oder nicht, ist für den Energiehaushalt der Natur absolut nebensächlich; die Natur meint uns nicht, und sie vermißt uns nicht; auch die menschliche Gesellschaft akzeptiert uns allenfalls, wenn wir durch Können und durch Leistung einen nützlichen Gewinn für sie abwerfen. Reduziert auf unsere bloße Kreatürlichkeit, sind wir nichts weiter als vergängliche Gebilde aus Staub, geprägt und geplagt von der steten Bedrohung der Sterblichkeit, fremd der Natur und fremd uns selbst gegenüber, außerstande deshalb, uns selbst anzunehmen in unserer Gebrechlichkeit, Armseligkeit und Dürftigkeit.[63] Allein vor dem Hintergrund einer Macht, der wir glauben können, sie möchte, daß wir sind, läßt sich das menschliche Dasein als Geschenk in Dankbarkeit empfangen. Eben darin aber besteht das »Wissen um Gut und Böse«, daß wir erfahren, wie die fundamentale Unberechtigtheit und Überflüssigkeit des Daseins in dieser Welt alles, was wir sind, in den Zwang verwandelt, uns als berechtigt und notwendig zu erweisen, und uns damit absolut überfordert; – eine endlose Qual, ein »Übel« schlechthin. »Gut« demgegenüber ergeht es uns, wenn wir uns festmachen in dem Vertrauen auf Gott.

So erst versteht man, daß Gott das Essen vom Baum der Erkenntnis von Gut und Böse streng untersagte. Es ist das einzige Verbot, das Gott wirklich erlassen mußte: Nie sollten die Menschen erkennen, was es bedeutet, nichts als Geschöpf zu sein ohne den bejahenden Hintergrund ihres Schöpfers; es ist das einzige »Wissen«, das sich nur erwerben läßt durch den Zerbruch des Vertrauens zu Gott, durch die »Ursünde« in allem.

62 Zur Erkenntnis von Gut und Böse vgl. E. DREWERMANN: Strukturen des Bösen, I 45–53.

63 Zum Erleben der Kontingenz als »Ekel« vgl. a. a. O., III 238–245.

Das »wie Gott sein Wollen« in der »Sündenfallgeschichte« ist deshalb durchaus nicht ein prometheischer Protest in titanenhafter Kraft gegen das menschenverachtende Regiment des olympischen *Zeus*, sondern es entstammt ganz im Gegenteil der Selbstverachtung des Menschen für seine eigene Unfertigkeit und Unvollkommenheit jenseits der Einheit mit seinem Schöpfer. Es ist eine Reaktion auf das basale Minderwertigkeitsgefühl der menschlichen Existenz. Wohl, das Erscheinungsbild einer solchen Reaktion ist das, was man gemeinhin »Stolz« nennt, doch muß man kein Psychoanalytiker sein, um zu sehen, daß Stolz in diesem Sinne kein ursprüngliches Bedürfnis der menschlichen Triebnatur darstellt, sondern einer angstbedingten Verformung des Selbstbewußtseins entstammt: um sich als Geschöpf nicht als Nichts vorzukommen, muß ein Mensch sich als etwas Notwendiges selber erschaffen; er muß der Gott werden, den er in seiner Angst vor der Negiertheit seiner Existenz so sehr vermißt.

Diese Einsicht also ist bereits von der biblischen »Sündenfallerzählung« her zu gewinnen, und sie trägt jetzt sehr dazu bei, die sonderliche »Gierigkeit« auch der GRIMMschen *Ilsebill* zu verstehen. FRIEDRICH NIETZSCHE konnte einmal sagen: »Aber daß ich euch ganz mein Herz offenbare, ihr Freunde: wenn es Götter gäbe, wie hielte ich's aus, kein Gott zu sein! Also gibt es keine Götter.«[64] Genau das Gegenteil gilt für die *Ilsebill* des Märchens. »Wie hielte ich es aus, ein Mensch zu sein, gäbe es keinen Gott!« – dieser Eindruck enthält ihre eigentliche Wahrheit. Mit der Tragödie ihres maßlosen Willens gerät sie gefährlich dicht in NIETZSCHES Nähe, doch nur um durch ihr eigenes Scheitern die Unhaltbarkeit einer derartigen Philosophie der verzweifelten Selbstüberhöhung zu erweisen.

Man muß, um den zentralen Wunsch der Fischersfrau von einst an dieser Stelle recht zu begreifen, vor allem den Auslöser beachten, der ihr das scheinbar sinnlose Verlangen eingibt, es Gott selber gleichzutun: sie sieht, vom Schlaf erwachend, am Morgen durch das Fenster die Sonne sich erheben. Das ist von alters her ein Vorgang, der – spätestens mit Beginn der Ackerbaukultur im Neolithikum –

64 FRIEDRICH NIETZSCHE: Also sprach Zarathustra, 2. Teil, Auf den glücklichen Inseln, 91.

als immer wiederkehrende Begründung und Erhaltung alles Lebens aufgefaßt wurde. Selbst die moderne Biologie kann in gewisser Hinsicht diese Weltsicht nur bestätigen: abgesehen einmal von der Energiegewinnung der Archaebakterien in der Tiefsee durch die schwefligen Gase Schwarzer Raucher, ist alles Leben auf die Photosynthese der Pflanzen als Primärprozeß angewiesen, indem hier die physikalische (elektromagnetische) Energie des Sonnenlichtes in chemische Energie umgewandelt und in Form von Glukose als Energiereserve biologisch gespeichert wird.[65] Recht eigentlich ist in der Tat die Sonne die Schöpferin des Lebens auf dem Planeten Erde. Die Jäger der Altsteinzeit (und die Hirtenvölker der Jungsteinzeit) mögen den Mond als Gefährten und Wegbegleiter im Dunkel der Nacht verehrt haben, – die frühen Pflanzer erlebten Tag um Tag beim Blühen der Blumen und beim Wachsen der Feldfrucht die segnende Kraft der Sonne mit eigenen Augen; nichts im Himmel und auf Erden mußte ihnen folglich so sehr als göttlich erscheinen wie das Zentralgestirn des Lebens.

Insbesondere in der Religion des Alten Ägypten betrachtete man die Sonne selbst als Gott: der Gott *Re* verkörperte als *Aton* die Lichtscheibe, die sichtbar am Himmel vor Augen stand; doch genauer besehen, erschien im Glanze der Sonne das verborgene Wesen der Wahrheit, der Schönheit und der Gerechtigkeit göttlicher Ordnung inmitten der gesamten Welt. *Aton*, die sichtbare Sonnenscheibe, galt als der Leib des *Re*, und offenbarte und verhüllte zugleich das Geheimnis allen Lebens in dem monotheistisch geprägten Kult von Amarna. – Eine bewegende Szene bringt, typisiert, diese Ansicht auf sehr persönliche Weise zum Ausdruck: Da sitzt auf einem Altarrelief der Pharao *Echnaton* (Amenophis IV.), seine Tochter *Meritaton* (die Geliebte des Aton) im Arm, ihm gegenüber seine Gemahlin *Nofretete* (die Schöne kommt), die ihre Tochter *Maketaton* (geschützt von Aton) auf den Knien trägt, während die Jüngste *Anchesenpaaton* (sie lebt für den Aton) an ihrer Schulter sich festhält; über der ganzen

65 Vgl. E. DREWERMANN: Und es geschah so, 162–166: Die Erfindung der Photosynthese; S. 166–186: Der chemische Ablauf der Photosynthese; S. 186–194: Der Aufbau von Zucker, Stärke und Cellulose.

Familie leuchtet *Aton* und hält an seinen Strahlenarmen segnend das Anch-Kreuz des Lebens in den Atemwind.[66] (Vgl. Tafel 4) Der König selber als Hoher Priester über ganz Ägypten ist Empfänger und Spender dieses Segens; er ist in einem seiner Titel von Amts wegen der »Sohn der Sonne«[67], und so regiert er auf Erden »wie die Sonne am Himmel«, die er in seiner Person und in seinem Amt gleichermaßen verkörpert und repräsentiert.

Das Entscheidende an diesen keinesfalls nur auf Ägypten beschränkten Vorstellungen ist das Gefühl von Geborgenheit, das sie vermitteln. Der Himmel senkt sich hernieder in der Gestalt des Pharao, der selber göttlicher Abkunft ist. Dieses so tröstlich-beruhigende Konzept fand seine Fortsetzung nicht nur in der theologischen Lehre von der »Gottessohnschaft« des »Christus« (des »Königs«), sondern ebenso in der Auffassung seines »Nachfolgers«: des Papstes. Seit den Tagen *Gregors VII.* im 11. Jh. versteht der Bischof von Rom sich nicht allein als »Stellvertreter« Christi, sondern geradewegs als »Stellvertreter« Gottes[68]. Sein Amt hat sich allerdings mittlerweile von den naturmythologischen Verweisungen gelöst – selbst ein Papst läßt nicht mehr die Sonne auf- und untergehen –, doch schimmert die ursprünglich kosmisch-solare Bedeutung der Rolle des Pontifex maximus christologisch wie ekklesiologisch immer noch deutlich sichtbar hindurch.

Insofern ist es in gewisser Weise nur folgerichtig, wenn die *Ilsebill* des Märchens beim Anblick des Sonnenaufgangs dazu verführt wird, vom Papsttum direkt ins Göttliche aufsteigen zu wollen.

Freilich geht sie den Weg dabei religionsgeschichtlich wieder zurück in die archaischen Allmachtsvorstellungen, mit denen die

66 Tutanchamun, Kestner Museum Hannover, 20.2.–26.4.1981, S. 34, Altarrelief Berlin, Ägyptisches Museum Inv. Nr. 14145.

67 Vgl. JÜRGEN VON BECKERATH: Handbuch der ägyptischen Königsnamen, 32–33: Der Titel »Sohn des Sonnengottes«: »Vor allem ist ... der Schöpfergott nach dem etwa seit der IV. Dynastie gültigen Dogma der Vater des Königs, den er mit dessen irdischer Mutter gezeugt hat.«

68 Vgl. JOSEPH LORTZ: Geschichte der Kirche, I 313: »Er (sc. *Gregor VII.*, d. V.) war Diener Christi und seines Stellvertreters, des hl. *Petrus*, aber auch der geborene *Herrscher*.«

Herrscher antiker Kulturen sich zu umgeben pflegten. Geistig steigt sie damit nicht über sie hinaus, sondern fällt in sie zurück: sie regiert nicht, sie regrediert; ihre beanspruchte Omnipotenz entlarvt sich als reine Projektion, und ihre vermeintliche Macht basiert erkennbar auf einer längst überwundenen magischen Weltsicht. Damit legt sie die Zwiespältigkeit, die in aller symbolischen Rede enthalten ist, mit ihrer persönlichen Geschichte auf eine geradezu gefährliche Weise fest.

Es ist klar, daß schon die Gottgleichheit des altorientalischen Königtums nicht nur angstberuhigend, sondern auch angsterzeugend wirken konnte und sollte; immer erweist sich das Göttliche, durch die religiöse Symbolik hineingezogen in die Gegensätzlichkeit des innerweltlich Erfahrbaren, als widersprüchlich: es kann die Seele in die Sphäre reinen Lichtes erheben, es kann aber auch das Ungegenständliche auf falsche Weise vergegenständlichen, das Geistige auf ungeistige Weise materialisieren und das Geheimnisvolle in magische Garantien einschmelzen. Ob das eine oder das andere geschieht, entscheidet sich an dem alternativen Faktor der Angst oder des Vertrauens. Im Leben von Menschen, die sich von Vertrauen in den Hintergrund ihres Daseins getragen fühlen, sind die religiösen Symbole wie Wegweiser in den Himmel; im Leben von Menschen indessen, die sich in Angst durch ihr Dasein getrieben fühlen, wirken sie wie Wegweiser, die unbemerkt umgedreht wurden und in dieser Stellung in den Abgrund führen. Das Erleben einer *Ilsebill* ist zweifellos zutiefst von Angst und Minderwertigkeitsgefühlen bestimmt, und so ist es erschreckend zu beobachten, wie die innere Widersprüchlichkeit sie nicht nur die staatlich-gesellschaftlichen Titel und Rangstufen zu ihrer Selbsterhöhung sich aneignen läßt, sondern sie auch nötigt, die religiösen Institutionen und Sinnbilder einzubauen in ihren reaktiven Drang zur Ausdehnung ihres Ichs.

Natürlich kann und muß man sich auch fragen, wie viel Angst an sich bereits in den göttlich geglaubten Einrichtungen von Staat und Kirche gebunden ist. All der Prunk, die Hohlheit und die Äußerlichkeit, die mit dem Gehabe der säkularen wie sakralen Hofbeamten verbunden sind, erweisen selber sich als angstgeprägt und laden schon deshalb Verängstete mit Vorliebe dazu ein, in einer exorbitanten

Flucht in die Äußerlichkeit ihre Beruhigung vor der inneren Unsicherheit zu suchen. Insbesondere fungierte ein Religionssystem, das im Namen der Sonne etwa die Souveränität eines Königs als des Herrschers von Ober- und Unterägypten legitimierte, stets auch als ein Instrument absolutistischer Machtausübung; die Angst aller wurde durch die Institution des Pharao kollektiv gebunden, – sie wird den Einzelnen als Individuen abgenommen und auf den Einen gelegt, der sie vertritt; subjektiv empfindet der Einzelne in der Menge sich behütet im Schutze des »Großen Hauses« (des »Pharao«), in dem der Gang der Sonne am Himmel als Vorbild und Garant auch der sozialen Ordnung erscheint. Furcht und Vertrauen, Ausgesetztheit und Geborgenheit bleiben auf diese Weise untrennbar miteinander vermengt. Das Paradox besteht, daß die Einzelnen als Untertanen ihre Freiheit delegieren müssen an die staatliche Autorität, in deren Obhut sie sich selber gegenüber entfremdet sind, während die vergöttlichte Obrigkeit in ihrer Amtsfunktion auch die Person des Herrschers zum Nebensächlichen herabstuft: als Sohn der Sonne ist der Pharao selber zwar von göttlicher Macht, doch nur sein Amt macht ihn zum Gott, sein Menschsein ist im Machtbesitz seiner göttlichen Größe das buchstäblich »Aufgehobene«. Allerdings hat sich über Jahrtausende gezeigt, wie funktionstüchtig ein solches Arrangement ist. Nur ein Außenstehender – ob als Häretiker oder als Andersgläubiger – wird in diesem institutionellen System der Angstberuhigung eine Form von kollektiver Außenlenkung und Entpersönlichung erkennen. Die despotische Herrschaft altorientalischer Könige, deren Amt den Himmel auf die Erde holte, fand (und findet immer noch) seine geistesgeschichtliche Fortsetzung in der sakralen Absolutsetzung des Papsttums als des Stellvertretertums Gottes unter den Menschen. Hier wie dort ist die Vergöttlichung des Amtes der zentrale Träger des Zusammenlebens aller Systemmitglieder.

Genau das aber unterscheidet den Weg des Märchens vom Gang der Religionsgeschichte. Während das Papsttum sich an das Konzept des ägyptischen Pharao anlehnt, geht beim Anblick des Sonnenaufgangs das Trachten von Papst *Ilsebill* zur Gottgleichheit der Regenten des Alten Ägypten zurück: die waren »Söhne« der Sonne, sie verkörperten das Wesen des Lichtes, das sie durch ihr Dasein auf- und untergehen ließen. Doch was an den Ufern des Nils als eine großangelegte Gemeinschaftsaufgabe gelang und von der Kirche Roms als eine solche bis heute gefordert wird, gerät im Fall der *Ilsebill* zu einem gänzlich individuell anmutenden Wahn.

IMMANUEL KANT bereits definierte eine Weltdeutung, die sich nicht mehr in Begriffen der Vernunft der Allgemeinheit mitteilen läßt, sondern eine nur private Plausibilität besitzt, als Wahn[69]; er sprach damit genau den Zustand an, den wir in Papst *Ilsebill* bei dem Verlangen, in Gottgleichheit die Sonne aufgehen zu lassen, antreffen. Allerdings erklärte KANT nicht, wie ein solches Herausfallen aus den geistigen Zusammenhängen rationaler Erkenntnis zustande kommt; er sah nicht den Hintergrund einer grenzenlosen Einsamkeit, Selbstablehnung und suchtähnlichen Getriebenheit, innerhalb deren das Urteil praktischer Vernunft, wie es der Fischer vertritt, kein Gehör mehr zu finden vermag. Das hindert jedoch nicht, daß der isolierte Wahn sich zum Bewußtseinszustand vieler beziehungsweise aller in einem bestimmten System des Zusammenlebens auszuweiten vermag.

Immer wieder beispielsweise erscheint es rückblickend Historikern als schwer begreifbar, wie etwa *Napoleon*, trotz des Untergangs der Grande Armee mit 600 000 Menschen bei seinem Rußlandfeldzug im Jahre 1812 und trotz seiner Niederlage in der Völkerschlacht bei Leipzig im Oktober 1813, erneut im März 1815, von Elba zurückkehrend, eine Armee aufstellen und sie nach Waterloo in den Untergang führen konnte; – wieviel an Wahn durchdringt die Völker, wenn sie sich wie die Lemminge in Tod und Zerstörung stürzen, hypnotisiert durch die Psychopathologie derer, denen sie sich bedingungslos überlassen?

Wie so etwas möglich ist, zeigt das Verhalten der *Ilsebill* in einem kleinen, aber wichtigen Detail: Mit äußerstem Nachdruck hat sie soeben ihrem Mann geschildert, daß sie »*keine ruhige Stunde mehr*«

69 IMMANUEL KANT: Anthropologie in pragmatischer Hinsicht, in: Werke, XII 535: »Das einzige allgemeine Merkmal der Verrücktheit ist der Verlust des *Gemeinsinnes* … und der dagegen eintretende *logische Eigensinn*.«

Tafel 1: SALVADOR DALI: *Das Rätsel der Begierde. Ma mère, ma mère, ma mère,* 1929. *(S. 13–14)*

Tafel 2: Der Gott Osiris. Tafel 4 des Codex Ani. (S. 42–44)

Tafel 3: Bodenmosaik in Tabgha, 5. Jh. n. Chr. (S. 45)

Tafel 4: Altarrelief des Echnaton. (S. 116–117)

Tafel 5: Die aztekische Göttin Tlaçolteotl, Codex Borbonicus. (S. 161–162)

Tafel 6: EDVARD MUNCH: *Der Tanz des Lebens, 1899/1900. (S. 194–195)*

Tafel 7: Shiva im Kreis der Feuer von 24 Welten, zu Füßen die Erde als Zwergdämon, 12. Jh. n. Chr., Rietberg Museum, Zürich. (S. 205)

Tafel 8: Mit dem Tageszeichen 1 Krokodil beginnt der aztekische Kalender; das ist zugleich das Symbol der Erde. Das Bild aus dem Codex Nuttall (S. 75) zeigt den Eroberungszug des mixtekischen Kriegshelden »8 Hirsch« (unter dem Namen »11 Tod«) mit den beiden Gefährten »9 Wasser« und »10 Schlange« gegen eine Inselfestung im Jahre 8 Kaninchen (1046). Das Wasser wird belebt von phantastischen Seetieren, darunter einem Krokodil. (S. 205)

hat, wenn sie *»mitansehen muß, daß die Sonne und der Mond aufgehen«*, ohne daß sie *»die Sonne und den Mond kann aufgehen lassen.«* Damit teilt sie an sich nur mit, wie sehr der eigene Machtanspruch bis zum Phantastischen sie quält und peinigt, ruhelos und ohne Ende, – kein Anspruch mehr auf Erfüllung ihrer Wünsche ist bei nüchterner Beurteilung darin gelegen, sondern allenfalls auf eine dringend gebotene Hilfe, sie aus diesem Zustand zu befreien. Der Fischer aber verfügt in keiner Weise über den nötigen Abstand, sich von dem Diktat seiner Frau zu distanzieren. Statt ihr zu widersprechen und ihr zu bedeuten, daß der Inhalt ihres Wunsches selbst, nicht der Verzicht darauf, die eigentliche Schwierigkeit darstellt, fügt er sich, eingeschüchtert, wie bisher in ihr Verlangen. Der Grund: *»Da sah sie ihn derart gräßlich an, daß ihn ein Schauer überlief.«* Und wie um diesen Eindruck noch zu steigern, fährt die Frau ihn an: *»Gleich geh hin, ich will werden wie der liebe Gott.«*

Dem Fischer kommt entfernt nicht in den Sinn, als Partner, selbstbewußt, selbständig denkend und Einhalt gebietend, seiner Frau entgegenzutreten. Sie, als König, als Kaiser, als Papst, ist ihm längst schon die absolute, nicht zu hinterfragende, befehlgebende Autorität; um ihren Willen vielleicht doch noch umzulenken, bleibt ihm allein die flehentliche Bitte. Wie aber kann man eine Bitte äußern einem Menschen gegenüber, der da steht und für sich selbst beansprucht, absolut, »wie Gott«, zu werden? Hilflos fällt der Fischer *»vor ihr auf die Knie«*; er wandelt, was er sagen möchte und nach menschlichem Ermessen der Vermessenen unbedingt sagen müßte, in ein ganz und gar unterwürfiges Ersuchen um Erhörung; er redet mit seiner Frau, die wie Gott werden möchte, in einer Art, als wenn sie's schon wäre; er widerspricht ihr in Worten, die widerlegt werden durch die Haltung, in der er sie vorbringt; er anerkennt sie bereits in der Position, vor der er sie bewahren möchte. Und er kann, wie all die Zeit, nicht sagen: »Frau, ich will und tu' das nicht«, er kann, um die maßlosen Wünsche seiner Frau einzugrenzen, immer wieder nur auf die Begrenztheit der Handlungsmöglichkeiten des Butts hinweisen, doch das ist für das Denken einer *Ilsebill* ohne Belang, denn jedesmal hat sie recht behalten: sie bekam, was sie wollte; ihre Wünsche *waren* erfüllbar; sie mußte nur rücksichtslos genug fordern. Woher also will der Fischer wissen, was geht und was nicht geht? Kniefällig, jammernd fast, erklärt er: *»das kann der Butt nicht. Kaiser und Papst kann er machen,* (aber) *ich bitt' dich, geh in dich und bleib Papst.«* Doch dieser, wenn auch flehentliche Widerspruch des Fischers treibt die Frau erst recht zum äußersten. Dieses Gekrieche, diese Schwäche, dieses Gejaule, dieses Flennen – es ist alles, was sie bei sich selbst und anderen haßt und verachtet; all das treibt *»sie in die Bosheit, die Haare flogen ihr so wild um den Kopf, da riß sie sich das Leibchen auf und gab ihm eins mit dem Fuß und schrie: ›Ich halt das nicht aus, ich halt das nicht länger aus, willst du* (wohl) *hingehen?‹«*

Nehmen wir zur Verdeutlichung der verheerenden Wirkung der Psychologie einer *Ilsebill* ruhig die Erinnerung an die ärgste Form historischer Verstrickungen im 20. Jh. in Deutschland: an die Zeit des Tausendjährigen Reiches unter dem Willen des »Führers«: Er war ein Nichts, eben deswegen wollte er alles sein, und er bekam Zug um Zug, was er verlangte, nicht weil er dafür durch eigene Leistung etwas getan hätte, er bekam es, weil er es unerbittlich forderte.

Dabei tritt ein Moment zutage, das bislang in seiner enormen Bedeutung kaum erkennbar war: das häufige Sprechen im »Wir«: *»wir wollen eine kleine Hütte haben«*, *»können wir nicht König werden?«*; erst allmählich zeigt sich die Egozentrik all des Begehrens, – dann heißt es »Ich«: *»ich möchte in einem großen steinernen Schloß wohnen«*, *»willst du nicht König sein, so will ich König sein«*, *»König bin ich, nun muß ich auch Kaiser werden«*, *»ich bin nun Kaiser, nun will ich aber auch Papst werden«*, *»ich will werden wie der liebe Gott.«* Am Anfang steht da das Gefühl einer Gemeinsamkeit im Negativen, nicht auf Grund von Mitgefühl und Solidarität, sondern von Projektion und Selbstbestätigung: »Der andere ist nicht besser als ich, – ihm geht es genau so schlecht wie mir,« – diese Feststellung erspart es, sich für die eigene Niedrigkeit oder Nichtigkeit schämen zu müssen, und es erlaubt zugleich, sich als stellvertretender Retter aller vorstellen zu können. So bildete es einen Topos in den Reden *Hitler*s, sich als ein Niemand aus den Schützengräben des Ersten Weltkriegs einzuführen, als jemanden, der, allein auf sich gestellt, am eigenen Leib die Schande und Erniedrigung des ganzen deutschen Volkes erfahren und durchlitten hatte und der eben deshalb wie kein anderer als Wegführer aus der Misere aller taugen würde. »Ich bin wie ihr und doch absolut ganz anders.« Diese Botschaft lädt die anderen ein, es als ihr Glück und ihren Vorteil zu begreifen, sich diesem Einen anzuschließen und ihm bedenkenlos zu folgen. Er ist es, der, laut brüllend, Forderungen stellt, – im Namen derer, soll man denken, zu denen und von denen er spricht, in Wirklichkeit als Machterweiterung des Ichs in einem Kollektiv, mit dem er projektiv sich selbst identisch setzt. Bei jeder neuen Forderung, die *Hitler* an »sein« Volk und an das Ausland richtete, gab es Stimmen, die ihn warnten und seine Vorstellungen für schlicht »unanständig« oder realistischerweise unmöglich erklärten; doch allen Mahnungen und Warnungen gab der Erfolg des »Führers« unrecht: er verlangte es, und er bekam es: das Reichsermächtigungsgesetz vom März 1933 – dazu bestimmt, die »Not von Volk und Reich« zu beseitigen, sozial- und machtpolitisch also Deutschland nach eigenen Vorstellungen zu »ordnen«, indem als erstes die Grundrechte beseitigt, alle Parteien aufgelöst und nur die NSDAP als politische Formation zugelassen wurde. Dann ging es Schlag auf Schlag: gegen das Verbot der Siegermächte begann die Wiederaufrüstung, 1935 wurde trotz des verhaßten Versailler Vertrages die allgemeine Wehrpflicht eingeführt; kurz zuvor erfolgte die Rückgabe des Saarlands, die Entmilitarisierung des Rheinlands wurde rückgängig gemacht, im März 1938 ward der »Anschluß« Österreichs an das Deutsche Reich vollzogen, im September des gleichen Jahres die Abtretung der deutsch besiedelten Gebiete in Böhmen, Mähren und Schlesien, im März 1939 die Errichtung des Reichsprotektorats Böhmen und Mähren, – all das, der gesamte Aufstieg *Hitler*s zum Führer eines »dritten« heiligen Kaiserreiches deutscher Nation ging hin, weil, um sich mit ihm nicht zu überwerfen, man ihm nicht ernsthaft den Gehorsam verweigerte. Er forderte, und man folgte, widerwillig zwar, doch immer wieder auch am Ende bewundernd und staunend; denn natürlich: je »größer« er wurde, desto geringer wurden seine Gefolgsleute. Das Wunschdenken kristallisierte zu Forderungen, der Wille des Einen setzte sich als das Wollen aller, Widerstand wurde ausgeschaltet, der Wahn schuf sich seine Wirklichkeit. Am Ende verkörperte der Diktator – mehr als alle Kaiser und Päpste – in der Nazi-Propaganda die Vorsehung Gottes; hatte er nicht schon Wunder gewirkt, als ihm der »Wiederaufbau« Deutschlands gelang? Und er würde weitere Wunder wirken in einem Krieg, der so geführt wurde, wie, noch einmal, FRIEDRICH NIETZSCHE es formulierte: »Ihr sollt den Frieden lieben als Mittel zu neuen Kriegen. Und den kurzen Frieden mehr als den langen … Euch rate ich nicht zum Frieden, sondern zum Siege … euer Friede sei ein Sieg! … Ihr sagt, die gute Sache sei es, die sogar den Krieg heilige? Ich sage euch: der gute Krieg ist es, der jede Sache heiligt.«[70] Die Wunderwaffen, mit denen der »größte Feldherr aller Zeiten« den »Endsieg« zu erringen versprach, würden in ihrer Vernichtungskraft jede Vorstellung überschreiten. An solche Versprechen klammerten sich wie zum Religionsersatz im nationalsozialistischen Führerkult die Menschen inmitten der zerbombten Großstädte. Und im Führerbunker? Die Generäle im Oberkommando des Heeres (OKH) wußten nur allzu gut um die Katastrophe, die sich da vorbereitete; und doch folgten sie einem Befehlshaber, der nicht vorhandene Truppen zum Durchhalten bestimmte und eingebildete Armeeteile zu neuen Offensiven antreten ließ.[71] – Warum? Man fürchtete *Hitler*s Wutausbrüche!

70 FRIEDRICH NIETZSCHE: Also sprach Zarathustra, 1. Teil, Vom Krieg und Kriegsvolke, S. 49. – Wer die Zeitung von heute liest, findet all das als Gegenwart wieder, was er bereits im Geschichtsbuch meinte gesehen zu haben. In manchem war NIETZSCHE ein Prophet nationalsozialistischen Gedankenguts, doch wann hätten wir angefangen, anders zu denken und ihm Unrecht zu geben bei Aussprüchen wie diesen: »Der Krieg und der Mut haben mehr große Dinge getan als die Nächstenliebe. Nicht euer Mitleiden, sondern eure Tapferkeit rettete bisher die Verunglückten. ›Was ist gut?‹ fragt ihr. Tapfer sein ist gut. Laßt die kleinen Mädchen reden: ›gut sein ist, was hübsch zugleich und rührend ist.‹« (A. a. O., S. 49)

71 JOACHIM C. FEST: Hitler, 992 spricht von einer »Mischung aus Eigensinn, Mißtrauen, Sendungsbewußtsein und Willenspathos«, die (S. 993) »eine euphorische Siegesgewißheit« mit sich brachte, indem *Hitler* »bei wachsenden Verlusten zugleich die Vorstellung einer gewaltig wachsenden Streitmacht hegen konnte, und zu den Bildern aus der Irrwelt des Bunkers (sc. der Reichskanzlei, d. V.) gehört gerade der Umgang mit jenen Gespensterdivisionen, die er immer aufs neue zu Angriffsoperationen, Umfassungsbewe-

Wie im Märchen: die gräßliche Miene der *Ilsebill* ist es, die den Fischer zwingt, zu wollen, was er nicht will, und zu tun, was er eigentlich ablehnt: seine Frau ist nicht »wie Gott«, er weiß das besser als alle, und doch fügt er sich, weil sie herumkrakeelt und herumkommandiert. Um es paradox zu sagen: sähe der Fischer seine Frau trotz aller Widersprüche nicht doch als etwas Gottgleiches an, so würde er ihre Gereiztheit und ihren Ärger nicht furchtsam von sich fernzuhalten suchen, sondern als das sehen, was sich darin äußert: die Pathologie einer geistig Erkrankten, die ihre Armseligkeit nicht erträgt und sich aufwirft zur vermeintlichen Allmacht des Wünschens und Wollens. Das, wie wir sahen, ist kindlich, und es bräuchte dringlich als Gegenüber eine erwachsene Persönlichkeit, die den Konflikt aufnähme und aushielte, eine Vatergestalt, die dem Mädchen, das die *Ilsebill* in ihrer Selbstverachtung wie in ihrem Größenwahn unverändert geblieben ist, die lebenslänglich vermißte Anerkennung und Geborgenheit zu schenken vermöchte. Doch dieser Fischer ist selber ein Kind, das in der Frau an seiner Seite die Große Mutter vermißt und sucht, – eine Dualunion im Desaster. Hurtig »*zog er sich die Hosen an und lief weg wie von Sinnen.*« Er ist ein Mann nur noch in Angst, und mehr als alles fürchtet er jetzt seine Frau. Nicht die mit Händen zu greifende Realität, einzig die wahnhaft inthronisierte Autorität seiner Frau ist für ihn maßgebend. Er ist ein Getriebener, buchstäblich »von Sinnen« durch eine Unsinnige, von ihren Selbstwertzweifeln selber Gejagte.

Dabei erzeigen sich Wind und Wetter in schäumender Wut als warnende Vorzeichen kommenden Unheils, – die im Bewußtsein kaum noch wahrgenommene Wirklichkeit meldet sich »klimatisch«, atmosphärisch zurück als Botin eben jener Verneinung, die seiner Frau entgegenzuhalten es dem Fischer an Mut gebricht. Denn: »*Draußen … ging der Sturm und brauste, daß er* (der Fischer) *kaum auf den Füßen stehen konnte; die Häuser und die Bäume wehten um, und die Berge bebten, und die Felsstücke rollten in die See, und der Himmel war ganz pechschwarz, und das donnerte und blitzte, und die See ging in so*

gungen und schließlich Entscheidungsschlachten aufstellte, die niemals stattfinden würden.«

hohen schwarzen Wogen wie Kirchtürme und Berge, und die hatten oben alle eine weiße Krone von Schaum.« Wer noch vor Augen hat, wie die Dreikronen-Tiara des Papstes, parallel zu dieser Szene, das Haupt der *Ilsebill* ziert, der kann die Schaumkronen der anrollenden Sturzsee nur als Kampfansage an die himmelschreiende Verstiegenheit des weltlichen wie geistlichen Oberhaupts der ganzen Welt verstehen. Es ist für die zur Sonne Greifende mitten in Sturmesdüsternis endgültig sonnenklar, wie es jetzt kommen muß. Schreiend, doch kaum imstande, im Tosen der Elemente *»sein eigen Wort«* zu hören, spricht noch einmal der Fischer seine Beschwörungsformel, mit der er den Butt herbeiruft, um ihm wider Willen den Willen seiner Frau anzutragen. Und dieses Mal bekommt er, was nicht seine *Ilsebill*, sondern was vorgeblich, wenn auch vergeblich, er selber sich die ganze Zeit gewünscht hat: einfach in Frieden in der Fischerhütte, in dem *»Pißpott«*, leben zu dürfen. Dahin kehrt er zurück, als er zu seiner Frau zurückkommt. Und dort zu bleiben ist – sein Fluch? Sein wahres Wollen? – Was? Fest steht nur erst: es ist endgültig. Denn: *»Da sitzen sie noch bis auf heut' und diesen Tag.«*

Die Katastrophe als Kehrtwende

Gewiß, der Hauptakzent dieser fast bissigen Bemerkung liegt in der Schadenfreude: So mußte es ja kommen! »Hochmut kommt vor den Fall.« Das wußte man doch immer. »Lieber den Spatz in der Hand als die Taube auf dem Dach.« »Je mehr er hat, je mehr er will« – das kann nicht auf die Dauer gutgehen. Ohnehin gilt: »Alles, was hochkommt, kommt auch wieder runter.« Nur daß es derart plötzlich, in jähem Absturz, jetzt erfolgt, erweckt den Eindruck einer schicksalhaften »Katastrophe« – einer »Hinabwendung« im Griechischen ganz wörtlich. Doch selbst wer bei solchen Sprichwörter-Weisheiten stehen bleiben wollte, bekäme in Gestalt der grandiosen Maße dieses Größenwahns nur bestätigt, was er immer schon wußte (oder doch hat wissen können), und er erschaute nur an einem fremden Schicksal, was ihn selber warnen sollte. Indessen, das Phantastische, das Magisch-Märchenhafte der Erzählung beweist nur allzu deutlich, daß diese »Warnung« ganz in der Vorstellung erfolgt: Man braucht nicht des Desasters eines deutschen »Führers«, um zu merken, was die Gefolgschaftstreue einer *Ilsebill* bewirkt. Man kann – und soll – sich die Geschichte von dem »Fischer und seiner Frau« im Grunde selbst erzählen, um ein Stück Lebensweisheit und Bescheidenheit zu lernen.

Das Märchen liest sich dann in angegebener Form als Warntraum, der mit dem Schrecken seines Abspanns den Bedenken recht gibt, die der Fischer all die Zeit dem maßlosen Begehren seiner »Frau« entgegenhielt. Doch eben in dem Zwiespalt zwischen Einsicht und Verlangen spielt, wie gesagt, die unglückselige Psychologie einer verdrängten und unterdrückten Wunschwelt, die in Gestalt des Butts, läßt man ihn leben, mit voller Macht hervorbricht.

Allein schon dieser Deutungsansatz unseres Märchens bewahrt davor, die offenbare Hybris einer *Ilsebill*-Persönlichkeit moralisch zu verurteilen und mit der sonst wohl üblichen Mixtur aus Häme und aus Spott in ihre Schranken zu verweisen. Wie kommt eine solche Haltung aus Gehemmtheit und Riesenerwartungen zustande? Das war die Frage, die am klarsten sich mit der Psychodynamik schwerer Minderwertigkeitsgefühle und entsprechend starker reaktiver Überkompensationen im Idealbild von sich selbst erläutern ließ.

Nun ist jedoch die Kenntnis eines seelischen Konflikts bei aller Einsicht nicht schon wie von selber therapeutisch wirksam. Die eigentliche Frage lautet: Wie wäre einer *Ilsebill* zu helfen? Wenn es so steht, wie angenommen, sicher nicht mit Warnhinweisen und mit Ratschlägen zur Mäßigung. Was aber wäre, es wachte jemand auf und sähe dieses Märchen als seinen eben erst geträumten Albtraum vor sich? »Bin ich das wirklich«, würde er sich fragen, »dieser Mund, der wie der eines kleinen Kindes schreiend nach immer mehr verlangt? Und wenn's so ist, warum verachte ich mich derart, daß ich wie Gott sein muß, nur um nicht als ein Nichts zu gelten?« Er würde all die Szenen der Erniedrigung, in denen man ihn »klein« gehalten hat, geistig noch mal Revue passieren lassen und dabei vergleichen, wie er wurde, was er ist und was er wirklich werden möchte. Es wäre sinnlos, jenem Kind von damals mit aller Art Annehmlichkeit: mit schönen Häusern, Kleidern, Ämtern, Titeln, den unersättlich aufgesperrten Mund doch noch zu stopfen. Er müßte unter Menschen suchen gehen nach solchen, die ihm schenkten, was er in Kindertagen so nicht hat erfahren können: daß er in ihren Augen einen Wert besitzt, den er nicht erst erschaffen oder sich zum Schein umhängen muß. Ein solches Gegenüber müßte in sich selber fest genug gegründet sein, um nicht als dienstbares Annex der Minderwertigkeitskomplexe seiner *Ilsebill* bereit zu stehen: gerade weil er sie von Herzen liebt, sollte es ihm gelingen, ihre Selbstverachtung nach und nach in Selbstvertrauen umzuformen und ihre menschenscheue Geltungssucht in die Gelassenheit des Grundgefühls, »gar nicht so schlecht« zu sein, hinüber zu geleiten. Auf dem Weg dahin bliebe es ihm sicher nicht erspart, den alten Dreinreden der Kindertage: den Stimmen der Herabsetzung, des Ungenügend-Seins, der Überflüssigkeit, zu widersprechen und die besseren Erfahrungen der Gegenwart dagegen zu betonen. Um das zu tun, dürfte er nicht selber, wie der Fischer in dem Märchen, abhängig von der Liebe der Geliebten sein; damit sie werden könnte, wer sie ist, müßte er selbst mit sich identisch und authentisch sein.

Wie aber wird ein Mensch mit sich identisch? Mit Hilfe von Psychologie und Psychotherapie mag es gelingen, gewisse neurotische Verformungen, Charakterprägungen, Grundhaltungen und Fehlerwartungen auf ein erträgliches Maß zu reduzieren, indem in der Begegnung zwischen Therapeut(in) und Klient(in) zum Teil ersetzt, zum Teil auch vorbereitet wird, was in den Wiederholungszwängen alter Ängste im Umgang mit einander bislang nicht erfahrbar war: eine Liebe, die so sanft umfängt, daß man ein wenig selber sich beginnt zu lieben. Solch eine Reifung zu sich selber ist für das Gelingen eines mit sich identischen Lebensaufbaus natürlich von entscheidender Bedeutung. Mit dem Motiv »wie Gott zu sein« verweist das Märchen allerdings auf einen Themenhintergrund, der wesentlich dazu gehört, daß wir als Menschen existieren. Das eben war ja die Entdeckung, die in der Bibel als »Erkenntnis von Gut und Böse« beschrieben wurde und die darin besteht, zu sehen, wie unheilvoll und quälend (»böse«) es ist, in einer Welt zu leben ohne Liebe, zurückgeworfen auf die eigene Nichtigkeit, gezwungen, sich den

Grund des eigenen Daseins selbst zu erschaffen und den Makel der Zufälligkeit und Nicht-Notwendigkeit der Existenz zu tilgen; dazu erfordert wäre, aus sich ein Absolutes, Seinsnotwendiges herauszupressen, das so unverzichtbar sein müßte, wie daß am Tag die Sonne und bei Nacht der Mond aufgeht. Es gibt dazu nur eine einzige Alternative: man müßte an die Liebe glauben dürfen. Nur: wie soll das geschehen?

Alles beginnt bereits mit der Zufälligkeit, mit welcher Menschen, die sich lieben, auf ihrem Lebenswege sich begegnen. Im Rückblick will es ihnen oft erscheinen, als seien sie mit innerer Notwendigkeit im rechten Augenblick einander zugeführt worden; doch diesen Eindruck teilen nur die Glücklichen. »Bin ich denn liebenswert?« »Kann mich denn jemand mögen?« Wer sich mit solchen Fragen quält, wird alles, was ihm möglich ist, einsetzen, auf sich aufmerksam zu machen, kein Mauerblümchen mehr zu bleiben und immer neu zu werben um die Sympathie anderer Menschen. Er wird die anderen als Konkurrenten sehen, gegenüber denen er sich erst einmal durchsetzen muß; und nie wird ihn die Frage loslassen: »Hat man mich lieb? – mehr als den oder jenen anderen?« Man muß, wenn man so fühlt, der oder auch die Schönste, Beste, Tüchtigste, Bemerkenswerteste am Platze unter allen sein. Die Frage geht nicht auf die eigenen Gefühle: »Wen denn könnte ich selber wirklich lieben?« Es ist ein Suchen, das sich ungerichtet, namenlos, an alle und an jeden wendet; doch eben deshalb geht es fast mit Regelmäßigkeit ins Leere, – die so vermißte und verzweiflungsvoll gesuchte Bindung kann gar nicht zustande kommen, weil die Angst davor, selbst nicht geliebt zu sein, die eigene Liebesfähigkeit beinah erstickt. Es droht ein *Ilsebill*-Geschick: man kann am Ende noch so prachtvoll dastehen, – die Einsamkeit, die Ungeduld, der Zwang nach immer Größerem, vermeintlich Besserem in seiner Außendarstellung verurteilt sich von selbst zum Scheitern.

Doch gerade dieser Einsturz einer Residenz der Überanstrengung und inneren Verkrampfung ermöglicht einen Neuanfang im ganzen. Man muß ganz offenbar nicht Gott sein, um sein Schicksal selber zu gestalten. Selbst wenn es möglich wäre, die Zufälligkeit, die Nichtnotwendigkeit der eigenen Existenz zu schließen und sich im Leben anderer als »notwendig« und »unverzichtbar« festzusetzen, so hätte man am Ende doch nur Abhängige sich geschaffen, die ihre Hilfsbedürftigkeit anstelle der erhofften Liebe setzen.

Wenn diese Konzeption komplett in sich zusammenbricht, könnte die Rückkehr in die »Fischerhütte« einer Neubesinnung gleichkommen. In der Verfilmung des Märchens von dem »Fischer und seiner Frau«[72] hat CHRISTIAN THEEDE den Abschluß der Geschichte mit gewissem Recht als die Befreiung von dem Wahn aller Verzweiflung: von dem Gefühl, »ich bin nicht gut genug«, »ich muß ein anderer werden als ich bin«, »ich darf nicht das sein, was ich bin«, ins Bild gesetzt: »Wir haben doch uns«, sagt da der Fischer seiner *Ilsebill*. Deren Verzweiflung aus Enttäuschung über all die jäh geplatzten Träume macht nur offenbar, daß sie in KIERKEGAARDschem Sinne immer schon verzweifelt war, – sie stand in ihrer Angst und inneren Negiertheit in einem eklatanten Mißverhältnis zu sich selbst.[73] Und jetzt ist es entscheidend: der Fischer kann der *Ilsebill* an Komplimenten, Liebenswürdigkeiten, Zärtlichkeiten und Zusagen erzählen, was er will, – er wird Gehör nur finden, wenn die so Angeredete im Absoluten sich als gemeint begreift. Solange Liebe nur ein Spiel des Zufalls scheint – der Sohn der *Aphrodite* verschießt seine Pfeile –, solange ist sie unglaubwürdig, weil unzuverlässig; sie kann nur glaubhaft werden, wenn sie das Fenster öffnet zu dem Vertrauen einer unbedingten, absoluten Liebe, welche die radikale Kontingenz des Daseins schließt durch eine innere Notwendigkeit vollkommener Bejahung ohne Vorbedingung: »Es stimmt, es müßte dich nicht geben; die Natur hat dich ermöglicht, ohne dich zu meinen; doch um so wichtiger ist die Entdeckung: du bist notwendig in der Freiheit meiner Liebe, die möchte, daß du bist.«

An diese absolute Liebe muß man glauben, um sie im Relativen, unter Menschen, als wesentlich an sich heranzulassen. Und nur in dieser Zuversicht vermag ein Mensch sich selbst zu akzeptieren, wie er ist. Er muß nicht anders sein, er darf er selber werden. »Ich möchte,

72 Christian Theede (Reg.): Der Fischer und seine Frau, Drehbuch: Dieter Bongartz, 2013.

73 SÖREN KIERKEGAARD: Die Krankheit zum Tode, 1. Abschn. B, S. 17.

daß du bist«, – dies Wort, das Gott am Schöpfungsanfang sprach, schafft das Vertrauen der Berechtigung zum Sein, der Fähigkeit zu lieben und dann des Glücks, geliebt zu sein. Man muß nicht länger mehr werden »wie Gott«, wenn man vertrauensvoll in Gottes Dasein ruht.

Alles danach ergibt sich wie von selbst. Endlich beginnt das Selbst-Sein, und das Bedürfnis nach der Habmacht über alles Mögliche und über immer mehr beginnt, sich nach und nach zu erübrigen. Reich, sagt man, ist nicht, wer viel hat, sondern wer nicht viel will. Was braucht man wirklich? Was ist wichtig? Was ist, bei Licht besehen, eher Belastung denn Bereicherung? Was kann man einfach weglassen, ohne Verlust, ohne Bedauern? Wer aufhört, sich als überflüssig zu empfinden, wird vieles für vollkommen überflüssig finden, was ihm ansonsten als schier unentbehrlich angetragen wird. Die kleine Fischerkate, wenn bewohnt von Menschen, die bei sich selbst zu Hause sind und die einander lieben, ist selbst der Ort des neu gefundnen Paradieses, das in Angst und Selbstzweifeln entschwand, als das Vertrauen in die eigene Seinsberechtigung zerbrach. Äußerlich hat die Welt sich nicht geändert, doch in ihr hat sich alles umgewandelt von Verzweiflung in Glück, und jede Fischerhütte kann den Raum freigeben, daß Gott selber darin wohnt.

Von dem Mäuschen, Vögelchen und der Bratwurst (KHM 23)

Von dem Mäuschen, Vögelchen und der Bratwurst

Es waren einmal ein Mäuschen, ein Vögelchen und eine Bratwurst in Gesellschaft geraten, hatten einen Haushalt geführt, lange wohl und köstlich in Frieden gelebt und trefflich an Gütern zugenommen. Des Vögelchens Arbeit war, daß es täglich im Wald fliegen und Holz beibringen müßte. Die Maus sollte Wasser tragen, Feuer anmachen und den Tisch decken, die Bratwurst aber sollte kochen.

Wem zu wohl ist, den gelüstet immer nach neuen Dingen! Also eines Tages stieß dem Vöglein unterwegs ein anderer Vogel auf, dem es seine treffliche Gelegenheit erzählte und rühmte. Derselbe andere Vogel schalt es aber einen armen Tropf, der große Arbeit, die beiden zu Haus aber gute Tage hätten. Denn wenn die Maus ihr Feuer angemacht und Wasser getragen hatte, so begab sie sich in ihr Kämmerlein zur Ruhe, bis man sie hieß den Tisch decken. Das Würstlein blieb beim Hafen, sah zu, daß die Speise wohl kochte, und wenn es bald Essenszeit war, schlingte es sich einmal viere durch den Brei oder das Gemüs, so war es geschmalzen, gesalzen und bereitet. Kam dann das Vöglein heim und legte seine Bürde ab, so saßen sie zu Tisch, und nach gehabtem Mahl schliefen sie sich die Haut voll bis den anderen Morgen; und das war ein herrlich Leben.

Das Vöglein anderes Tages wollte aus Anstiftung nicht mehr ins Holz, sprechend, es wäre lang genug Knecht gewesen und hätte gleichsam ihr Narr sein müssen, sie sollten einmal umwechseln und es auf eine andere Weise auch versuchen. Und wiewohl die Maus und auch die Bratwurst heftig dafür bat, so war der Vogel doch Meister; es mußte gewagt sein, spieleten derowegen, und kam das Los auf die Bratwurst, die mußte Holz tragen, die Maus ward Koch, und der Vogel sollte Wasser holen.

Was geschieht? Das Bratwürstchen zog fort gen Holz, das Vöglein machte Feuer an, die Maus stellte den Topf zu und erwarteten allein, bis Bratwürstchen heimkäme und Holz für den anderen Tag brächte. Es blieb aber das Würstlein so lang unterwegs, daß ihnen beiden nichts Gutes vorkam und das Vöglein ein Stück Luft hinaus entgegenflog. Unfern aber findet es einen Hund am Weg, der das arme Bratwürstlein als freie Beut angetroffen, angepackt und niedergemacht. Das Vöglein beschwerte sich auch dessen als eines offenbaren Raubes sehr gegen den Hund, aber es half kein Wort, denn, sprach der Hund, er hätte falsche Briefe bei der Bratwurst gefunden, deswegen wäre sie ihm des Lebens verfallen gewesen.

Das Vöglein, traurig, nahm das Holz auf sich, flog heim und erzählte, was es gesehn und gehöret. Sie waren sehr betrübt, verglichen sich aber, das Beste zu tun und beisammenzubleiben. Derowegen so deckte das Vöglein den Tisch, und die Maus rüstete das Essen und wollte anrichten und in den Hafen, wie zuvor das Würstlein, durch das Gemüs schlingen und schlupfen, dasselbe zu schmelzen; aber ehe sie in die Mitte kam, ward sie angehalten und mußte Haut und Haar und dabei das Leben lassen.

Als das Vöglein kam und wollte das Essen auftragen, da war kein Koch vorhanden. Das Vöglein warf bestürzt das Holz hin und her, rufte und suchte, konnte aber seinen Koch nicht mehr finden. Aus Unachtsamkeit kam das Feuer in das Holz, also daß eine Brunst entstand; das Vöglein eilte Wasser zu langen, da entfiel ihm der Eimer in den Brunnen und es mit hinab, daß es sich nicht mehr erholen konnte und da ersaufen mußte.

Deutung

Manche Märchen in der Sammlung der Brüder GRIMM sind, streng genommen, keine Märchen, sondern eher Paradigmen, – Geschichten, die in Form von Gleichnissen uns etwas lehren möchten; in der Erzählung »Von dem Mäuschen, Vögelchen und der Bratwurst« ist die Allerweltseinsicht, die da vermittelt werden soll, sogar ganz offen ausgesprochen: »*Wem zu wohl ist, den gelüstet immer nach neuen Dingen.*«

»Rerum novarum cupidi« – nach neuen Dingen Gelüstende, Revolutionäre, mit diesem Ausdruck bezeichnete man im Alten Rom das Wesen und Verhalten von Umstürzlern nach Art des *Catilina* im Jahre 64 v. Chr.[74]; die Wendung wurde so geläufig, daß noch Papst LEO XIII. seine berühmte Enzyklika, in der er vor der Theorie und Praxis der Marxisten warnen wollte, mit diesen Worten einleitete: *Rerum novarum.* Der Papst verfaßte einen längeren Traktat, um den, wie er meinte, verderblichen Sozialneid der Kommunisten mit ihrem Hang zur Gleichmacherei als Diebstahl am rechtmäßig erworbenen Eigentum zu brandmarken; der von Gott gesetzten Ordnung der Natur nach stehe es dem Menschen zu, durch seiner Hände Arbeit sich in den Besitz all der Güter zu bringen, deren er bedürfe; wer dagegen opponiere, zerstöre die Grundlagen menschlichen Zusammenlebens in Staat und Gesellschaft, – so die Soziallehre der katholischen Kirche.[75]

In etwa ist das offenbar die Meinung auch des GRIMMschen »Märchens«, nur daß es diese Sicht auf knapp zwei Seiten noch weit schärfer formuliert: der Drang nach Änderung der Dinge ist nichts als

74 MARCUS TULLIUS CICERO: Vier Reden gegen Catilina, I 4,9: »Hier, mitten unter uns, ... gibt es Männer, die auf unser aller Verderben sinnen, auf die Vernichtung dieser Stadt, ja, des ganzen Erdkreises.« Zur Charakterisierung *Catilinas* vgl. SALLUST: Die Verschwörung des Catilina, 5. Kap., S. 13–14.

75 LEO XIII.: Über die Arbeiterfrage (Rerum novarum), 1. Kap., S. 9: »Das Verlangen nach Neuem, einmal erwacht und schon lange im Leben der Staaten wirksam, mußte notwendig vom eigentlich Politischen auch auf das verwandte Gebiet des Wirtschaftlichen übergreifen.«

unnötige Unzufriedenheit, die blind und egoistisch alle Beteiligten zum Untergang verurteilt, – das Beispiel lehrt es! Revolution ist ruinös. Man hüte sich davor. »Principiis obsta« – man widerstehe den Anfängen.[76] An einer Geschichte wie dieser, dargeboten in einer gravitätisch dahinschreitenden Sprache, hätte Fürst *Metternich* und der Wiener Kongreß 1814 bei der Restauration des Obrigkeitsstaates seine ungetrübte Freude haben können, – doch nur scheinbar! Denn ganz so ist es nicht, so ist es ganz und gar nicht in dem GRIMMschen »Kinder- und Hausmärchen«!

Äußerst lehrreich ist es, um den Unterschied zu bemerken, die GRIMMsche Geschichte mit einer altrömischen Fabel in Verbindung zu bringen, die ihren griechisch-stoischen Ursprung nicht verleugnen kann; laut LIVIUS freilich hat sie der Konsul *Menenius Agrippa* bereits im Jahre 503 v. Chr. erzählt, als die schuldpflichtigen Teile des Volkes (der *plebs*) auf den Heiligen Berg ausgezogen waren, um der Bedrückung durch die Geldverleiher zu entgehen, – es drohte Bürgerkrieg[77]; in dieser Situation soll der redegewandte Konsul die folgende Geschichte erzählt haben: »Einst, als im Menschen noch nicht wie heute alles einheitlich verbunden war, als jedes der einzelnen Glieder des Körpers seinen Willen, seine eigene Sprache hatte, empörten sich die übrigen Glieder, daß sie ihre Sorge und Mühe und ihre Dienste nur aufwendeten, um alles für den Magen herbeizuschaffen. Der Magen aber liege ruhig mittendrin und tue nichts anderes, als sich an den dargebotenen Genüssen zu sättigen. Sie verabredeten sich also folgendermaßen: Die Hände sollten keine Speise mehr zum Munde führen, der Mund nichts Angebotenes mehr annehmen, die Zähne nichts mehr zerkleinern. Während sie nun in ihrer Erbitterung den Magen durch Aushungern bezwingen wollten, kamen die einzelnen Glieder alle zugleich mit dem ganzen Körper an den Rand völliger Entkräftung. Da sahen sie ein, daß sich auch die

76 OVID: Heilmittel gegen die Liebe (Remedia amoris) 91, in: Liebeskunst, S. 171: »Gleich anfangs leiste Widerstand: Zu spät ist's für die Heilung, / Wenn erst das Übel mächtig ward durch längere Verweilung.«

77 Zum Auszug auf den Heiligen Berg vgl. E. DREWERMANN: Geld, Gesellschaft und Gewalt, 198–199.

Aufgabe des Magens durchaus nicht in faulem Nichtstun erschöpfte, daß er ebensosehr andere ernähre, wie er selbst ernährt werde. Er bringe ja das Blut, das durch die Verarbeitung der Speisen gebildet wird und durch das wir leben und bei Kräften bleiben, gleichmäßig auf die Adern verteilt in alle Glieder des Körpers.«[78] – Tatsächlich trug die Fabel zur Versöhnung bei, indem den Plebejern ein Volkstribunat zugestanden wurde, um die Gemüter zu beruhigen.

In dieser Form ist die Geschichte von einer überzeugenden Logik, freilich nur, wofern man ihre nicht genannte (und keineswegs allgemein anerkannte) Denkvoraussetzung akzeptiert, die da lautet: ein Staat werde gebildet durch einen Volkskörper, in dem die unterschiedlichen Aufgaben und Funktionen auf verschiedene Institutionen, Stände und Gruppen so verteilt seien, daß, wenn ein jedes die ihm auferlegten Zuständigkeiten pflichtbewußt und widerspruchsfrei erfülle, das natürliche Zusammenwirken aller den Bestand und das Wohlergehen des ganzen sozialen Gebildes ermögliche und sichere, wohingegen die Weigerung auch nur eines einzelnen Teils unfehlbar zum Absterben und zur Auflösung des gesamten Volkskörpers führen müsse. Diese organizistische Staatstheorie war in der Antike sehr beliebt: Der *Sokrates*-Schüler XENOPHON vertrat eine ganz ähnliche Lehre[79], CICERO wies darauf hin, daß Menschen nur in einer intakten Gemeinschaft mit anderen lebens- und überlebensfähig seien[80]; in

78 LIVIUS: Ab urbe condita, Liber II, Römische Geschichte, 2. Buch, Kap. 32, 8–12, S. 95; 97.

79 XENOPHON: Memorabilien, II 3: Sokrates mahnt zu brüderlicher Eintracht, S. 65: »Jetzt ist es mit euch beiden so, als wenn die beiden Hände, die der Gott dazu geschaffen hat, sich gegenseitig zu unterstützen, statt dessen darauf ausgingen, einander zu hindern … Sollte es nicht die größte Torheit … sein, das, was zum Nutzen bestimmt ist, zum Schaden zu gebrauchen? … ein Brüderpaar, scheint es mir, hat der Gott zu größerem gegenseitigem Nutzen geschaffen als Hände, Füße, Augen und was er sonst den Menschen in geschwisterlichen Paaren anerschaffen hat. Denn Hände wären nicht imstande, zu gleicher Zeit Dinge zu ergreifen, die mehr als ein Klafter entfernt sind; die Füße könnten nicht einmal in der Entfernung von einem Klafter zu gleicher Zeit gehen; die Augen … können nicht zugleich sehen, was vor und hinter ihnen ist.«

80 CICERO: Vom pflichtgemäßen Handeln, III 22, S. 123: »Wie unser ganzer Körper unausbleiblich geschwächt und zum Untergang geführt würde, wenn jedes einzelne Glied meinte, es könne nur dadurch gedeihen, daß es

den Tagen Kaiser *Nero*s griff kein geringerer als der stoische Philosoph SENECA[81] auf die alte Erzählung zurück, – sie taugt vortrefflich zur Disziplinierung der Untergebenen in den Händen des Regierenden, so daß selbst der weise MARC AUREL die Lehre dieser Geschichte zu seinen Gunsten zu würdigen wußte.[82]

Allerdings ganz selbstverständlich ist diese Auffassung nicht: – selbst *Menenius* stellt in seiner Einleitung noch einen (Staats-)Körper vor, der unvollkommen, wie er zu Anbeginn war, das Zusammenspiel seiner ursprünglich selbständigen und willensbegabten Organe erst nach und nach lernen mußte; eine solche Harmonie im Zusammenwirken verschiedener Teile wäre demnach nicht einfach als eine naturgegebene Einrichtung des Gemeinwesens zu betrachten, sondern sie hätte sich, wenngleich mit Naturnotwendigkeit, im Laufe der Zeit erst allmählich entwickelt. Allein, die Menschen sind frei, sie können sich auch gegen das lebensnotwendige Prinzip der Einheit und Eintracht im Staatskörper entscheiden, und eben das werden sie tun, sobald sie ihre Funktionen miteinander vergleichen und nach dem Grad der Bürde, die ihren Trägern jeweils auferlegt ist, bemessen; dann werden sie sich zusammenrotten und einen Vertrag zur gemeinsamen Rebellion abschließen: sie sind es leid, sich parasitär ausbeuten zu lassen zugunsten einzig dieses Dickwanstes, des Allesfressers, des Magens; sie wollen ebenfalls am Genuß des puren Konsumierens ohne Arbeitsleistung teilhaben. Doch damit mißverstehen

dem Nachbarglied seine Kraft entziehe, so müßte auch der Organismus der menschlichen Gesellschaft zerfallen, wenn jeder von uns seinem Mitmenschen um eigenen Vorteils willen alles mögliche wegnehmen und sich aneignen wollte.«

81 L. ANNAEUS SENECA: De ira – Über den Zorn, II 31,7, in: Philosophische Schriften, Bd. 1, S. 207: »Was, wenn schaden wollten die Hände den Füßen, den Händen die Augen? Wie alle Glieder untereinander eines Sinnes sind, weil einzeln unversehrt zu bleiben in des Ganzen Interesse ist, so schonen die Menschen jeden einzelnen, weil sie zur Gemeinschaft geboren sind, unversehrt aber die Gemeinschaft nur durch die Obhut und Hingabe ihrer Teil sein kann.«

82 MARC AUREL: Wege zu sich selbst, VII 13,1, S. 50: »Was in geeinten Körpern die Glieder des Körpers sind, ein solches Verhältnis haben in getrennten Körpern die Vernunftwesen, die auf ein Zusammenwirken angelegt sind.«

sie die Lage, in der sie sich befinden: der »Magen«, konkret: »die da oben«, faulenzen nicht nur schlingend und schlürfend zum Wachstum eines gewaltigen Embopoints vor sich hin, sie sind, so sieht es die Fabel, mit ihrer speziellen Funktion des »Verdauens« (des Steuereinnehmens) existenznotwendig für alle; das ganze Gefüge erweist sich als eines der unerläßlichen Kooperation, und jedes neidische Gegeneinander gefährdet den Gesamtbestand. Es besteht, mit anderen Worten, gar keine Berechtigung, gegen die unterschiedliche Lastenverteilung in einem geordneten Staatsgebilde zu opponieren. So die Fabel des *Menenius*, und ähnlich anscheinend auch die Lehre des GRIMMschen Märchens.

Wie aber, es wäre die gesamte organizistische Staatstheorie kein Sachbeitrag zum Verständnis der Wirklichkeit, sondern eher eine listig ersonnene Ideologie zur Beschwichtigung des Volkes und zur Stabilisierung von Herrschaft? Um zu verstehen, was ein Staat ist, sollte man nicht der verklärenden Idee eines »Volkskörpers« folgen, sondern bei THOMAS HOBBES' »Leviathan« in die Schule gehen: Zu beginnen ist nicht mit einer ursprünglichen Harmonie aller im Zusammenleben, sondern mit dem Kampf aller gegen alle[83]; um *den* zu beenden, könnte es dahin gelangt sein, daß sich Zusammenschlüsse (Organisationen, »Organe«) bildeten, um voreinander besser geschützt und gegeneinander besser durchsetzungsfähig zu sein; auf diese Weise entstand vermutlich der Staat als eine zwangsweise Vereinigung der verschiedenen Gruppierungen gegensätzlicher Interessen; er kam schwerlich zustande durch einen einsichtsvollen Gesellschaftsvertrag (einen contract social, wie JEAN JACQUES ROUSSEAU[84]

83 THOMAS HOBBES: Leviathan, 2. Teil, 17. Kap.: Über Grund, Entstehung und Definition des Staates, S. 151: »Die Absicht und Ursache, warum die Menschen bei all ihrem natürlichen Hang zur Freiheit und Herrschaft sich dennoch entschließen konnten, sich gewissen Anordnungen, welche die bürgerliche Gesellschaft trifft, zu unterwerfen, lag in dem Verlangen, sich selbst zu erhalten und ein bequemeres Leben zu führen; oder mit anderen Worten, aus dem elenden Zustande eines Krieges aller gegen alle gerettet zu werden.«

84 JEAN-JACQUES ROUSSEAU: Gesellschaftsvertrag, 1. Buch, 6. Kapitel: Vom Gesellschaftsvertrag, S. 16–19: »›Finde eine Form des Zusammenschlusses, die mit ihrer ganzen gemeinsamen Kraft die Person und das Vermögen jedes

annahm, sondern durch die Machtergreifung einer Herrscherpersönlichkeit samt seiner Entourage über den Großteil der Bevölkerung eines bestimmten Terrains[85]. Nicht die friedliche Übereinkunft beliebig vieler Individuen zu einer Staatenbildung steht am Anfang der ersten Königreiche, sondern Gewalt, Krieg, Unterdrückung und Versklavung.

Kein staatlicher Sozialkörper deshalb, der nicht geprägt wäre von dem Gegeneinander divergierender ethnischer, kultureller und sozialer Interessen; eine *Polis* wird nicht nur durch das Gewaltmonopol, das die staatliche Zentralmacht im Inneren sich angeeignet hat, zusammengehalten, sondern vor allem durch die nicht unerheblichen Vorteile, welche eine geordnete und zunehmend differenzierte Zusammenführung zahlreicher Tätigkeiten in Produktion, Handel und Verkehr für die Mehrzahl der so miteinander Verbundenen mit sich zu bringen pflegt. In jedem Falle ist ein Staat alles andere als ein »Organismus«; er ist eine machtpolitische und bürokratische Kompromißbildung zwischen den Widersprüchen und Interessengegensätzen seiner in Rassen und Klassen, Kulturen und Sprachen differierenden Gruppen, in die seine unterworfenen Mitglieder zerfallen.

Angesichts der historischen Realität scheint es daher unmöglich, die Fabel vom Aufstand der Organe gegen den Magen für etwas anderes zu halten denn eine ideologisch bedingte Warnung, gegen die »Oberschicht« einer Gesellschaft im Staat: die »Patrizier« (der »Väter«)[86] oder die »Senatoren« (der »Ältesten«), als eine ausbeuterische Klasse aufzubegehren. Mit dieser staatstragenden Poesie wird die gesellschaftliche Wirklichkeit nicht decouviriert, sondern wie mit Absicht camoufliert, indem die erzwungene Einheit der staatlichen Organisationsform als eine natürliche (beziehungsweise gottgegebene) Einheit erklärt und verklärt wird. In der Tat wird jeder Staat seine Einrichtungen unter das Tabu des Denkverbots seiner Infrage-

einzelnen Mitglieds verteidigt und schützt und durch die doch jeder, indem er sich mit allen vereinigte, nur sich selbst gehorcht und genauso frei bleibt wie zuvor.‹ Das ist das grundlegende Problem, das der Gesellschaftsvertrag darstellt.«

85 Vgl. E. DREWERMANN: Von Krieg zu Frieden, 296–329.

86 Vgl. E. DREWERMANN: Geld, Gesellschaft und Gewalt, 198–202.

stellung fallen lassen[87]: seine Grenzziehungen, obzwar erkennbar das Resultat gewaltsamer Entscheidungen auf den Schlachtfeldern der Geschichte, haben zu gelten als nunmehr unverrückbar und unangreifbar; seine Verfassung, zugegebenermaßen das Ergebnis von Mehrheitsentscheidungen gewisser Ausschüsse und Gremien, hat betrachtet zu werden als die undiskutierbare Basis aller Rechtssprüche; die Instanzenzüge der Verwaltung und, wenn vorhanden, der Gewaltenteilung, obzwar erneut durch historische Umstände und Zufälle bedingt, haben unwidersprochen akzeptiert zu werden. – In all dem erzeigt sich die immanente Gewalt, die in jeder staatlichen »Ordnung« verborgen liegt; sie, selbst das Ergebnis von Gewalt, kann sich nicht anders erhalten als durch immer neue Gewalt nach innen wie nach außen. *Dafür* im Grunde steht der historische Anlaß für den Auftritt des *Menenius Agrippa*, dessen Rede das Recht der Plebejer zum Widerstand in ein Unrecht verwandelt, indem es die vermeintliche »Naturordnung« des funktionalen Zusammenhalts aller in ihrer Verschiedenheit zur höchsten Bürgerpflicht erklärt.

Demgegenüber ist die Situation des Mäuschens, Vögelchens und der Bratwurst im Märchen scheinbar eine weit einfachere: die drei sind »*in Gesellschaft geraten*« durch den ungezwungenen Austausch verschiedener arbeitsteiliger Dienstleistungen, der dazu geführt hat, daß sie »*köstlich in Frieden*« miteinander leben und »*trefflich an Gütern*« zunehmen. Damit stellt ihre »Drei-Mitglieder-Vereinigung« das Kleinstmodell einer nicht-erzwungenen, gewaltfreien Kooperationsgemeinschaft dar: Wenn irgend der Gedanke eines »Sozialvertrags« eine gewisse Berechtigung erhalten könnte, dann in bezug auf dieses funktionale Trio der Selbstversorgung. Entstanden ist unter ihnen eine Gemeinschaft der Genügsamkeit, eine autarke Lebensform, in der nichts weiter zu tun ist, als in Ruhe für die Beschaffung von Nahrung und für ihre Zubereitung Sorge zu tragen. Darüber

87 Vgl. ARNOLD GEHLEN: Urmensch und Spätkultur, Teil III, Kap. 39, S. 209–211: Institutionelle Fiktionen, Kap. 40, S. 212–216: Institutionelle Fiktionen II, S. 213: »ein Tabu institutionalisiert eine ›kritische Situation‹ im Sinne der Distanzabstufung bis zu einer absoluten Distanzgrenze: berühren verboten.«

hinaus gibt es keine weiteren Ziele noch Zwänge; der gemeinsame Vorteil aller Beteiligten ist der Hauptgrund ihres Zusammenhalts: jeder von ihnen scheint zu verstehen, daß es allen am besten geht, wenn ein jeder mit seinen unterschiedlichen Fähigkeiten sich einbringt und dadurch zusammenträgt, was erst gemeinsam *»einen Haushalt«* ergibt. Des THOMAS MORUS »Utopia« von 1510 malt ein solches Bild natürlicher Harmonie und Gewaltfreiheit in einem Staat der gerechten eigentumslosen Verteilung aller Güter.[88] Vorausgesetzt in einem derartigen Gemeinwesen ist das Fehlen äußerer Feinde ebenso wie innerer Feindseligkeiten, und das trifft auf unser Märchentrio zu. Die drei Kumpane müssen sich in ihrer Verschiedenheit nicht unbedingt persönlich mögen, es genügt, daß sie trotz ihrer Eigenarten einander anerkennen und im Betriebsablauf für zuverlässig halten. Jeder von ihnen repräsentiert eine Lebens- oder Daseinsform, die für sich selber steht, die von der anderen völlig verschieden ist und die mit dieser von Hause aus nicht viel zu tun hat. Vögel bilden eine eigene Tiergattung im Unterschied zu den Säugetieren, denen das Mäuschen zugehört, und das Würstchen wiederum, als die verarbeitete Form des Fleisches getöteter Lebewesen, ist radikal verschieden von diesen beiden anderen, – allein der Phantasie des Märchens verdankt es seine Fähigkeit, überhaupt als ein Lebewesen aufzutreten und nicht als ein bloßes Produkt der Nahrungsmittelindustrie betrachtet werden zu müssen. Gleichwohl respektieren alle drei einander und setzen dabei voraus, daß jeder von ihnen regelmäßig und pünktlich die Aufgaben verrichtet, die er seiner Natur nach zu verrichten vermag und die, wenn erledigt, sich zu einem vertrauensvollen und geregelten Zusammenleben in einem gemeinsamen Haushalt ergänzen. Alles scheinbar könnte mithin so bleiben, und alles wäre gut, wenn es so bliebe; doch da ereignet sich etwas, das alles zerstört.

Entgegen der Beteuerung des Märchens selbst, ergibt sich, was da geschieht, keinesfalls aus einem bloßen Verlangen nach Neuem, geboren aus der verwöhnenden Langeweile eines allzu langen Wohl-

88 THOMAS MORUS: Utopia, Kap. 7: Das Privateigentum als Hindernis gerechter Politik, in: Der utopische Staat, 44–47.

ergehens. Es dringt – wie die Schlange ins Paradies – scheinbar von außen, in Wahrheit aber als eine geistige Bewegung von innen, mit der Kraft einer verstörenden Versuchung in das Bewußtsein ein: – als eine Rede plötzlichen Widerspruchs führt das Märchen selber den »anderen« Vogel ein. Dessen Stunde ist bezeichnenderweise gekommen, als das »Vögelchen« mit einem gewissen Stolz seinem Artgenossen (sich selbst) erzählt, wie gut es ihm eigentlich geht; denn wie es zu sein pflegt: indem es schildert, in welch *»trefflicher«* Lage es sich findet, wird ihm zugleich auch klar, wie viel an Mühe und Arbeit es speziell ihm abverlangt, diesen Zustand aufrecht zu erhalten; unvermeidlich beginnt es, seine Leistungen mit denen seiner beiden Kollegen zu vergleichen, und es drängt sich ihm der Eindruck eines krassen Ungleichgewichts in der Leistungsverteilung auf: je mehr es erläutert, wie gut es ihm geht, desto mehr merkt es, wieviel es dafür tun muß, – im Unterschied scheinbar zu den beiden anderen. Zwar geht es ihm im ganzen gut, doch den anderen geht es offenbar besser, weil sie an Arbeit weniger einbringen müssen. Gemessen an diesen also, muß es sich schier für *»einen armen Tropf«* halten, – so sehr wird es augenscheinlich mit seiner Zufriedenheit, in der es sich bisher gewiegt hat, ausgenutzt; denn so zeigt sich's bei näherer Betrachtung: während es selbst *»große Arbeit«* zu verrichten hat, verbringen *»die beiden zu Haus … gute Tage«*. Mit anderen Worten: der vermeintliche Wohlstand aller entlarvt sich als ein chronisches Unrecht zum Nachteil von genau einem Drittel der Beteiligten.

Man muß sich die Gegebenheiten nur recht vor Augen stellen: *»wenn die Maus ihr Feuer angemacht hatte, so begab sie sich in ihr Kämmerlein zur Ruhe, bis man sie hieß, den Tisch zu decken. Das Würstlein blieb im Hafen, sah zu, daß die Speise wohl kochte, und wenn es Essenszeit war, schlingte es sich einmal viere durch den Brei oder das Gemüs, so war es geschmalzen, gesalzen und bereitet. Kam dann das Vöglein heim und legte seine Bürde ab, so saßen sie zu Tisch, und nach gehabtem Mahl schliefen sie sich die Haut voll bis an den andern Morgen; und das war ein herrlich Leben.«* O ja! Nur: für wen? Auch das Vöglein wird Zeit zu Erholung und Ausspannung finden, doch, scheint's, nicht gleichermaßen so viel wie die beiden anderen. Kann es einem gut gehen, wenn es anderen besser geht? Ist es unter solchen Umständen vermeidbar, daß zunehmend Neid aufkommt? Am Maßstab der anderen gemessen, hat man niemals genug, wenn man das nicht hat, was der andere hat. Aus der Zufriedenheit mit der eigenen Lage wird mit dem Blick auf andere im Falle von Ungleichheit rasch das Verlangen nach Angleichung. Das Gefühl für Gerechtigkeit schlägt um in die Forderung nach Gleichheit. Und darin wesentlich liegt die Destruktivität der »*Anstiftung*« des fremden Vogels.

»Eigentlich habe ich mich immer bemüht, meine Kinder gerecht zu erziehen«, erzählte eine Frau von einer Familienszene, wie sie, leicht verändert, allerorten und immer wieder sich ereignen mag. »Meine Tochter beklagte sich über längere Zeit hin, ihr Bruder bekomme alles mögliche, und sie stehe stets im Schatten. Konkret mokierte sie sich darüber, daß ihr Bruder dabei war, in Chemie seine Doktorarbeit einzureichen, wohingegen sie froh sein mußte, eine Arbeitsstelle als Bibliothekarin zu bekommen. Dabei verriet der Junge schon in der Schule ein ausgeprägtes Interesse an naturwissenschaftlichen Fragen, und ich unterstützte ihn darin mit allen Kräften, indem wir, mein Mann und ich, ihm die entsprechenden Bücher und Experimentierkästen besorgten; aber auch die Neigungen des Mädchens unterstützte ich, – es interessierte sich viel mehr für Musik und für Malerei, also daß wir ihm eine Oboe und Kunstbände aller Art zur Verfügung stellten. Ein jedes Kind ist anders, – das mußte ich lernen, und danach habe ich mich gehalten: jedes sollte bekommen, was es, entsprechend seinen Fähigkeiten, zu seiner Entwicklung benötigte. Ich halte das für gerecht. Und so sagte ich zu meiner Tochter: ›Du hast doch nie für Chemie Dich interessiert, drum mußt Du jetzt Deinen Bruder nicht für seinen künftigen Doktortitel beneiden; Du hast viel lieber musiziert und gespielt, als Dich in die Hausaufgaben für Naturwissenschaften einzuarbeiten. Dein Bruder hat bekommen, wonach er verlangte, und Du hast bekommen, wonach Du verlangtest. Jeder hat bekommen, was er brauchte und mochte; jeder von euch kann und sollte daher mit dem Erreichten zufrieden sein. Oder hätte ich Dich mit Nachhilfestunden für Chemie quälen sollen, damit Du heute da stehst, wo Du Deinen Bruder siehst? Du solltest nicht sehnsuchtsvoll Dich auf die Spitze eines Berges wünschen, den Du niemals hast besteigen wollen‹.«

Was diese Frau ihrer Tochter sagen mochte, klingt nach einer Binsenweisheit, schafft aber, wenn begriffen, das Medikament zur Therapie eines außerordentlich verhängnisvollen Wahns herbei. Ein Wahn nämlich ist es, alle Mitglieder einer Gesellschaft ohne Rücksicht auf ihre Eigenarten, Befähigungen und Vorlieben mit einem gleichen Anteil identischer Arbeitsleistung belegen zu wollen, einem jeden also abzuverlangen, daß er, austauschbar als Person, abwechselnd sämtliche anfallenden Aufgaben übernimmt und ableistet; das Heilmittel gegen die Ideologie der Gleichheit ergibt sich durch den Hinweis auf die individuellen Wünsche, Neigungen und Bedürfnisse, denen in ihren Unterschieden eine eigene Berechtigung zukommt.

Wohlgemerkt hat das Vögelchen im Märchen von einer Benachteiligung in der Arbeitsverteilung gegenüber seinen Kommunarden bislang nichts gespürt; man kann auch nicht sagen, das Holztragen selbst habe es bedrückt oder seine Gesundheit beeinträchtigt, – nur im Falle von Alter und Krankheit müßte es die anderen wie selbstverständlich um Hilfe angehen. Für die ursprüngliche Einheit aller spricht insbesondere die kindlich-liebevolle Verkleinerungsform, mit der das Märchen von seinen Akteuren berichtet: wer von einem »Mäuschen« und einem »Vögelchen« reden hört, die mit einem »Würstlein« in einem »Kämmerlein« sich zur Ruhe begeben, dem schwant nichts Übles inmitten einer solchen Welt abseits jedweden Args noch Harms. Es müßte nur ein jedes aus dem Trio bei sich selber bleiben, so bliebe es in Frieden und Zufriedenheit auch mit den anderen. Erst die Bewußtwerdung der Unterschiede, die Vergleichung miteinander schafft im Dialog der beiden Vögel die Dialektik unzufriedenen Aufbegehrens. Das Vögelchen, durch den Vergleich mit seinesgleichen angestiftet, begreift nicht, daß seine Forderung nach Gleichheit ihm nicht etwa ein lang ersehntes Recht verschafft, sondern vielmehr ein Unrecht sich selber gegenüber darstellt: sie ignoriert die eigenen Anlagen und schleift sie weg zugunsten einer Gleichheit, die einem jeden der Beteiligten nichts als sinnlosen Schmerz zufügen wird: Ich will und muß das haben, was der andere hat, – dieses Postulat impliziert letztlich auch die Forderung: Ich will und muß das sein und werden, was der andere ist. Ein solches Ansinnen völliger Gleichheit in Person und Tätigkeit hebt alle individuellen Rechte auf; es verwandelt die Egalité vor dem Gesetz in die jacobinische Kopf-Ab-Justiz einer Gleichmacherei per Guillotine: egal, wer du bist, du hast zu sein wie der andere. »Er schneuzt sich mit dem Taschentuch. – An die Laterne!«[89]

Diese »revolutionäre« Auffassung von *egalité* richtet sich gegen alle Standesunterschiede, die in Gehabe und Habmachtansprüchen sichtbar werden; sie wendet sich gegen alles Besondere aus Furcht, daß daraus Sonderrechte abgeleitet werden könnten; und die Gefahr besteht natürlich. So kann man derzeit in einer Handy-Reklame die Parole zum Ausdruck gebracht finden: »Du bist anders. Du verdienst Besseres.« Wohlgemerkt, jeder Einzelne ist etwas Besonderes, und er hat ein Recht, in dieser Besonderheit respektiert zu werden; doch er hat kein Recht, aus seiner Besonderheit eine Bevorzugung oder Besserstellung gegenüber anderen abzuleiten. Die Gleichmacherei des Jacobinismus indessen, die sich dagegen wendet, zerstört die individuellen Unterschiede und ruiniert damit unfehlbar die Gesellschaft aller; doch auch umgekehrt gilt: die elitäre Inanspruchnahme individueller Privilegien ohne eine entsprechende Verantwortung für das Gemeinwesen zerstört das Zusammenleben vom anderen Extrem her und erzeugt wie von selbst den Neid der Sansculotten.

Doch sehen wir genau hin: Das Vögelchen im Märchen ist im Kreise seiner Tischkameraden weder unterprivilegiert noch ist es ein ausgebeuteter Pauper; *tres faciunt collegiam* – »drei Personen bilden eine Gruppe«, heißt es im Vereinsrecht, und ihr Hauptmerkmal ist eben ihre Einheit, ihr Zusammenhalt, die Kooperationsbereitschaft miteinander. Das Vögelchen jedoch, *»anderes Tages«*, über Nacht, ganz plötzlich, ohne Vorverhandlung und Begründung, verweigert, angestachelt vom Prinzip der Gleichheit, die Arbeit des Feuerholzho-

89 Vgl. GEORG BÜCHNER: Dantons Tod, 1. Akt, 2. Szene, in: Werke und Briefe, 74: »Totschlagen, wer kein Loch im Rock hat ... Totschlagen, wer lesen und schreiben kann ... Er hat ein Schnupftuch! ein Aristokrat! an die Laterne! Was? er schneuzt sich die Nase nicht mit den Fingern? An die Laterne!«

lens; als »*Knecht*« kommt es sich nunmehr vor, als »*Narr*« gewissermaßen, daß es sich überhaupt in all der Zeit auf diese Art der festgelegten Arbeitsteilung eingelassen hat. Es möchte ab sofort das Rotationsprinzip in den Dienstplan eingeführt sehen: jeder soll abwechselnd die Arbeit des anderen verrichten, nicht weil er es besser könnte oder dazu geeigneter wäre, sondern weil vermeintlich erst dann jegliche Benachteiligung in der Funktionszuordnung entfiele. An die Stelle der freien Entscheidung, eine bestimmte Arbeit einem bestimmten Arbeiter aufzuerlegen, tritt damit jetzt allerdings so etwas wie ein Glücksspielfaktor: der Spruch des Schicksals, die Rotation wird zum Roulette: die drei, um auszumitteln, wer heutigen Tags welch einen Dienst versehen soll, »*spieleten derowegen*« – der Losentscheid soll schlichten, was mit Argumenten offenbar nicht durchzusetzen ist: das Mäuslein und das Würstchen mögen bitten, wie sie wollen, – das Vögelchen beharrt auf seinem Willen und liefert damit die Genossen einer blinden Willkür aus, die vorerst solchermaßen einteilt: Das Los zum Holztragen fällt auf die Bratwurst, die Maus soll zum »*Koch*« werden (also wie das Würstchen viermal »*durch den Brei oder das Gemüs*« sich schlingen), »*und der Vogel sollte Wasser holen.*« Jeder also wird dazu veranlagt, zu tun, was ihm am wenigsten gemäß ist. Das Gleichmaß wird bei dieser Regelung maßlos in seiner Ungerechtigkeit, und es bringt bald schon alle um.

Denn: »*Was geschieht? Das Bratwürstchen zog fort gen Holz, das Vöglein machte Feuer an, die Maus stellte den Topf zu und erwarteten allein, bis Bratwürstchen heimkäme und Holz für den anderen Tag brächte.*« Noch also herrscht die eingeübte Solidarität: man fängt nicht an zu essen, bis alle versammelt sind, man ruht nach dem Gemeinschaftsmahl gemeinsam aus, man zelebriert in allem Wichtigen Gemeinsamkeit. So möchte man es weiter halten, das Würstlein aber kommt und kommt nicht heim; es wächst die Unruhe, – die zwei Daheimgebliebenen ahnen nichts Gutes; das Vöglein fliegt daher auf Kundschaft aus, und richtig: es findet »*unfern … einen Hund am Weg, der das arme Bratwürstlein als freie Beute angetroffen, angepackt und niedergemacht*« hatte. Daß es so kommen könnte, hat das Vögelchen weder gesehen noch beabsichtigt, und obwohl es das nun eingetretene

Unglück wesentlich mitverursacht hat, legt es wegen »*offenbaren Raubes … gegen den Hund*« scharfe Beschwerde ein.

Doch wer soll da richten? Der Hund versteht sich selbst als Ankläger und Richter und gleich schon auch als Henker: angeblich trug die Bratwurst »*falsche Briefe*« bei sich, die er, der Hund, in seiner Wachsamkeit zum Glück noch rechtzeitig entdeckt hat, und was auch immer in den Briefen stand: auf ihren Transport bereits ist festgesetzt die Todesstrafe, – sie sind anscheinend staatsgefährdend, sie sind konspirativ. Die »Revolution« frißt ihre Kinder, könnte man sagen, waltete nicht außerhalb des wohlgeordneten Haushaltes der Drei, in der Wildnis des Waldes, ganz offen das »Recht« der freien Wildbahn: da nimmt sich jeder, was er braucht und wie's ihm schmeckt, Recht ist da nicht, es sei denn als Diktat des Stärkeren, und wo da denn doch noch von Recht die Rede geht, ist's zur Verbrämung und Verleugnung schweren Unrechts. Mitnichten also war's ein Raub, daß der Hund gleich am Weg das Würstchen fraß; es war die Ausübung der Todesstrafe, die er vollzog, mithin ein hoheitlicher Rechtsakt. Für einen solchen existiert keine Beauftragung? Es gibt dafür keinerlei gerichtliches Urteil? Dann lag hier eben ein außergerichtlicher Notstand vor, – der Hund mußte so handeln, um in einer akuten Gefahrenlage schweres Unheil abzuwenden, – so wie in Langley Tag um Tag die CIA entscheidet, wer in aller Welt als ein des Terrors Verdächtigter zur Sicherheit der USA mit Drohnen noch heute vormittag ums Leben gebracht werden soll.

Gegen eine solche präventive Notwehrlogik ist mit Rechtsbegriffen nicht viel auszurichten – Not kennt kein Gebot, heißt es –, doch um so trauriger muß das Vögelchen abziehen: es wollte Gerechtigkeit als Gleichheit für alle; erhalten hat es das rohe Recht der Gewalt, vorgetragen in Rechtsbegriffen, die klingen müssen wie bloßer Hohn. Das Vögelchen hatte nichts gegen das Würstlein, es wollte ihm nichts Böses, doch seine Gleichheitsforderung nötigte es, die schützende Küche zu verlassen und sich damit den Raubtieren förmlich zum Fraß anzubieten. Zu Hause, unter seinen Kameraden, mußte es nicht gewärtigen, verspeist zu werden, es genügte, sich durch die Speise zu schlängeln und sie würzig und schmackhaft zu machen; daß man es selbst zu verschlingen sucht, ist das Ende einer Idylle. Freilich, seine Existenz verdankt eine Wurst der Tötung von Tieren durch Menschen; ist diese gerechtfertigt, erhält auch ein Hund wohl das Recht, ein ähnliches zu tun und mit dem Würstchen kurzen Prozeß zu machen. Das mag als »Naturrecht« in übelstem Sinne verständlich sein, für das Vögelchen und das Mäuschen hingegen ändert sich damit die ganze Art ihres Zusammenlebens. Sie sind ehrlich betrübt über den jähen Tod ihres Gefährten, und bemerkenswerter Weise verzichtet das Mäuschen sogar darauf, dem Vögelchen vorzuwerfen, es sei seine Schuld, daß das Bratwürstchen umkam. Vielmehr sie *»vergleichen sich«* jetzt, in ihrer Situation *»das Beste zu tun und zusammenzubleiben.«* Doch ihr erneuerter Zusammenhalt übernimmt nur den alten Fehler der Gleichheit, statt ihn durch bessere Einsicht und passendere Arbeitseinteilung an die neue Lage anzupassen.

Nicht unbedingt nötig, doch immerhin wünschenswert wäre es nach wie vor, die Speisen weiterhin so schmackhaft zu sich nehmen zu können, wie es vormals in Gegenwart des Würstleins möglich war. Da deckt denn *»das Vöglein den Tisch, und die Maus rüstete das Essen«*, beide arbeiten fleißig in Eintracht zusammen, doch fehlt ihnen zum Würzen der Speise die Bratwurst; um sie zu ersetzen, will sich jetzt das Mäuslein, *»wie zuvor das Würstlein, durch das Gemüs schlingen«*; zu seinem Verhängnis nimmt es nicht wahr, daß es sich damit in äußerste Lebensgefahr begibt; bald schon wird es zu dem nächsten Opfer dieser fatalen Solidarität der Gleichheit in der Ausübung aller Arbeitsleistungen: noch ist es nicht *»in die Mitte«* des heißgekochten Gemüses gelangt, da bleibt es stecken und muß *»Haut und Haar und dabei das Leben lassen.«* Es ist tot, gestorben in Erfüllung einer Aufgabe, zu der es physisch völlig ungeeignet war. Sein Tod ist tragisch – so viel an gutem Willen zur Gemeinsamkeit besaß das Mäuslein –; zu spät erkennt es, daß das Prinzip des Vögelchens: ein jedes Gruppenmitglied wechselweise muß dieselbe Arbeit tun, ein ganz und gar verhängnisvoller Grundsatz ist.

So ist es unvermeidbar, daß zuletzt auch das Vögelchen den Fehler seines Gleichheitspostulats am eigenen Leibe wird erfahren müssen. In großer Unruhe sucht es die Küche nach dem Mäuslein ab, wirft das Holz, das es am Vortage noch beigebracht hat, hin und her – vielleicht daß es sich darunter versteckt hält –, ruft es, schaut nach, – alles vergebens; es kann »*seinen Koch*«, als welcher das Mäuschen nunmehr fungieren sollte, »*nicht mehr finden.*« Verstört und aufgeregt agiert es so unachtsam, daß »*das Feuer in das Holz*« kommt, »*also daß eine Brunst*« entsteht; um diese zu löschen, eilt das Vöglein, Wasser zu holen, – zwangsweise verrichtet es jetzt gerade die Tätigkeit, die bis dahin für das Mäuschen vorgesehen war, und nun zeigt sich, daß, wie das Mäuschen zum »Kochen«, so es selber zum Wassertragen nicht taugt: Der Eimer fällt ihm »*in den Brunnen, und es mit hinab, daß es sich nicht mehr erholen konnte*«. Gerade das Wesen, das dazu geschaffen ist, sich auf seinen Flügeln in die Höhe der Lüfte zu erheben, versinkt in den Wassern der Tiefe. Alles ist falsch, alles ist tödlich, alles ist in das Gegenteil des Beabsichtigten verwandelt durch das absurde Dogma von der Gleichheit der Arbeitsleistung, die man trotz aller Unterschiede von den einzelnen Gruppenmitgliedern meint verlangen zu können.

Die Staatslehre der Fabel des *Menenius* lautete: »Lehnt euch nicht auf und verrichtet geduldig und zufrieden die Arbeit, zu der ihr berufen seid.« Die Lehre des Märchens der BRÜDER GRIMM jetzt besteht in der Einsicht, daß der Wunsch nach Gerechtigkeit in der Arbeitsverteilung nicht dahin führen sollte, die Unterschiede in der Befähigung der Arbeiter durch ein abstraktes Gleichheitsprinzip zu nivellieren.

Für das Vögelchen im Märchen kommt diese Lehre leider zu spät; erst sein Tod könnte ihm zeigen, wie gefährlich es ist, die verschiedenen Funktionen in einer Gesellschaft durch Rotation gegeneinander auszutauschen. Doch wird man diese Lektion beherzigen, wenn es darauf ankommt?

»Jede Arbeit muß angenommen werden«, verkündeten die Abgeordneten der FDP in der Schwarz-Gelben-Koalition unter Kanzlerin *Merkel.* Um die Gesellschaft nach neoliberalem Muster »marktgerecht« aufzustellen, kürzten sie die Arbeitslosenunterstützung und wiesen die Arbeitsämter an, nicht länger zu fragen, welch eine Arbeit der geistigen und körperlichen Konstitution eines Arbeitnehmers entgegenkommt, sondern in die freien Stellen so viele Arbeitslose wie möglich hineinzupressen; nur so gedachte man, die Sozialausgaben zu verringern. Doch was das im Einzelfalle bedeutet, ist klar. Offene Stellen gibt es zum Beispiel in den »schmutzigen« Berufen: im Schlachthof, bei der Müllabfuhr, in der Kanalreinigung, im Tiefbau… »Jede Arbeit muß angenommen werden!« – Wer da sagen wollte: »Ich vertrage es nicht, von früh bis spät Tierkadaver zu zerlegen«, oder: »ich reagiere allergisch auf Schmutz und Kot«, der verliert seither seinen Anspruch auf staatliche Hilfe; ab sofort gilt er nicht länger als Arbeitsloser, sondern als Arbeitsverweigerer. Jeder muß alles tun können, jeder ist geeignet zu jeglicher Arbeit; auf dem Arbeitsmarkt sind alle gleich. Das ist, wie man sieht, kein nur kommunistischer Grundsatz, das ist die Devise der »Sozial«gesetzgebung eines »demokratischen« Staates entsprechend den »Gesetzen« der »freien« Marktwirtschaft.

Der Zwang zur Gleichmacherei kann in kommunistischen Diktaturen freilich noch ganz andere Ausmaße annehmen. Um die Sowjetunion zu einer industriellen Großmacht zu entwickeln, forderte zum Beispiel *Stalin* 1929 in einem ersten Fünfjahresplan enorme Steigerungsraten in der Eisen- und Stahlproduktion; im Südural wurde zu diesem Zweck am »Magnetberg«, einem der größten Eisenerz-Lagerstätten der Welt, eine riesige Industriestadt: Magnetogorsk, aus dem Boden gestampft. »Bereits im Februar 1926 ist das ›Staatsinstitut für den Entwurf von Fabriken der Metallurgie‹ gegründet worden«, und sie tut, neben anderen Planungsbehörden, was sie kann: »Die Kohleproduktion soll verfünffacht werden! Die Eisenproduktion versechsfacht! Die Ölförderung versiebenfacht! Die Traktorenproduktion verzehnfacht! – Zu den großen Projekten des Fünfjahresplans zählen das Wasserkraftwerk am Dnjepr, eine Eisenbahnlinie von Westsibirien nach Zentralasien, die Kohlengruben des Kusnezker Beckens.« »Nicht um die Verbesserung des Lebensstandards der Sowjetbürger geht es den Bolschewiki dabei in erster Linie. Nicht um den Bau neuer Wohnhäuser, nicht um die Produktion von Kleidung und Medikamenten – sondern um die Stärkung der Infrastruktur und der Schwerindustrie: Kanäle, Kraftwerke, Eisenbahntrassen, Staudämme, Stahlwerke und Kohleminen. Dazu Fabriken für Panzer, Geschütze, Flugzeuge, für Traktoren, Lokomotiven, Lastwagen. Diese Modernisierung wird zentral organisiert wie ein Feldzug, durchgeführt wie ein Krieg – um ehrgeizige, ja wahnwitzige Ziele zu erreichen.«[90] Die Maßnahmen wurden buchstäblich »ohne Rücksicht auf (menschliche) Verluste vorangetrieben, doch läßt sich nicht leugnen, daß sie außerordentlich erfolgreich waren und von einem großen Enthusiasmus der jüngeren Generation getragen waren. Die Schriftstellerein RAISSA ORLOWA »schrieb später über die Stimmung jener Zeit: ›Schneller, schneller, vorwärts zum großen Ziel.‹ Es war möglich und unausweichlich, alles zu verändern: die Straßen, die Häuser, die Städte, die soziale Ordnung und die menschliche Seele.«[91] Das stalinistische Experiment der Schaffung eines sozialistischen Menschen forderte entsetzliche Opfer, und es war, im ganzen gesehen, zum Scheitern verurteilt, doch unzweifelhaft machte die UdSSR damals in der Entwicklung von Technik und Schwerindustrie einen riesigen »Sprung nach vorn«, ohne den sie den Krieg gegen Nazi-Deutschland, erkauft erneut mit 25 Mio. Toten, niemals gewonnen hättc.

Kaum mehr ökonomisch, sondern wesentlich ideologisch begründet war demgegenüber die Kulturrevolution, die *Mao Tse-tung* zwischen 1966 und 1969 durchführte und die sich nicht zuletzt auch wirtschaftlich als ein schwerer Fehler erwies: nicht länger mehr sollte es in China eine Schicht von Intellektuellen geben, die sich als etwas Besseres fühlten im Vergleich mit den Landarbeitern und dem »einfachen Volke«. Also schickte man die Universitätsdozenten, Studenten, Facharbeiter periodisch in die Erntehilfe, den Hoch- und Tiefbau, in die Fabriken, – der Volkskörper Chinas sollte keinen bürgerlichen Klassendünkel mehr aufweisen. Doch mit der Betonung der Unterschiedslosigkeit aller verlor das Reich der Mitte natürlich seine Spitzenkräfte, seine Spezialisten, seine Experten, – Forschung

90 WALTER SALLER: Stadt aus Stahl, in: Geo Epoche Nr. 38: Stalin, 2008, 72–81, S. 76.
91 A. a. O., S. 79.

und Bildung stagnierten, und schließlich war man froh, die »Kulturrevolution« für beendet erklären zu können.

Geradewegs in eine Katastrophe unvorstellbaren Ausmaßes führte ab 1975 die Umgestaltung Kambodschas durch die Roten Khmer unter ihrem Führer *Pol Pot*. Den Grund für ihren Aufstieg lieferten die Luftangriffe der USA, die bei der Bombardierung der Nachschubwege des Vietcong mehr als 150 000 Zivilisten töteten. Kaum aber an die Macht gelangt, sind die Roten Khmer wie »besessen von der Idee, die kambodschanische Gesellschaft völlig umzuwälzen. Mit rücksichtsloser Gewalt wollen sie einen primitiven Bauernstaat schaffen, ohne Geld, Glauben oder Wissenschaft. Um von ihnen als Klassenfeinde verfolgt zu werden…, genügt es oft schon, in einer Stadt zu wohnen und nicht auf dem Land, ein Radio zu besitzen oder als Lehrer zu arbeiten. Auch Buddhisten, Christen und ethnische Minderheiten wie Chinesen oder Thai lassen die Machthaber zu Zehntausenden ermorden. Doch je mehr Rückschläge die Kommunisten erdulden müssen, etwa Hungersnöte, desto häufiger richten sich die Mordaktionen gegen manche der eigenen Funktionäre. Denn das Scheitern ihres utopischen Wahns kann sich die Führung um *Pol Pot* nur durch Verrat in den eigenen Reihen erklären. So befiehlt sie brutale Säuberungen, denen auch hochrangige Mitglieder der Roten Khmer zum Opfer fallen. Die meisten verleben ihre letzten Tage in den Zellen (sc. des Foltergefängnisses, d. V.) von Tuol Sleng.«[92] Der Weg in die klassenlose Gesellschaft endete in einem Massenmord, dem bis 1979 wohl 1,1 Mio. Menschen zum Opfer fielen, weitere 1,1 Mio. starben an Hunger und Krankheit.[93]

Was die Roten Khmer wollten, wird mit einem zutreffenden Ausdruck als »Steinzeitkommunismus« bezeichnet, – eine Gesellschaft der vollkommenen Gleichheit aller, wie sie vielleicht in Stammeskulturen, nicht aber in hochentwickelten industrialisierten Gesellschaften möglich ist; eine Gemeinschaft, in welcher die Mitglieder glücklich zusammen leben, kann nur eine offene Gesellschaft sein, in der,

92 JOHANNES STREMPEL: Der rote Wahn, in: Geo Epoche Nr. 80: Der Vietnamkrieg, 142–155, S. 149.

93 A. a. O., 155.

wie zu Anfang des Märchens, ein jeder zwanglos seinen Beitrag leistet entsprechend seinen Fähigkeiten und in dankbarem Respekt vor den Dienstleistungen anderer. Nicht die Unterschiede unter den Menschen gehören beseitigt, wohl aber gilt es, den Neid zu überwinden, den diese Unterschiede hervorrufen; sobald der eine sich vergleicht mit dem anderen, statt zu leben, was er selber ist, erschallt die Forderung nach Austauschbarkeit und Gleichheit, und sie führt über kurz oder lange dahin, daß ein jeder sich selber fremd wird. Wo niemand sein darf, wer er ist, erstirbt am Ende das Leben aller.

Strohhalm, Kohle und Bohne (KHM 18)

Vorwort

In der Geschichte vom »Vögelchen, Mäuschen und der Bratwurst« war die Rede von einer »Gesellschaft«, die immer schon Bestand hatte und in dem Augenblick zerfiel, als das Vergleichen unter einander eine Bilanz der Ungerechtigkeit erstellte, die scheinbar nur durch eine rigorose Forderung nach Gleichheit sich beantworten ließ. Das Märchen von »Strohhalm, Kohle und Bohne« schildert (nach Art einer Fabel), wie eine Gemeinsamkeit unter Menschen wesentlich zustande kommt und wesentlich zerfällt; da ist etwas, das uns verbindet und zugleich auch trennt – unsere Sterblichkeit.

Strohhalm, Kohle und Bohne

In einem Dorfe wohnte eine arme alte Frau, die hatte ein Gericht Bohnen zusammengebracht und wollte sie kochen. Sie machte also auf ihrem Herd ein Feuer zurecht, und damit es desto schneller brennen sollte, zündete sie es mit einer Hand voll Stroh an. Als sie die Bohnen in den Topf schüttete, entfiel ihr unbemerkt eine, die auf dem Boden neben einen Strohhalm zu liegen kam; bald danach sprang auch eine glühende Kohle vom Herd zu den beiden herab. Da fing der Strohhalm an und sprach: »Liebe Freunde, von wannen kommt ihr her?« Die Kohle antwortete: »Ich bin zu gutem Glück dem Feuer entsprungen, und hätte ich das nicht mit Gewalt durchgesetzt, so war mir der Tod gewiß: ich wäre zu Asche verbrannt.« Die Bohne sagte: »Ich bin auch noch mit heiler Haut davongekommen, aber hätte mich die Alte in den Topf gebracht, ich wäre ohne Barmherzigkeit zu Brei gekocht worden, wie meine Kameraden.« »Wäre mir denn ein besseres Schicksal zuteil geworden?« sprach das Stroh. »Alle meine Brüder hat die Alte in Feuer und Rauch aufgehen lassen, sechzig hat sie auf einmal gepackt und ums Leben gebracht. Glücklicherweise bin ich ihr zwischen den Fingern durchgeschlüpft.« »Was sollen wir nun aber anfangen?« sprach die Kohle. »Ich meine«, antwortete die Bohne, »weil wir so glücklich dem Tode entronnen sind, so wollen wir uns als gute Gesellen zusammenhalten und, damit uns hier nicht wieder ein neues Unglück ereilt, gemeinschaftlich auswandern und in ein fremdes Land ziehen.«

Der Vorschlag gefiel den beiden anderen, und sie machten sich miteinander auf den Weg. Bald aber kamen sie an einen kleinen Bach, und da keine Brücke oder Steg da war, so wußten sie nicht, wie sie hinüberkommen sollten. Der Strohhalm fand guten Rat und sprach: »Ich will mich querüber legen, so könnt ihr auf mir wie auf einer Brücke hinübergehen.« Der Strohhalm streckte sich also von einem Ufer zum anderen, und die Kohle, die von hitziger Natur war, trippelte auch ganz keck auf die neugebaute Brücke. Als sie aber in die Mitte gekommen war und unter ihr das Wasser rauschen hörte, ward ihr doch angst: sie blieb stehen und getraute sich nicht weiter. Der Strohhalm aber fing an zu brennen, zerbrach in zwei Stücke und fiel in den Bach; die Kohle rutschte nach, zischte, wie sie ins Wasser kam, und gab den Geist auf. Die Bohne, die vorsichtigerweise noch auf dem Ufer zurückgeblieben war, mußte über die Geschichte lachen, konnte nicht aufhören und lachte so gewaltig, daß sie zerplatzte. Nun war es ebenfalls um sie geschehen, wenn nicht zu gutem Glück ein Schneider, der auf der Wanderschaft war, sich an dem Bach ausgeruht hätte. Weil er ein mitleidiges Herz hatte, so holte er Nadel und Zwirn heraus und nähte sie zusammen. Die Bohne bedankte sich bei ihm aufs schönste, aber da er schwarzen Zwirn gebraucht hatte, so haben seit der Zeit alle Bohnen eine schwarze Naht.

Deutung

Alles beginnt wie im Märchen der »Bremer Stadtmusikanten« (KHM 27): Eine Gruppe von Tieren schließt dort sich zusammen, deren Mitglieder, jeder für sich, dem Tod zu entkommen suchen; durch ihr fortgeschrittenes Alter sind sie für die Zwecke, derentwegen sie bislang gehalten wurden, unbrauchbar geworden, also daß ihre Besitzer sie zu entsorgen trachten.[94] Ähnlich beginnt auch das Märchen von »Strohhalm, Kohle und Bohne«, nur daß hier nicht die Frage des Alters, sondern von vornherein die physische Verwertbarkeit zur Debatte steht: eine »*arme alte Frau*« hat »*ein Gericht Bohnen zusammengebracht*« und will sie »*kochen*. Das ist eine Verrichtung, so alltäglich, daß sie leichthin überlesen werden könnte, wenn nicht die »Küche« dieser »Alten« und der Tod, der von ihr ausgeht, in eine hochsymbolische Welt mit einer eigenen Bedeutung hinüberweisen würden. Wie die Köchin in dem Märchen von dem »Fundevogel« (KHM 51)[95] ist auch »die Alte« hier nicht eine einfache Person in einem privaten Singlehaushalt; sie verkörpert vielmehr eine der ältesten und weitest verbreiteten Vorstellungen des Göttlichen in der Religionsgeschichte: das Bild der Großen Göttin beziehungsweise der »Mutter Natur«. – In manchen feministischen, esoterischen oder New-Age-Kreisen ist es üblich geworden, »die Natur« (oder »das Universum«) an die Stelle der Person Gottes zu setzen und dabei eine Welt der »Einheit« jenseits von Gut und Böse zu propagieren, doch trägt die Gestalt der Großen Göttin in den Mythen der Völker ein deutlich anderes, wahreres Gepräge, das von einer geradezu gräßlichen Gegensätzlichkeit geformt ist.

Als ein drastisches Beispiel dafür kann die Seite 11 des mittelamerikanischen Codex Borbonicus gelten. Abgebildet ist dort die *Ixcuina* (die *Tlaçolteotl*), überzogen von einer »Menschenhaut, an der um den Mund bereits die Würmer fressen. Sie trägt reichen Schmuck aus

94 E. DREWERMANN: Die Bremer Stadtmusikanten, in: Von der Macht des Geldes, 123–151.

95 E. DREWERMANN: Der Fundevogel, in: An den Grenzen der Medizin, 91–136.

ungesponnener Baumwolle. Der blau und rot geteilte Schurz ist mit kleinen weißen Möndchen verziert. Ein Kind geht von oben in sie ein (durch Fußspuren angezeigt) und verläßt sie, dabei eine Schlinge oder einen Knoten lösend.« Dieses Kind ist offenbar sie selbst, kommt es doch schon mit einer Krone zur Welt. Neben der Göttin steht der Gott »*Tezcatlipuca* als Geier mit Muschelring und rauchendem Spiegel (sc. als Bild seines Namens, d. V.) am Ohr. Beizeichen sind: Behälter mit Quetzalfedern, Schlange und Skolopender (sc. Tausendfüßler, d. V.), x-förmig verschlungen … Schädelgerüst (tzompantli), Sockel, Kopf und Herz.«[96] (Tafel 5)

Fruchtbarkeit und Furchtbarkeit sind in diesem Bild der weiblichen Urgöttin, der »Göttermutter«, der »Großmutter« (tocitzin) oder eben der »alten Göttin« vereint, die mit der »Erdmutter« gleichgesetzt wird. »Sie ist die Göttin der Wollust und Sünde, aber auch die große Gebärerin und Erneuerin der Vegetation durch den geschlechtlichen Akt, als Mond- und Erdgöttin ist sie Göttin des Westens, des Todes und der Unterwelt… Als Winteraspekt der tödlichen Erde steht sie im Gegensatz zur gebärenden Erde, die mit dem Osten und dem Frühling verbunden ist.«[97] »Die Große Göttin gebiert das Leben, den

96 KARL ANTON NOWOTNY: Codex Borbonicus, 17. Zu der Gestalt des *Tezcatlipoca* vgl. GÜNTER LANCZKOWSKI: Götter und Menschen im alten Mexiko, 55–59. Der Gott verkörpert »vor allem die unheilbringende und furchterregende Seite der göttlichen Macht… So verbanden sich kriegerisches Handeln und rituelles Menschenopfer mit dem Gott.« (55) Der Spiegel verweist auf die »Allwissenheit des Gottes«, zu dem man betete: »O Herr, durch dessen Gnade alles lebt: Erbarme dich meiner, gib mir, was ich brauche, wovon ich leben kann, wodurch ich erstarken kann… Denn man leidet Mühseligkeit, wird müde, soweit die Erde sich erstreckt; – erbarme dich meiner, habe Mitleid mit mir. Ich bin dein Waisenknabe, ich bin arm und verlassen… Wenn du mich nicht erhören willst, so beseitige mich lieber, zertritt mich mit deinem Fuße, laß mich lieber meinen Leib zur Ruhe bringen.« (57) Vgl. auch COTTIE BURLAND: Gefiederte Schlange und Rauchender Spiegel, 55–71: Tezcatlipoca: der Rauchende Spiegel: »Schädelgestelle standen bei jedem aztekischen Tempel und wurden benutzt, um die Köpfe getöteter feindlicher Krieger zu lagern. Die Köpfe wurden an den Schläfen durchbohrt und an Holzstöcken aufgehängt, die durch ein hölzernes Balkengestell gehalten wurden. Das Schädelgestell in Tenochtitlan, das die Spanier so sehr entsetzte, enthielt mehr als 10 000 Köpfe in verschiedenen Stadien der Verwesung.« (S. 71)

97 ERICH NEUMANN: Die Große Mutter, 177.

Mais, der auch phallisch als Maissohn und Maisgott erscheint, ebenso wie den Tod, das Obsidianmesser. Dieser Doppelaspekt, in dem Leben Tod und Tod Leben wird und eines das andere bedingt, kehrt im aztekischen Mythus und Ritual immer wieder … Überall ist das Große Weibliche mit der Dualität von Mond und Erde, das Geheimnis der Befruchtung der Erde mit dem Mond und seiner Zerstückelung verbunden, wobei der Mond ebenso der befruchtende wie der zerstückelte Sohn ist.«[98]

Insbesondere in der Maispflanze gebiert die Erdgöttin ihr Kind, in dem sie immer wieder sich selbst zum Leben erweckt und gleichermaßen zum Tode bestimmt. Dementsprechend nehmen in den aztekischen Opferritualen das Töten (Köpfen), Zerstückeln (Herzausreißen) und Schinden (Hautabziehen) von Menschen (jungen Mädchen und Kriegsgefangenen) eine überragende Rolle ein. Wie im Kult des *Xipe totec* (unser Herr, der Geschundene oder, richtiger: der Schinder)[99], ist auch die *Tlaçolteotl* mit einer Menschenhaut bedeckt, die auf makabre Weise durch Wurmfraß zersetzt wird. Das Leben ernährt sich vom Tod und der Tod vom Leben, – nur in dieser extremen Ambivalenz, in dieser entsetzlichen Widersprüchlichkeit ist das Wesen der »Erdgöttin«, der »Mutter Natur«, zu erschauen: es ist schauderhaft. Wie damit, wie mitten darinnen leben?

Die Azteken – wie alle Kulturen und Religionen im Banne der Großen Göttin – nahmen es hin, daß »die Welt«, »das Leben«, »die Natur« so ist; mit ihren blutigen Menschenopfern[100] suchten sie auf magische Weise das Gleichgewicht zwischen Blühen und Welken, Kommen und Gehen, Gebären und Sterben im Gleichgewicht zu halten; doch kein Mensch, kein Lebewesen will auf den Tempelpyramiden grausamer Götter geschlachtet werden, und zumindest im

98 A. a. O., 185.

99 Zu *Xipe totec* vgl. COTTIE BURLAND: Gefiederte Schlange und Rauchender Spiegel, 56: »*Xipe totec* war eine der Erscheinungsformen *Tezcatlipoca*s, die sich besonders mit Leiden und Opfern identifizierte.«

100 Vgl. KLAUS HELFRICH: Menschenopfer und Tötungsrituale im Kult der Maya, 115–118: Das Enthauptungs-Ritual; S. 146–150: Das Xipe-Ritual. Das Schinden (Häuten) des Opfers symbolisierte »die im Frühjahr beginnende Erneuerung … der Vegetation.« (150)

Rückblick, aus heutiger Sicht, erscheint eine Religion als »barbarisch«, die in gewissem Sinne der »Natur« recht gibt, indem sie das Töten von Menschen zu deren Erhalt verfügt. Wohl, in mythischer Weltsicht schrie immer wieder »die Erdgöttin in der Nacht und verlangte nach Menschenherzen. Dann wollte sie sich nicht eher beruhigen, als bis man sie ihr gab, und wollte nicht eher wieder Frucht tragen, als bis sie mit Menschenblut getränkt wurde.«[101] Doch darf man endlos Blut und Tränen fließen lassen wie Regen, und darf man Menschenleiber und Leichenteile ausstreuen wie Samen und Dünger zur Befruchtung der Felder?

In jeder Fruchtbarkeitsreligion werden Blutopfer gefordert. Wie wenig wir uns von diesem Denken entfernt haben, beweisen die Millionen von Toten, die wir in der Gegenwart der (Ersatz-)Religion des Kapitalismus mit seiner Wachstumsideologie in den Rachen werfen.[102] Gleichwohl bleibt das Gefühl bestehen, daß man weder mit Menschen noch mit Tieren in dieser Weise verfahren darf. Es ist nicht möglich, die »blutige Mathematik«[103], mit der die Natur uns zum Tode verurteilt, zu bejahen und als etwas Großes, gar Göttliches zu verklären. Es gilt, wie die Wesen im Märchen, den nahrungssuchenden Fingern der Erdgöttin zu entkommen.

Wer heute von Natur spricht, hat vor sich eine ungeheuere Veranstaltung, deren Grundgesetz sich physikalisch am einfachsten im Energieerhaltungssatz darstellt: Der Energiehaushalt des Universums mag so viele Formen annehmen, wie auch immer, die Gesamtbilanz wird sich stets gleich bleiben. Auf den unteren Stufen der Wirklichkeit, im Raum der Physik und Chemie, bei der Umwandlung von Elementarteilchen und Molekülen, bei der Hervorbringung von Galaxien und Gebirgen, Sternen und Steinen, Monden und Meeren mag der Formenreichtum der Umwandlungen und Übergänge der

101 ERICH NEUMANN: Die Große Mutter, 178.
102 Vgl. E. DREWERMANN: Von Krieg zu Frieden, 364–381: Kapitalismus als Religion.
103 ALBERT CAMUS: Der Mythos von Sisyphos, 18–19: »Das Grauen (sc. des Todes, d. V.) rührt in Wirklichkeit von der rechnerischen Seite des Ereignisses her … Keine Moral und keinerlei Streben lassen sich *a priori* vor der blutigen Mathematik rechtfertigen, die über uns herrscht.«

Energieverteilung im Kosmos bewundernswert scheinen in seiner erhabenen Gleichgültigkeit, doch von der Stufe der Biochemie und der Biologie an ändert sich die Betrachtung grundlegend: von jetzt an sind wir nicht mehr nur die unbeteiligten Zuschauer einer unbeteiligten Natur, fortan sind wir selbst die fühlenden Opfer einer gefühllosen Maschinerie, die mit der Fülle des Lebens zugleich ein Unmaß an Leid produziert. Die Empfindung von Schmerz, die mit der Ausbildung von Nervenreizleitungen einhergeht, die Angst, die den Aufstieg des Bewußtseins begleitet, der Tod, der das Kostbarste am Menschen: die Entwicklung zum Individuum, wieder zurückzunehmen scheint zugunsten der Weitergabe des Lebens entlang der Keimbahn, macht das Dasein im Schoße der »Mutter Natur« zu einer empörenden Absurdität. Solange es Menschen gibt, zwingt sie die Widersprüchlichkeit der Welt notwendig zum Widerspruch.

Dabei bedient die »arme alte Frau« im Märchen sich zum Kochen ihres Bohnengerichtes einer entscheidenden Entdeckung der Menschheitsgeschichte: der Nutzung und Herstellung von Feuer. Alles Leben besteht aus Kohlenwasserstoff-Molekülen, und aller Kohlenstoff ist tauglich als Brennmaterial. Der Aufstieg der Kultur insgesamt wurde ermöglicht und begleitet von dem Verbrennen von Holz: um Fleisch leichter verdaulich zu machen, um Keramik herzustellen, um Metalle zu schmelzen; vor allem zur Herstellung von Geräten und Waffen aus Eisen wurden enorme Mengen an Holz benötigt; in den Meilern lernte man, unter Sauerstoffabschluß Holzkohle mit einem weit höheren Kohlegehalt und einem entsprechend größeren Heizwert herzustellen, bis daß man in großem Stil unter Tage Kohle abzubauen begann und vom Ende des 18. Jhs. an die Montanindustrie vorantrieb. Kohle ist ein Produkt des Lebens und dient der Verbrennung von Leben, unter anderem auch zur Zubereitung von Lebensmitteln – ein geschlossener Kreislauf in der Küche der »Mutter Natur«.

Die Frau in dem Dorf nun, da das Märchen seine Geschichte ansiedelt, hat auf ihrem Herd bereits ein Kohlenfeuer angelegt, doch »*damit es desto schneller brennen sollte, zündete sie es mit einer Hand voll Stroh an.*« Als sie aber die Bohnen in den Topf schüttet, entfällt ihr unbemerkt eine der Bohnen, die auf dem Boden neben einem Strohhalm zu liegen kommt; und *»bald danach sprang auch eine glühende Kohle vom Herd zu den beiden herab.«* Und diese drei finden in ein Gespräch miteinander, beginnend mit der Frage des Strohhalms: *»Liebe Freunde, von wannen kommt ihr her?«* Die Anrede mit »liebe Freunde« erscheint seltsam bei Wesen, die so unterschiedlich sind wie diese drei, und doch gibt es ein Band, das sie auf der Stelle vereint: sie sind, wie jedes für sich jetzt beteuert, soeben mit viel Glück dem Tode entronnen. Es ist diese Lebensgemeinschaft in der Nähe des Todes, die sie vereint.

Spätestens hier, aus der Sicht dieser kleinen Geschöpfe, die überhaupt erst von einer gewissen Anzahl ihrer jeweiligen Gattung an so etwas wie Beachtung verdienen und als einzelne völlig unbedeutend erscheinen, wird noch einmal deutlich, womit wir es in Gestalt der »alten Frau« wirklich zu tun haben: für ein jedes in diesem Zufallstrio ist sie, nur schon weil sie ihr Essen zubereitet, eine Quelle des Todes, und es versteht sich, daß sie alle drei: der Strohhalm, die Kohle und die Bohne, in ihrem Schicksal unsere eigene Lage als Menschen inmitten dieser Welt widerspiegeln. Sind wir nicht allesamt, als gerade noch Lebende, glücklich den Fingern der Göttin des Todes Entronnene?

»Mit Gewalt«, erklärt die Kohle, hat sie ihre Rettung durchsetzen müssen, – nur so ist sie *»zu gutem Glück dem Feuer entsprungen.«* Was ihr das Leben erhalten hat, war offenbar die Fähigkeit, sich früh genug von der Verschmelzung mit ihren Artgenossen zu distanzieren. Gerade dieser Hinweis ist höchst bemerkenswert. Wie viele Menschen sind, die, wenn sie nicht achthaben, an ihrer eigenen Glut im Kreise der anderen zu verbrennen drohen! Man nützt die Kraft ihrer Wärme für alles Mögliche aus, für sie selbst aber ist, was man mit ihnen macht, schier lebensgefährlich. Solche »Glühkohlen« müssen lernen, sich zu verweigern, doch ihr nein mutet sie selbst oft wie ein Gewaltakt an, abgerungen zumeist erst im letzten Moment. – »Und wer bist du?«, könnte der »Strohhalm« im Märchen in gleichem Sinne den Leser fragen: »Wofür brennst du? Was ist deine Leidenschaft? Was verzehrt dich von innen? Und wie gelingt es dir, ins

Gleichgewicht mit dir selber zu kommen? Du mußt den Mut aufbringen, dich von der Menge der anderen zu lösen, du mußt es riskieren, ein Einzelner zu sein, nur so bewahrst du dich selber, dein eigenes Leben; anderenfalls wirst du mit den anderen bis zur Unkenntlichkeit vergehen und eingeschmolzen, ein bloßes Brennmaterial in der ›Küche‹ der Alten.« Verbrannt zu werden »*zu Asche*« mag das Schicksal aller Kohlenstoffgebilde sein, doch nötig ist es nicht, diesem unausweichlichen Ende durch Überanpassung an die Masse in selbstzerstörerischer Weise vorzugreifen.

Ein ähnliches weiß auch die Bohne zu bekunden. Auch sie ist nur »*noch mit heiler Haut davongekommen*«, weil sie von ihren »*Kameraden*« sich früh genug getrennt hat; sonst, das versteht sich, wäre sie »*ohne Barmherzigkeit zu Brei gekocht worden.*« Krasser und klarer läßt sich das Los auch von uns Menschen nicht darstellen: Biologisch betrachtet, sind wir nichts weiter als ein Übergang in dem unerbittlichen Stoffwechselaustausch im Haushalt der Natur, überhaupt nur existierend als Zwischenglieder des gnadenlosen Metabolismus, in dem im Kochtopf der nimmersatten Erdmutter die Stoffe sich ineinander auflösen. Essen und gegessen werden – soll daraus das Leben bestehen? Naturwissenschaftlich gesehen, besteht es in nichts anderem, doch bliebe die Betrachtung dabei stehen, wüßten wir niemals etwas anderes zur Begründung unseres Daseins zu sagen als: wir sind noch einmal davongekommen, anders als andere, die schon im Topf der Großen Köchin zu Brei verkocht worden sind. Auch diese Betrachtungsweise ist typisch: stets trifft der Tod nur die anderen, denn nur deren Beisetzung wohnen wir bei; daß es uns selber träfe, ist glücklicherweise halt noch nicht vorgekommen.

In diesen Chor der munter gerad noch dem Tode Entsprungenen stimmt aus voller Überzeugung zu guter letzt nun auch der Strohhalm ein. Er war es, der all diese Stellungnahmen mit seiner Frage, woher wir denn kommen, provoziert hat, und natürlich: anders kann es auch mit ihm selber sich kaum verhalten, eher daß alles Gesagte auf ihn noch gesteigert zutrifft. In der Kohle brannte ein verzehrendes Feuer, in der Bohne wohnte ein eigenes Leben; ein Strohhalm ist an sich selbst nur noch die Verkörperung eines verwelkten, vergangenen Daseins, das seine äußere Form konserviert hat, ohne sie vital noch ausfüllen zu können. In der Bildersprache des Märchens könnte man von daher in der Glühkohle ein Symbol der Jugend erblicken, in der Bohne ein Bild der Lebensmitte und jetzt, in dem Strohhalm, eine Darstellung des ausgelaugten, dörr und dürr gewordenen Alters: in ihm glüht und brennt nichts mehr, keinerlei Leidenschaft lodert in ihm, er taugt scheinbar wirklich nur noch als Brennmaterial; selbst das Feuer, das ihn ergreift, kann nur noch von außen ihm angetan werden. Als Brennmaterial, wenn in genügender Menge vorhanden, möchte er daher noch taugen, als einzelnes Hälmchen indessen, am Boden liegend, verunziert er lediglich die Sauberkeit der Einrichtung, – bleibt er zu lange dort unten liegen, wird es Zeit, mit ihm »aufzuräumen«. Daß er überhaupt noch existiert, verdankt der Strohhalm allein dem Umstand, daß er dem Zugriff der Alten, die sechzig seinesgleichen auf einmal mit *einer* Hand in die Flammen geworfen hat, im letzten Moment noch entschlüpft ist. Das hat ihn gerettet, jedoch: wozu?

Es ist die Kohle, in vorsichtiger Deutung also die Stimme der Jugend, die diese Frage aufwirft: »*Was sollen wir aber nun anfangen*?« So, unbezweifelbar, gehört es zum menschlichen Leben, daß es erträglich nur ist, wenn es ein Ziel, einen Auftrag, einen Sinngehalt gibt, auf den hin zu existieren als lohnend erscheint. Nur einfach dasein – das mag für Steine genügen, für Schafe schon nicht mehr, für Menschen absolut gar nicht. Doch die Frage: »Für was?« scheint für viele Menschen schwer beantwortbar; näherliegend ist es, aus dem »für was?« ein »mit wem wohl?« zu machen. Kontakte schließen, Gefährten finden, Gemeinsamkeit gründen, – das mildert zumindest das quälende Gefühl der Sinnlosigkeit, es verringert den Druck persönlicher Entscheidung; etwas zusammen zu machen bedeutet, irgendwie dazuzugehören, – man ist nicht mehr gänzlich allein; in zahlreichen seelischen Krisenmomenten wird es eine große Hilfe sein, anderen Menschen zu begegnen und sich ihnen anzuschließen. Es ist, als fände man wieder ins Leben zurück. Und das ist im Fall dieser drei, die soeben »*glücklich dem Tode entronnen sind*«, dringend nötig.

Man braucht, um zu verstehen, was hier gemeint ist, sich nur in Erinnerung zu rufen, wie es war: nach einem schweren Unfall, der – außer zerbeultem Blech – folgenlos blieb; nach einer Verdachtsdiagnose auf Krebs, die sich Wochen später als unberechtigt herausstellte; nach einem plötzlichen Herzversagen, das rein mechanisch, mit dem Einbau eines Herzschrittmachers, ungefährlich gemacht werden konnte: Die »alte Frau« hatte zugegriffen, um sich ihr Mahl zu bereiten, doch man war ihren dürren Fingern noch einmal entschlüpft. Ein solches Erleben kann traumatische Konsequenzen zeitigen, wenn man darin stecken bleibt, es kann geradezu euphorisierend wirken, wenn es einhergeht mit dem Empfinden, fortan unangreifbar zu sein. Schon daß die drei sogleich ins Gespräch miteinander kommen und ihre Erfahrungen austauschen können, bewahrt sie vor den Gefühlen seelischer Isolation. Vielen, eigentlich allen ergeht es so: jeder Lebende ist ein dem Tode gerad noch Entronnener, ein jeder fristet sein Dasein am Rande des Kochtopfs der Erdmutter, und der Zeitpunkt, da er hinweggerafft oder verschont wird, erscheint wie ein Spiel zwischen Unglück und Glück. Gerade diese Erfahrung kann eine gänzlich neue Form von Solidarität und Zusammengehörigkeit begründen: Wie kostbar ist die Tatsache, daß wir noch sind! Und wir können sie miteinander teilen! Ein solcher Gedanke endet den unseligen Überlebenskampf aller gegen alle und schmiedet ein Bündnis gegen den Tod. Mit einem Mal sind wir nicht mehr nur äußerlich miteinander Verbundene, sondern in einer Schicksalsgemeinschaft auf Leben und Tod miteinander Verbündete. Wir gehören zusammen.

Genau das: »*zusammenhalten*« zu wollen, wird jetzt denn auch zu dem Vorschlag der Bohne: wir wollen, spricht sie, »*uns als gute Gesellen zusammenhalten und, damit uns hier nicht wieder ein neues Unglück ereilt, gemeinschaftlich auswandern und in ein fremdes Land ziehen.*« Gemeinsamkeit bietet Schutz, – jedes Kind, das reflexhaft beim Anblick eines Fremden sich an seine Mutter preßt, aktiviert diese Erfahrung. Es ist nicht einfach das Motto: »Gemeinsam sind wir stark«, das gegenüber einem äußeren Gegner (einem Beutegreifer, einem Feind) zum Einsatz kommen kann; dabei zu sein und dazu zu gehören hat wesentlich zu tun auch mit Bestätigung und Akzeptanz:

man fühlt im Kreise anderer sich irgendwie berechtigt und gemocht; das ursprünglich so wertlos Scheinende erhält in der Gemeinschaft anderer den Anschein von Bedeutung. Ein Standortwechsel in dem Grundgefühl des Daseins ist damit verbunden – weg von der steten Todgewärtigung hinüber in eine Zone relativer Sicherheit. Insofern ist dieser Umzug *»in ein fremdes Land«* weit mehr als eine bloße räumliche Veränderung; um endgültig den Tod der Erdgöttin zu fliehen, muß man sich festzumachen suchen im Überirdischen, Unendlichen, doch wie dahin gelangen?

In den Erzählungen der Mythen befindet sich das Jenseitsland des Todes regelmäßig hinter einem Fluß, der nur mit Hilfe eines Fährmannes zu überqueren ist – *Urschanabi*, heißt er im Gilgamesch-Epos[104]; *Charon* bei den Griechen[105]; im Märchen ist der Grenzfluß zwar nur ein *»kleiner Bach«*, doch »klein« ist groß für Wesen, die so klein sind wie eine Kohle oder eine Bohne, und es gibt keine Brücke, die von hier nach drüben führt. Die rettende Idee in dieser Lage kommt nicht zufällig dem Strohhalm. Er, in gewisser Weise ein Bild für das abgeschnittene, alt gewordene Leben, ist's, der sich am meisten ausstreckt nach dem anderen Ufer; er könnte sich *»querüberlegen«* und so eine *»Brücke«* bilden, darüber auch die anderen hinüberkommen sollten. An der einen Uferseite gilt die Erfahrung der Nähe des Todes, an der anderen eine Hoffnung auf Leben jenseits des irdischen Daseins, und ausgespannt dazwischen erscheint unser ganzes Dasein. Unser Leben so zu betrachten, entspricht einer uralten religiösen Weisheit.

In der indischen »Siegesstadt«, in Fathpur Sikri, hat der Großmogul *Akbar* (1542–1605) am Hauptportal der Moschee ein Agraphon aus dem Munde Jesu anbringen lassen, eingeleitet wie stets, wenn in der islamischen Tradition Worte des »Bruders« *Mohammeds* überlie-

104 Das Gilgamesch-Epos, X 87ff, S. 129; X 155–184, S. 132–133: Die Überfahrt.

105 Zur Gestalt des *Charon* vgl. UDO REINHARDT: Der antike Mythos, 40: »Den Zugang zu den Totenseelen, die, solange auf der Oberwelt noch unbestattet, am Rande des Flusses Styx zum Warten verurteilt waren, ermöglichte gegen einen Obolos, den man den Toten zwischen die Zähne schob, der unheimliche Fährmann Charon.«

fert werden, mit den Worten: »Jesus, über dem Friede sei, hat gesagt: ›Die Welt ist eine Brücke. / Geht über sie hinüber – / aber laßt euch nicht auf ihr nieder!‹«[106]

»Seid Vorübergehende«, heißt es im Thomas-Evangelium[107]. Inmitten einer Welt der Vergänglichkeit besteht der Sinn des Daseins darin, zum Unvergänglichen sich hinüber zu bewegen; dabei, erneut, ist Gemeinschaft mit anderen (Menschen) nicht nur hilfreich, sondern absolut notwendig.

Anders als in der Geschichte von dem »Vögelchen, Mäuschen und der Bratwurst«, in der eine lebenstüchtige, glückliche Dreiergemeinschaft an der neidvollen »Anstiftung« des Vögelchens zugrunde ging, finden die drei hier als eine Notgemeinschaft gegen den Tod zusammen, und sie stehen, wie man sieht, einander in dem wichtigsten bei, das unser irdisches Dasein kennzeichnet: hinüber zu setzen ans andere Ufer. Mit dem Ungestüm der Jugend, »*von hitziger Natur*«, frohgemut und unverdrossen, macht sich sogleich die Glühkohle ans Werk, um das jenseitige Land zu gewinnen, und es scheint ihr im Angang tatsächlich auch als ein nicht allzu großes Beginnen. Dann aber, als sie »*in die Mitte gekommen war und unter ihr das Wasser rauschen hörte, ward ihr doch angst: sie blieb stehen und getraute sich nicht weiter.*« Und genau das wird ihr zum Verhängnis: aus Angst vor dem Untergang geht sie zugrunde.

Oft genug mag es so gehen: Kühn und kraftvoll begibt jemand sich an sein Werk, dann aber, auf halbem Wege, melden sich Bedenken: war es richtig, sich für diesen Beruf entschieden zu haben, diesen Mann zu heiraten, diese Geschäftsidee zu entwickeln, sich dieser Behandlung anzuvertrauen … Je länger man in einer Richtung voranschreitet, desto klarer zeichnen sich Schwierigkeiten, Bedenken und Blockaden ab, Zweifel tauchen auf, ob der begangene Weg überhaupt richtig ist; man ist weit genug gekommen, um zurückzuschauen, man ist hoch genug gestiegen, um hinabzuschauen, und plötzlich stellt

106 JOACHIM JEREMIAS: Unbekannte Jesusworte, 105–110: »Die Welt ist eine Brücke«, S. 105.
107 Thomas-Evangelium, Nr. 42, in: Kurt Aland, Synopsis quattuor evangeliorum, 522.

man mit Schrecken fest, daß man sich auf einem Drahtseil bewegt, an einem Punkt mitten zwischen den beiden rettenden Ufern, oberhalb eines rauschenden Wassers, – Angst bricht aus. Man weiß nicht mehr weiter, vor oder zurück – beides ist gleich weit vom Ufer entfernt; am besten vielleicht einfach weitergehen; doch da ist der Blick in die Tiefe, der drohende Absturz. Angst kann dazu führen, die Flucht nach vorn anzutreten und geradewegs einen Bewegungssturm auszulösen; das aber geschieht zumeist nur in einer plötzlich eintretenden Gefahrensituation; bei einer Angst, die als Bilanz sich aus der Einsicht in eine bedrohliche Lage ergibt, liegt der Stillstandreflex weit näher: wer sich nicht mehr bewegt, entgeht womöglich den Blicken des Raubvogels am Himmel, und in jedem Falle scheint es richtig, erst noch einmal innezuhalten und nachzudenken, als weiter blind drauflos zu marschieren. Und doch kann gerade die Angststarre mit der Zeitverzögerung jeder Entscheidung zur Gefahr werden. Der Stillstand der Glühkohle auf dem Strohhalm führt dazu, daß diese ohnehin schmale und schwankende »Brücke« durchschmort, so daß sie *»in zwei Stücke«* zerbricht und ins Wasser fällt; *»die Kohle rutschte nach, zischte, wie sie ins Wasser kam, und gab den Geist auf.«*

Es ist gerade dieser Strudel der Angst, der im menschlichen Leben verhängnisvoller sich auswirken kann als alle konkreten Angstinhalte. Soeben dem Tode entronnen, im Bewußtsein des Glücks, überhaupt (noch) am Leben zu sein, kann gerade der am meisten glühende Teil in uns selbst: unsere Jugendlichkeit, unsere Sehnsucht nach Liebe, die Leidenschaftlichkeit unserer Gefühle und Empfindungen, in eine Angst hineingeraten, daß alles wie im Fieber sich überhitzt und »den Bach hinuntergeht«, wie man zu sagen pflegt. Ein Zustand wächst auf, in dem die Wärme des Lebens: seine Warmherzigkeit und Güte, seine Empathie und sein Mitleid, jäh abkühlen und wie schockgefroren ersterben mit all den Folgen einer »coolness«, die in ihrer angstbedingten Unempfindlichkeit, wenn's geht, sogar noch zu kokettieren und zu imponieren sucht. Zusammengebrochen ist vor allem die sich ausstreckende Sehnsucht nach dem anderen Ufer; sie ist verglüht in der Angst, sie ist abgestürzt in den drunten rauschenden Strom der Zeit, und sie hinterläßt ein Leben, das ziellos dahintreibt, ohne Begeisterung, ohne Anteilnahme, ohne Engagement: wofür sich noch einsetzen, wenn ohnedies alles zugrunde geht und wie gleichgültig hinweggeschwemmt wird?

Was allerdings dann übrig bleibt, ist nichts als die Haltung eines makabren Zynismus. Wer das Märchen zum ersten Mal liest, wird sich am meisten wohl wundern über das Gelächter der Bohne beim Anblick des Untergangs ihrer unglücklichen Kameraden; sie ist – wieder einmal – davongekommen, aber sie lacht so gewaltig, daß sie nicht nur sich »schieflacht«, sondern buchstäblich »totlacht«, sie »platzt« vor Lachen; wäre nicht »*zu gutem Glück ein Schneider, der auf der Wanderschaft war*« und »*sich an dem Bach ausgeruht*« hatte, in der Nähe und holte er nicht »*weil er ein mitleidiges Herz hatte*«, »*Nadel und Zwirn heraus und nähte sie* (sc. die Bohne, d. V.) *zusammen*,« so wäre es um sie geschehen; »*der schwarze Zwirn*«, den der Schneider verwandt hat, ist seither sogar zu einem Erkennungsmerkmal der Bohnen geworden: »*seit der Zeit* (haben) *alle Bohnen eine schwarze Naht*,« erläutert das Märchen.

Gattungsgeschichtlich liest sich dieser Abschluß als das Ende einer ätiologischen Sage, die begründen möchte, warum Bohnen wie Bohnen aussehen. Doch kann man sich mit einer solchen »Erklärung« beruhigen? Das Beunruhigende liegt ja gerade darin, daß von uns selber in den Bildern dieses Märchentrios die Rede geht. Wenn die Glut (der Jugend) und die Sehnsucht (des Alters) sich wechselseitig aus Angst ins Verderben stürzen, was bewahrt uns dann noch von einem solchen nicht endenden höhnischen Lachen?

In der Tat können Menschen angesichts von fremdem Unglück in schallendes Gelächter ausbrechen, scheinbar vor Schadenfreude; eine solche Reaktion aber ist nicht einfach ein bösartiger Lustgewinn an fremdem Leid, sondern sie stellt ein komplexes Ensemble von Gefühlen dar. Zum einen schafft sie eine intellektuelle Erleichterung: man sah das Unheil deutlich kommen, auf welches der Geschädigte wie blind sich zubewegte; insofern erscheint sein Debakel als das Resultat eines ausgesprochen dummen Verhaltens, das man als ein verständiger Mensch, für den man sich hält, durch und durch komisch empfindet. Die Lächerlichkeit eines fremden Verhaltens beweist dem besonnenen

Betrachter, daß ihm selber dergleichen niemals hätte passieren können. Dieses Moment fügt dem Selbstgenuß intellektueller Überlegenheit zudem noch emotional die Freude einer existentiellen Entspannung hinzu: man ist auch jetzt wieder der Katastrophe entronnen! – Gerade dieses Gefühl aber erschafft nun freilich die Abwehrdistanz des Zynismus: man lacht in einer Übersprungshandlung an einer Stelle, die einem eigentlich sehr nahe ginge und die ein starkes Trauer- und Schmerzgefühl auslösen müßte, wäre man selber davon betroffen; so aber wandelt sich der Schrecken ob des Unglücks anderer in die explosiv sich entladende Erleichterung, daß »es« mir eben nicht passiert ist. Nicht ein gefühlsroher Egoismus spricht sich in schadenfrohem Gelächter aus, vielmehr die Genugtuung eines unverdientermaßen Unbetroffenen. Doch kann eine solche fast hohnlachende Unbetroffenheit ein Leben lang standhalten? Natürlich nicht.

Eine Zeitlang mag der Zynismus entlastend wirken, mit dem man die Sterblichkeit anderer Menschen als eine nicht weiter hinterfragbare »Realität« zur Kenntnis nimmt; eine Weile lang kann man wohl auch sich daran erbauen, daß man immer noch lebt und man das Glück hatte, vom Tode bislang nicht ereilt worden zu sein, – eine enorme Angstspannung entlädt sich in dieser hysterisch wirkenden Lachsalve nicht weniger Herrenabende und Kaffeekränzchen. Doch das erleichterte Lachen des eigenen Lebens angesichts des Dahinscheidens anderen Lebens entwertet letztlich auch das eigene Dasein, – irgendwann wird wieder eine Bohne lachen über den Tod anderer Bohnen, zu denen werde dann aber auch ich selber gehören. Am Ende erklärt das Lachen über das Sterben anderer das Leben selber zu einem Witz, – zu einem Glücksspiel, das im Verhältnis von 1:60, wie im Falle des Strohhalms, die Überlebenden aussortiert unter den Sterbenden. Wieviel an Verzweiflung also liegt in solchem Gelächter? Und was geschieht, wenn es zur Grundhaltung der gesamten Lebenseinstellung gefriert?

In der Geschichte von der Totenerweckung der Tochter des Jairus (Mk 5,35–43)[108] erzählt der Evangelist Markus einmal, wie ein sol-

108 Zur Stelle vgl. E. DREWERMANN: Das Markus-Evangelium, I 371–375: Mk 5,35–43: Die Tochter des Jairus.

ches Gelächter ausbricht, als Jesus der Menge der Zuschauer mitteilt, das zwölfjährige Mädchen sei gar nicht tot, es schlafe nur. Wer die Hoffnung schlechterdings lächerlich findet, der Tod sei nur ein Schlaf, der zu ewigem Leben erwecke, verurteilt das ganze Dasein zu einem unheilbaren Satyrspiel. Gegen eine solche makabre Komödie verschlägt nur ein Gegengift: der aus Glauben geborene Humor. Er ist es, der das Gelächter der Verzweiflung im Schatten des Todes umformt in eine milde Betrachtungsweise der Endlichkeit ebenso wie der Unvollkommenheit des Daseins. Menschen machen Fehler, gewiß, und darüber kann man von Herzen lachen, doch nicht in spöttischer Distanz, sondern in verständnisvollem Mitgefühl. Menschen können Pech haben und Unglück erleiden, doch die Heiterkeit des Abstands kann hilfreich dem andern die Hand reichen. Die Voraussetzung für ein solches Verhalten besteht allein in der Überwindung der Angst: Nur wenn die »Glühkohle« beim Überqueren des »rauschenden Baches« auf der Strohhalm-Brücke nicht vor lauter Angst steckenbleibt, besteht Aussicht, daß das glühende Verlangen nach Lust und Erfüllung auf den Pfaden der Sehnsucht auch wirklich hinüber gelangt zum Gestade der Ewigkeit; nur dann verliert die scheinbar Komik des Daseins ihre bittere Tragik. Menschen mögen irren, und Menschen mögen scheitern; doch es macht einen absoluten Unterschied, ob darüber ein mitfühlend mildes Lächeln gleitet, das die Endlichkeit des Daseins annimmt kraft des Unendlichen, in einer Perspektive vom anderen Ufer her, oder ob darüber ein vernichtendes Gelächter hereinbricht, das sich entzündet an der radikalen Nichtigkeit unseres Daseins, die sofort hervortritt, wofern es nicht umfangen und gehalten ist im Vertrauen der Ewigkeit.

Oder anders gesagt: Natürlich gibt es in einer rein irdischen Weltsicht zum Spott jedweden Anlaß: Ist es nicht das Erfolgsrezept der ganzen Evolution, durch eine hohe Sterblichkeitsrate dem neuen Genmaterial einen Selektionsvorteil zu verschaffen, und imitiert nicht geradezu dieses Vorbild unsere kapitalistische Wegwerfgesellschaft, die in immer kürzerer Zeit ihre eigenen Produkte und ebenso rasch dann auch uns als deren Konsumenten zum Überschußausstoß erklärt?[109] Das Gegenteil oder, richtiger, die Überwindung eines solchen Zynismus liegt allein in einer Güte, die das Endliche in seiner Fehlerhaftigkeit, in seiner Schuldverhaftetheit und in seiner Sterblichkeit annimmt und kraft des Vertrauens hinüberrettet in die Vollkommenheit und Unendlichkeit zu jenem anderen Ufer. Dorthin gelangen wir, wenn wir nicht vor lauter Angst uns auf halbem Wege verzögern, so daß unsere Sehnsucht verglüht und im Endlichen abstürzt. Eine Gemeinschaft von Menschen, die, wie in dieser Geschichte, angesichts des Todes zueinander findet, steht nicht vor der Wahl des Märchens vom »Vögelchen, Mäuschen und der Bratwurst«, ob sie an dem Egoismus einzelner ihrer Mitglieder zerfällt, sondern ob sie in Angst und Zynismus zerbricht oder ob sie in Vertrauen und Freude bis zum andern Ufer hin durchhält. Solche der Sterblichkeit Entrinnenden kraft des Glaubens an die Unsterblichkeit am anderen Ufer bilden jene Gemeinschaft, die man, christlich, als eine Gemeinde (oder als »Kirche«) bezeichnet.

109 So der Kabarettist DIETER NUHR: Nuhr im Ersten, ARD, 12. Okt. 2017.

Die Geschenke des kleinen Volkes (KHM 182)

Vorwort

Spätestens wenn Worte fallen wie »Wirtschaft«, »Geld« oder »Finanzlage«, weiß ein jeder, daß jetzt der Ernst des Lebens Einzug hält. Zweimal zwei ist vier. Damit kann man nicht spaßen. Das ist die Wirklichkeit. Die muß man sehen, wie sie ist, und die rechten Schlüsse daraus ziehen. Und wer mit der Wirklichkeit nicht zurechtkommt? Der muß halt sehen, wo er bleibt. – Also denken die Tüchtigen, die Erfolgreichen, die Sieger. All die anderen sind Loser, Versager und Nieten. Auf solche Leute kann man verzichten. HANS FALLADA fragte vergeblich: »Kleiner Mann, was nun?«[110] Natürlich, er wußte nicht weiter. Selbst in einem »Sozialstaat« muß jeder letztlich für sich selber sorgen. Eigenverantwortung ist da gefragt. Doch können »die da unten«, die Abgehängten, die Rausgedrängten, die Außenseiter für ihr Leben »Vorsorge« treffen? Können sie Rücklagen bilden für die Alterssicherung? Können sie eine Pflegeversicherung abschließen für sich selber oder für ihre Angehörigen?

Und doch haben die Politiker der großen Parteien nach der Wahlschlappe von Oktober 2017 die Bedeutung der »kleinen Leute« für die Verteilung der Mandate im deutschen Bundestag wiederentdeckt. Ausgerechnet die bayrische CSU, die sich strikt gegen die Einführung eines Mindestlohnes ausspricht, nimmt sich in ihrem neuen

110 HANS FALLADA: Kleiner Mann – was nun? Nachspiel, *Pinneberg* als Stein des Anstoßes, S. 379–380: »Und plötzlich begreift Pinneberg alles, angesichts dieses Schupo, dieser ordentlichen Leute, dieser blanken Scheibe begreift er, daß er draußen ist, daß er hier nicht mehr hergehört, daß man ihn zu Recht wegjagt: ausgerutscht, versunken, erledigt. Ordnung und Sauberkeit: Es war einmal. Arbeit und sicheres Brot: Es war einmal. Vorwärtskommen und Hoffen: Es war einmal. Armut ist nicht nur Elend. Armut ist auch strafwürdig, Armut ist Makel, Armut heißt Verdacht.« Doch als er (Busch zwischen Büschen. Und die alte Liebe, S. 391–392) zu »*Lämmchen*« kommt, die genauso empfindet (»Alles ist Alleinsein«, S. 391), da »plötzlich ist die Kälte weg, eine unendlich sanfte, grüne Woge hebt sie auf und ihn mit ihr. Sie gleiten empor, die Sterne funkeln ganz nahe; sie flüstert: ›Aber du kannst mich doch ansehen! Immer und immer! Du bist doch bei mir, wir sind doch beisammen …‹ – Die Woge steigt. Es ist der nächtliche Strand zwischen Lensahn und Wiek, schon mal waren die Sterne so nah – Es ist das alte Glück, es ist die alte Liebe. Höher und höher, von der befleckten Erde zu den Sternen. Und dann gehen sie beide ins Haus, in dem der *Murkel* schläft.«

Programm unter Punkt 5 vor, um die »kleinen Leute« sich künftig zu kümmern.[111] Es muß ja auch wirklich bekümmern, mit anzusehen, wie die »Kleinen« den »Großen« davonlaufen. Vielleicht sind die »kleinen Leute« gar nicht »sozial arm«, wie man im Amtsdeutsch sie nennt. Sie haben kein Geld wie die Reichen, das stimmt, doch seit wann ist die Einkommenshöhe pro Monat ein Maßstab für die soziale Kompetenz eines Menschen? Kann es nicht sein, daß reich zu sein in einer Welt der Armut, sozial gesehen, selber schon asozial ist? Gewiß, die Armen sind nicht ohne weiteres bessere Menschen, aber sie leben aus anderen Quellen. Schon weil sie sich vieles nicht leisten können, haben sie gelernt, mit wenigem auszukommen; die Basis ihrer Existenz ist nicht das Lohnniveau für geleistete Arbeit, sondern das Gefühl einer Freiheit, wie sie nur außerhalb der Regularien des »freien« Marktes zu leben ist. Notgedrungen sind sie anspruchsloser, bescheidener und in gewissem Sinne zufriedener. Reich, sagt man, ist nicht, wer viel besitzt, sondern wer wenig begehrt.

Freilich, das sind Gedanken wie aus einer anderen Welt. In dieser gilt nicht, was jemand hat, sondern wer jemand ist; in der gilt Glück für wichtiger als Gewinn, Freude für erstrebenswerter als Erfolg, Unbeschwertheit für bedeutender denn die Zwangsanpassung an die gesellschaftlichen Standards.

Wo eine solche Welt zu finden ist? Eigentlich im Herzen eines jeden, ganz sicher in der Weisheitslehre der Religion, und manchmal, so wie hier, in den Märchen der Völker. Die Symbole der Religion ebenso wie die Bilder der Folklore beschreiben ein Zwischenreich der Seele zwischen Tag und Traum, eingehüllt in eine silbern schimmernde Mondscheinhelligkeit und durchdrungen vom Klang einer faszinierenden Musik. Das ist der »Ort« oder Seelenzustand, da die »kleinen Leute« ihre »Schätze« zum Geschenk anbieten: ihre einfache Lust, sich an die Hand zu nehmen und im Kreise zu drehen, die Wonne der Sinne an Spiel und Tanz, der Genuß einer Tätigkeit, die keinen anderen Zweck verfolgt, als allen Teilnehmern Spaß zu bereiten; wer immer dahin findet, diese tagscheuen Geister eines radika-

111 Wie lächerlich solche Programme sind, zeigte die Kabarett-Sendung von OLIVER WELKE: Heute-Show, vom 13. Okt. 2017, ZDF.

len Umdenkens in nächtlichem Zwielicht zu schauen, ist herzlich bei ihnen eingeladen, und er kann das Leben noch einmal ganz anders erlernen: wie man äußerlich ohne Schaden auf die Attribute von Kraft und Schönheit verzichtet und sie gerade dadurch zurückerhält; wie das scheinbar Wertlose seine Kostbarkeit enthüllt; und wie alles verloren geht durch die endlose Gier nach noch mehr.

Was bleibt dann dauerhaft aus dieser seltsamen Mondscheinwelt voller Verwandlungen? Nun denn: die Treue der Freundschaft, die Fähigkeit des Teilens und die Bereitschaft, trotz aller Unterschiede einander auf gleichem Weg zu begleiten. Also, wir sollten es hören, das Märchen vom »Geschenk der kleinen Leute«; in der Welt der »Großen«, in der wir gefangen sind, benötigen wir es als einen dringend gesuchten Pfad zur Erneuerung und Erlösung. Alles verändert sich, wenn wir's verstehen. Wenn man – angesichts des Todes – uns alles wegnimmt, was wir zu haben glauben, wer sind wir dann? Kohlenstaub? Ja! Doch goldwert, wenn wir lernen, unser Leben als Geschenk anzunehmen.

Die Geschenke des kleinen Volkes

Ein Schneider und ein Goldschmied wanderten zusammen und vernahmen eines Abends, als die Sonne hinter die Berge gesunken war, den Klang einer fernen Musik, die immer deutlicher ward; sie tönte ungewöhnlich, aber so anmutig, daß sie aller Müdigkeit vergaßen und rasch weiterschritten. Der Mond war schon aufgestiegen, als sie zu einem Hügel gelangten, auf dem sie eine Menge kleiner Männer und Frauen erblickten, die sich bei den Händen gefaßt hatten und mit größter Lust und Freudigkeit im Tanze herumwirbelten: sie sangen dazu auf das lieblichste; und das war die Musik, die die Wanderer gehört hatten. In der Mitte saß ein Alter, der etwas größer war als die übrigen, der einen buntfarbigen Rock trug und dem ein eisgrauer Bart über die Brust herabhing. Die beiden blieben voll Verwunderung stehen und sahen dem Tanz zu. Der Alte winkte, sie sollten eintreten, und das kleine Volk öffnete bereitwillig seinen Kreis. Der Goldschmied, der einen Höcker hatte und wie alle Buckligen keck genug war, trat herzu; der Schneider empfand zuerst einige Scheu und hielt sich zurück, doch als er sah, wie es so lustig herging, faßte er sich ein Herz und kam nach. Alsbald schloß sich der Kreis wieder, und die Kleinen sangen und tanzten in den wildesten Sprüngen weiter, der Alte aber nahm ein breites Messer, das an seinem Gürtel hing, wetzte es, und als es hinlänglich geschärft war, blickte er sich nach den Fremdlingen um. Es ward ihnen angst, aber die hatten nicht lange Zeit, sich zu besinnen, der Alte packte den Goldschmied und schor in der größten Geschwindigkeit ihm Haupthaar und Bart glatt hinweg; ein gleiches geschah hierauf dem Schneider. Doch ihre Angst verschwand, als der Alte nach vollbrachter Arbeit beiden freundlich auf die Schulter klopfte, als wollte er sagen, sie hätten es gut gemacht, daß sie ohne Sträuben alles willig hätten geschehen lassen. Er zeigte mit dem Finger auf einen Haufen Kohle, der zur Seite lag, und deutete ihnen durch Gebärden an, daß sie ihre Taschen damit füllen sollten. Beide gehorchten, obgleich sie nicht wußten, wozu ihnen die Kohlen dienen sollten, und gingen dann weiter, um ein Nachtlager zu suchen. Als sie ins Tal gekommen waren, schlug die Glocke des benachbarten Klosters zwölf Uhr; augenblicklich verstummte der Gesang, alles war verschwunden, und der Hügel lag in einsamem Mondschein.

Die beiden Wanderer fanden eine Herberge und deckten sich auf dem Strohlager mit ihren Röcken zu, vergaßen aber wegen ihrer Müdigkeit die Kohlen zuvor herauszunehmen. Ein schwerer Druck auf ihren Gliedern weckte sie früher als gewöhnlich. Sie griffen in die Taschen und wollten ihren Augen nicht trauen, als sie sahen, daß sie nicht mit Kohlen, sondern mit reinem Gold angefüllt waren; auch Haupthaar und Bart war glücklich wieder in aller Fülle vorhanden. Sie waren nun reiche Leute geworden, doch besaß der Goldschmied, der seiner habgierigen Natur gemäß die Taschen besser gefüllt hatte, noch einmal soviel als der Schneider. Ein Habgieriger, wenn er viel hat, verlangt noch mehr, der Goldschmied machte dem Schneider den Vorschlag, noch einen Tag zu verweilen, am Abend wieder hinauszugehen, um sich bei dem Alten auf dem Berge noch größere Schätze zu holen. Der Schneider wollte nicht und sagte: »Ich habe genug, und bin zufrieden: jetzt werde ich Meister, heirate meinen angenehmen Gegenstand (wie er seine Liebste nannte) und bin ein glücklicher Mann.« Doch wollte er, ihm zu Gefallen, den Tag noch bleiben. Abends hing der Goldschmied noch ein paar Taschen über die Schulter, um recht einsacken zu können, und machte sich auf den Weg zu dem Hügel. Er fand, wie in der vorigen Nacht, das kleine Volk bei Gesang und Tanz, der Alte schor ihn abermals glatt und deutete ihm an, Kohlen mitzunehmen. Er zögerte nicht einzustecken, was nur in seine Taschen gehen wollte, kehrte ganz glückselig heim und deckte sich mit dem Rock zu. »Wenn das Gold auch drückt«, sprach er, »ich will das schon ertragen«, und schlief endlich mit dem süßen Vorgefühl ein, morgen als steinreicher Mann zu erwachen. Als er die Augen öffnete, erhob er sich schnell, um die Taschen zu untersuchen, aber wie erstaunte er, als er nichts herauszog als schwarze Kohlen, er mochte noch so oft hineingreifen, als er wollte. »Noch bleibt mir das Gold, das ich die Nacht vorher gewonnen habe«, dachte er und holte es herbei, aber wie erschrak er, als er sah, daß es ebenfalls wieder zu Kohle geworden war. Er schlug sich mit der schwarzbestäubten Hand an die Stirne, da fühlte er, daß der ganze Kopf kahl und glatt war wie der Bart. Aber sein Mißgeschick war noch nicht zu Ende, er merkte erst jetzt, daß ihm zu dem Höcker auf dem Rücken noch ein zweiter, ebenso großer vorn auf der Brust gewachsen war. Da erkannte er die Strafe seiner Habgier und begann laut zu weinen. Der gute Schneider, der davon aufgeweckt ward, tröstete den Unglücklichen, so gut es gehen wollte, und sprach: »Du bist mein Geselle auf der Wanderschaft gewesen, du sollst bei mir bleiben und mit von meinem Schatz zehren.« Er hielt Wort, aber der arme Goldschmied mußte sein Lebtag die beiden Höcker tragen und seinen kahlen Kopf mit einer Mütze bedecken.

Deutung

Schneider und Goldschmied – zwei Teile in uns selbst

In zwei Gestalten verteilt die Widersprüchlichkeit im Wesen *einer* Person darzustellen, ist von altersher ein beliebtes Stilmittel der Dichtkunst: alle inneren Spannungen lassen sich typisiert in konträren Figuren auf diese Weise nach außen sichtbar machen. Aus dem suchenden Selbstgespräch im eigenen Herzen wird so die Auseinandersetzung eines Zwiegesprächs, und ein Verhalten, das anders für eindeutig gelten könnte, erzeigt in dem verschiedenartigen Gebaren unterschiedlicher Akteur die Uneinheitlichkeit, Gebrochenheit und Gegensätzlichkeit in Antrieb, Zielsetzung und Einstellung der eigenen Persönlichkeit. »*Ein Schneider und ein Goldschmied*«, die hier zusammen wandern, verkörpern, so verstanden, den Lebensweg einer Person in ihrem Widerspruch.

An sich erscheinen beide zunächst freilich als so ganz gegensätzlich nicht. In bürgerlichen Zeiten übte ein *Schneider* einen zur Lebenshaltung wichtigen Beruf aus. Einfache Kleider zuzuschneiden und zu nähen, Wäsche und Decken herzustellen – das waren Künste, die auf jedem Bauernhof und in den Händen einer »ordentlichen« Hausfrau wohl bekannt und eifrig in Pflege standen. Wer aber Wert legte auf einen »guten Zwirn«, der ging zum Schneider, daß er einen Anzug, ein Gewand ihm »baue«. Körperlich galt das Schneiderhandwerk nicht als schwer, doch anerkennenswert war allemal die Kunstfertigkeit und das Geschick, es auszuüben.

Nicht gänzlich anders darf man von dem Goldschmied denken. Auch seine Arbeit ist physisch nicht gerade kraftzehrend, dafür ist sie ein echtes Kunsthandwerk. Ein Schneider mag schmuckvolle Gebrauchsgegenstände herstellen; die Pretiosen, die ein Goldschmied fertigt, werden überhaupt nur als Schmuckstücke in Gebrauch sein; ein Kleid, so schön es auch anliegt und fällt, besitzt einen praktischen Gebrauchswert; ein goldnes Geschmeide aber dient einzig einer luxuriösen Prachtentfaltung; es müßte nicht sein, es soll sein eine Zierde für »besondere Anlässe«.

Entsprechend unterschiedlich ist die Klientel der beiden: zu einem Schneider mag die obere Mittelschicht sich wenden, doch einen Goldschmied kann sich nur die Hautevolee einer Gesellschaft leisten. Das Werkstück eines Schneiders bezieht seinen Wert wesentlich aus Arbeitsaufwand und Geschick des Herstellers; ein Goldschmied beginnt seine Arbeit von vornherein nur an dem kostbarsten Metall der Welt[112]; der Materialwert seines Gegenstandes ist in jedem Falle schon sehr hoch, so viel auch seine Kunst als Handwerker dem Kleinod noch an Kostbarkeit auflagern mag.

Mit einem Wort: Schneider wie Goldschmied üben sich in einer hochgeschätzten Kunst, beide befriedigen sie in gewissem Sinne bürgerliche Eitelkeiten, jedoch sie finden sich auf unterschiedlichem Niveau: dem Schneider mag genügen, wenn ein Kunde sich zufrieden zeigt über sein Werkstück, ein Goldschmied verdient nicht allein an seiner Arbeit, er ist zuvörderst auch als Händler tätig, indem er zwischen An- und Verkauf seiner Goldbestände die Gewinnspanne beachten muß und sogar sorgfältig den Zeitpunkt kalkuliert, zu dem der Goldpreis an der Börse für seine Zwecke günstig steht. Bei einem Schneider mag der Kunde König sein, ein Goldschmied macht den Kunden allererst zum König. Damit einher geht zweifellos auch eine Differenz der Selbsteinschätzung: ein Schneider kann mit sich zufrieden sein, wenn er den anderen zufriedenstellt, indem er einen Stoff nach dessen Vorstellung zuschneidet; ein Goldschmied kann wohl auch mitunter nach Bestellung arbeiten (ein Ehering mit eingeprägten Namen etwa), doch meist muß er von sich aus eine Vorstellung davon entwickeln, was im Geschmack der Kundschaft Gefallen finden mag, verführerisch genug, das edle Kunstwerk zu erstehen. Berufsbedingt bereits wird unser Schneider mithin zu Bescheidenheit erzogen, während der Goldschmied weit mehr zu berechnendem Geschäftssinn und dem Drang nach Geltung hingeleitet wird.

112 Metalle schwerer als Eisen werden im Inneren einer Supernova vom Typ II erbrütet; der Ausgangsstern einer solchen Explosion ist ein Roter Überriese, ein Stern von etwa acht Sonnenmassen. Vgl. E. DREWERMANN: Im Anfang…, 181–184.

Ein weiteres kommt noch hinzu: der Schneider hat mit seiner körperlichen Erscheinung keinerlei Probleme, der Goldschmied aber ist ein Krüppel, sein Rücken ist verformt zu einem Buckel, er geht, vor aller Augen sichtbar, verbogen und verkrümmt. Menschen mit einem *»Höcker«*, *»alle Buckeligen«*, sind *»keck genug«*, behauptet unser Märchen, und psychologisch hat es in gewissem Umfang recht mit seiner These: Deformationen der Körperstatur werden insgeheim oder offen mit Spott und Verachtung quittiert; in der Evolutionsbiologie mag hinter diesem grausamen Ausschluß von allem Krankhaften das Prinzip der Selektion stehen: geschädigtes Erbgut soll nicht weitergegeben werden. Für die Betroffenen aber ergibt sich daraus um so mehr die Aufgabe, die soziale Abwehrschranke zu durchbrechen und die organisch bedingte Schwäche mit betonter Forschheit, herausragender Tüchtigkeit oder besonderer Freundlichkeit zu durchbrechen.

Normal ist es, alle Normabweichungen besonders zu beachten, und um diese Wahrnehmungslenkung aus dem Negativbereich ins Positive zu verschieben, um also Ablehnung in Anerkennung zu verwandeln, kommt es darauf an, scheinbare Schwächen durch offensichtliche Stärken vergessen zu machen. In der Sprache ALFRED ADLERS: eine Organminderwertigkeit nötigt zu Überkompensationen[113], die infolge ihrer Mühe und wegen ihrer latenten Verzweiflung eine neurotische Qualität annehmen können.

Ob solch ein Fall bei diesem Goldschmied vorliegt, sei dahingestellt; zu rechnen ist bei ihm, laut Darstellung des Märchens, in jedem Fall mit einer gewissen Großspurigkeit im Auftreten, die seine innere Unsicherheit kaschieren soll. Während der Schneider offenbar ein Mann ist, der irgendwie in sich selbst ruht, hat der Goldschmied auf Grund seiner von außen zugefügten seelischen Verletzungen einen eher extravertierten Charakter ausgeprägt. Doch als Zusammengehörige, als einander im Gegensatz Ergänzende, sind die beiden

113 ALFRED ADLER: Menschenkenntnis, 3. Kap.: Kind und Gesellschaft, S. 44: »Verstärkt wird der Eindruck der Feindseligkeit, sobald das Kind größeren Schwierigkeiten begegnet, wie es besonders bei Kindern mit minderwertigen Organen vorkommt. ... Die *Organminderwertigkeit* kann sich äußern in Schwierigkeiten der Bewegungsfähigkeit, in Fehlern einzelner Organe, geringer Widerstandskraft des Organismus.«

nunmehr unterwegs auf ihrer sonderbaren Pilgerfahrt in ein Land mondbeschienener Nächte, in die geheime Gegenwelt verstandesklarer Tageshelle, in den Hintergrund und Abgrund der verborgenen Wünsche und Träume ihrer Seelen.

Unterwegs zu sich selbst

Man kann nicht sagen, daß diese Abkehr von der einseitigen Haltung eines rationalen Pragmatismus von ihnen willentlich und zielgerecht vollzogen würde; sie ereignet sich eher unbewußt, wie schicksalhaft. Es ist Abend geworden in ihrem Leben, und es ist an der Zeit, Bilanz zu ziehen. Was ist es gewesen, das bisherige Leben, das merklich dahinschwindet? Nach den Wertungen, die am Tage, im normalen Leben, gelten, war es vermutlich nicht gänzlich vergebens: es gab eine gewisse Anerkennung und Wertschätzung, nur: die ersehnte Bestätigung im ganzen blieb aus. Man könnte es damit gut sein lassen, wie es in der Gestalt des Schneiders sich abzeichnet, man hätte aber doch irgendwie auch mehr erwarten können, wie es als Neigung sich in der Person des Goldschmieds ausspricht. Wie also nun? Was gilt?

Es scheint diese noch ungelöste Frage zu sein, welche die beiden, *»als die Sonne hinter die Berge gesunken war«*, dem *»Klang einer fernen Musik«* folgen läßt. Wenn irgend es eine Lösung in dem inneren Konflikt geben soll, so kann sie nur in der Begegnung mit einer anderen tieferen Ebene des Daseins gelingen, in einer geradezu konträren Weltsicht, durch die sich die Maßstäbe verschieben. Nicht mehr, was einer tut, oder was einer hat, ist da von Belang; was unser Leben wert ist, erzeigt sich einzig daran, was oder wer wir in Wirklichkeit sind. Die Frage ist nicht mehr, was wir für uns erstreben und wollen, sondern wie wir uns zulassen können in dem Vertrauen, von Grund auf akzeptiert zu sein.

Im Grunde sind der Schneider und der Goldschmied unterwegs auf einer »Morgenlandfahrt«, wie HERMANN HESSE diese Suche nach sich selbst in dem Sonnenaufgang einer tieferen Erkenntnis genannt hat, ein Wandern wie »eine Welle im ewigen Strom der Seelen, im ewigen Heimwärtsstreben der Geister nach Morgen, nach der Heimat… ›Wo gehen wir denn hin? Immer nach Hause‹.«[114] Jedoch: Um bei sich selber anzukommen, um bei sich selbst zu Haus zu sein, bedarf ein Mensch in seinen Widersprüchen einer gewissen Umwertung der Dinge, eines Neuanfangs, in einer so noch nie gespürten Leichtigkeit des Daseins, eines Aufwachens in einer befreit daliegenden, erlösten Welt. Freilich, offenbar erst in der Umdunklung der Seele beginnt die Hörbereitschaft, jenen »*Klang einer fernen Musik*« zu vernehmen, »*die immer deutlicher ward*« und »*ungewöhnlich*« tönte, »*aber so anmutig*« wirkt, daß sie alle »*Müdigkeit*« vertreibt.

Eine verzaubernde Musik

Wie eine solche Musik zu vernehmen und zu verstehen ist? Spräche die Bibel von einer solchen Erfahrung, so würde sie, wie in Lk 2,13–14, davon erzählen, wie Engel über den Fluren von Bethlehem den Hirten vom Frieden auf Erden sangen. Ein solch neuer Ton wird vernehmbar nur im Grenzbereich einer gewissen Erschöpfung auf dem bisherigen Weg: nur wer die »Normalität« des Krieges in der Welt der »Großen« endgültig leid ist, wird seine Hoffnung auf die Botschaft aus einer anderen Sphäre setzen. Die »kleinen Leute« hier verkündigen nicht ein alles veränderndes geschichtliches Ereignis, sie vermitteln überhaupt keinen Inhalt im einzelnen, sie sind verlockend durch ihre ungewohnte, so ganz anders klingende Musik. Selbst wenn diese auf der Lichtung eines entfernten Waldes ertönt, vermag sie ihre Wirkung doch nur im Herzen eines Menschen zu entfalten, der sich von ihr berühren läßt; und dazu muß er durch eigenes Suchen und Fragen auf sie hinlänglich vorbereitet sein. Das Märchen macht zu dem Grund der Wanderung von Schneider und Schmied keine weite-

114 HERMANN HESSE: Die Morgenlandfahrt, S. 17; vgl. S. 70: »Und nun erinnerte ich mich auch…, daß ich sein Pfeifen ja auch damals, auf der Morgenlandfahrt, so viele Male gehört hatte. Es waren die Töne von damals, und wie wunderlich anders klangen sie mir doch… O wie anders war alles seit damals geworden, der Himmel, die Luft, die Jahreszeiten, die Träume, der Schlaf, der Tag und die Nacht! Wie tief und wie schrecklich hatte sich alles für mich verändert, wenn mich der Ton eines Pfeifenden, der Takt eines bekannten Schrittes, nur durch die Erinnerung an das vergangene Einstmals, so im Innersten treffen, mir so wohl und so weh tun konnte!«

ren Angaben; doch als sie die Musik von weitem vernehmen, gehen sie wie hypnotisch verlockt darauf zu, ihre Müdigkeit schwindet, denn was sie da hören und sehen, zieht wie magisch sie an, als würde dort endlich die Frage beantwortet, die sie all die Zeit über unterwegs sein ließ: wie ist es möglich, aus der inneren Zwiespältigkeit herauszufinden und mit sich eins zu werden?

Zahlreiche Märchen wären geneigt, an dieser Stelle die Gestalt einer verzauberten Prinzessin einzuführen, die den Schmied und den Schneider mit ihrer Liebe erlöst hätte und dadurch selber von ihrer Verwunschenheit befreit worden wäre. Das »Geschenk der kleinen Leute« indessen erzählt nicht von einem solchen gelingenden Liebesleben, es spricht vielmehr von einer gewissen Voraussetzung, die dazu gehört, lieben zu können; sie besteht darin, sich nicht länger auf »erwachsene« Weise durch seinen Beruf und seine Außenwirkung zu definieren, sondern sich selber in seiner Kleinheit zuzulassen und anzunehmen. Eine ganz und gar romantische Szene bietet im Mondschein sich dar, als sie *»zu einem Hügel«* gelangen, *»auf dem sie eine Menge kleiner Männer und Frauen«* erblicken, *»die … sangen … auf das lieblichste; und das war die Musik, die die Wanderer gehört hatten.«*

Die Stimme innerer Musik – eine Einladung zum Sein

Angenommen, eine solche Szene tauchte in einem Patiententraum auf, so stünde bestimmt das Gefühl von *»größter Lust und Freudigkeit«* im Mittelpunkt der Betrachtung. »Wie lange ist es schon her, daß Sie zum letzten Mal sich von innen her als erfüllt von Lust und von Freude haben erleben dürfen?«, möchte man denjenigen fragen, der einen solchen Traum mitbringt. »Und wie weit war der Weg, um bis zu diesem Ort zu gelangen? Vor allem: Wie war es vordem, daß es in Ihrem Leben so lustlos und freudlos hat werden können?« – »Ich habe halt getan, was ich mußte, um mich über Wasser zu halten«, würde die Antwort wohl lauten. »Ich habe recht und schlecht meine Arbeit verrichtet, ich mußte mich disziplinieren und konzentrieren, für Kinkerlitzchen und Kindereien war da kein Platz. Und so bin ich geworden, was ich bin: ein Durchschnittscharakter mit dem manchmal sich meldenden Wunsch, als etwas Eigenes, als etwas Besonderes wahrgenommen zu werden. Freude – das war das Grinsen und Schenkelklopfen am Stammtisch, Lust – das war ein bezahlbares Vergnügen. Nein, mein Leben war leer, weil es so voll war von Abhängigkeiten und Pflichten. Ich wurde gelebt in der Art, wie man lebt, ich lebte nicht wirklich.« – »Und wie soll sich das ändern? Soll es sich überhaupt ändern? Oder sind Sie schon aus Resignation und Müdigkeit mit dem Zustand, in dem Sie sich finden, denn doch im Grunde einverstanden?«

So, sinngemäß, könnte ein therapeutisches Gespräch mit jemandem verlaufen, der ein Traumbild mitbringt wie in diesem Märchen, und es müßte natürlich an dieser Stelle auf die magische Verlockung der Musik zu sprechen kommen, die, auch wenn sie im Gesang der »kleinen Leute« erklingt, ihren Widerhall findet im Herzen der Hörenden, – nur dort entfaltet sie die Wirkung ihrer unwiderstehlichen Verführung. Glauben könnte man, daß die Verlockung, dem Tanz der »kleinen Leute« beizuwohnen, in sich selbst bereits einen lustvollen Freudensturm auslösen würde; doch so erzählt es – zu Recht – das Märchen nicht. Insbesondere der Schneider tut sich schwer, in den Kreis der Tanzenden einzutreten. Es ist alles andere als leicht, eine gewisse Leichtigkeit des Daseins zurückzugewinnen, und gerade die Musik, diese Symphonie aller Seelenkräfte, enthält und enthüllt diese Schwierigkeit.

Im Grunde ist Musik ursprünglicher als Sprache. Ein Kind, noch ehe es das Licht der Welt erblickt, vernimmt bereits den Herzschlag seiner Mutter; es ist der Rhythmus ihres Herzens, der sich ihm als erstes einprägt und ihm ein Gefühl der Geborgenheit und der Sicherheit schenkt. Wenig später vernimmt es auch die Sprachmelodie seiner Mutter; viele Laute, die es selbst bilden könnte, sortiert es aus, weil sie in der Einzelsprache der Mutter, die es zu hören bekommt, nicht auftauchen; und immer wieder wird das, was es später Musik nennt, auf es zurückwirken wie eine Verheißung jener Geborgenheit, die es verspürt hat, eh' es zur Welt kam. Ein ozeanisches Gefühl grenzenloser Sehnsucht nach einem Aufgehobensein von Grund auf kann Musik vermitteln, – kein Wunder, daß sie von alters her die Riten aller Religionsformen bis zur Ekstase hin begleitet. In ihr liegt die Berechtigung, im Beisein anderer sich mitteilen zu dürfen. Ein Kind, ein Stotterer, der (meist infolge viel zu hoher Leistungsforderungen, Versagensängste und unterdrückter Aggressionen) seine Sprache ständig überkontrollieren und um die gerade unaussprechlichen Wörter wie ein Slalomfahrer herumlenken muß, kann zu seiner eigenen Überraschung doch mühelos singen; das Vertrauen, das der Gesang schenkt: akzeptiert zu sein wie ein Kind bei seinen ersten Lautkundgebungen, überwindet die Angst vor Kritik und Ablehnung. Man darf dabei sein, man ist akzeptiert als zugehörig, man wird gelten gelassen, man hat Geltung, einfach weil man da ist.

Freilich kann gerade diese alles aufhebende, alles auflösende Erfahrung einer tiefen Einheit, die in der Musik liegt, als etwas Gefährliches, Verführerisches, ja, Unmoralisches empfunden werden. LEO TOLSTOI in der »Kreuzersonate« hat diesen Eindruck geschildert.[115] »Was ist die Musik?« läßt er den unglücklichen *Posdnyschew* fragen, der, krank vor Eifersucht, seine Frau ermordet hat, und dieser gibt selbst sich die Antwort: »Die Musik bewirkt, daß ich mich selber, meine wirkliche Lage vergesse; sie versetzt mich in eine andere, mir fremde Lage; unter der Einwirkung der Musik glaube ich etwas zu empfinden, was ich in Wirklichkeit nicht empfinde, etwas zu verstehen, was ich nicht verstehe, etwas vollbringen zu können, was ich nicht vollbringen kann. Ich erkläre das damit, daß die Musik ebenso auf den Menschen wirkt wie das Gähnen oder das Lachen; ich bin nicht schläfrig, aber ich gähne, wenn ich Gähnende ansehe; ich habe keine Veranlassung zu lachen, aber ich lache, wenn ich andere lachen höre. – Die Musik versetzt mich … unmittelbar in die Seelenverfassung, in der sich der befand, der sie erdacht hat.«

Genau so, man muß TOLSTOI recht geben, wirkt Musik: sie hebt die Unterschiede zwischen den Personen auf, sie sprengt die Differenz zwischen Ich und Du, zwischen Ich und Es, sie übersteigt (oder unterspült) die Sphäre der rationalen Begriffe und Begreifbarkeiten, sie wirkt in der unmittelbaren Übertragung von Gefühlen ansteckend, sie läßt eintauchen in die umgebende Gruppe, sie verleitet in

115 LEO TOLSTOI: Die Kreuzersonate, Kap. 23, in: Späte Erzählungen, 86.

gewisser Weise zu Kontrollverlust und Ichvergessenheit, sie erregt die Sinne und läßt von Möglichkeiten träumen, die im gewöhnlichen Alltagsleben als undenkbar und unverantwortlich erscheinen müßten. Insbesondere die Verführung zu sexuellen Triebregungen und -handlungen war es, um derentwillen TOLSTOI die Musik am liebsten unter staatliche Kontrolle gestellt hätte.

Aufgenommen in den Kreis der Tanzenden

Tatsächlich sieht man im Kreis der kleinen Leute *»eine Menge … Männer und Frauen …, die sich bei den Händen gefaßt hatten und mit größter Lust und Freudigkeit im Tanze herumwirbelten.«* Ihr Gesang intoniert und rhythmisiert ihre Tanzschritte und -figuren, und eben dieser Eindruck könnte dazu beitragen, TOLSTOIS Ansicht sogar noch zu verstärken. Tänze dienen in allen Völkern und Kulturen, wie auch die Chorgesänge, der Bildung von Gemeinschaft, – allein die Gleichheit und Korrespondenz der Bewegungen: des Schreitens, Trippelns, Schwingens, Drehens und Schwenkens, schafft bis in die Körpersprache hinein eine tiefe Affekt-Abstimmung untereinander, und jede Bewegung besitzt in ihrer Motorik und Dynamik einen eigenen Ausdruckswert. Gleichzeitig, mitten in dem Gemeinschaftserleben, dient der Tanz zwischen Männern und Frauen aber auch der Zurschaustellung der eigenen Schönheit und Kraft, der Werbung untereinander und, im Ergebnis, der Partnerfindung. So alt sind die Bewegungsmuster und Ausdrucksformen des Tanzes, daß wir Menschen sie sogar gattungsübergreifend über Jahrmillionen der Evolution hinweg mit einer ganzen Reihe von Säugetier- und Vogelarten gemeinsam haben: die Angleichung von Bewegungsabläufen zwischen Männchen und Weibchen gehört unverzichtbar zum Liebesspiel und zur Vorbereitung der Paarung.[116]

116 Vgl. DESMOND MORRIS: Der Mensch, mit dem wir leben, 264: »Die Analyse der Volkstanzstile der ganzen Welt hat gezeigt, daß es bestimmte grundlegende Körperbewegungen gibt, die charakteristisch für die jeweilige Kultur sind. Die Tänze bestehen aus sich wiederholenden, abstrahierten Darstellungen vertrauter Alltagstätigkeiten. Wir finden Elemente aus dem Jagdleben, dem Sammeln von Nahrung und einer ganzen Anzahl weiterer Tätigkeiten aus dem häuslichen und landwirtschaftlichen Bereich. Auch das

Dies feststellend, besteht indes Anlaß, TOLSTOIS Bedenken an dieser Stelle des Märchens getrost zu zerstreuen. Mag die Musik, mit THOMAS MANN zu sprechen, auch die Zweideutigkeit selbst sein[117], so dient sie im Kreistanz der kleinen Leute doch eindeutig »nur« der Gemeinschaftsbildung; wenn immer ihr eine nicht zu leugnende sexuell stimulierende Lust innewohnt, dann doch in einer sublimen, fast spirituellen beziehungsweise meditativen Form. Die hypnotische Trance, in die Tanz und Musik hineinführen können (und rituell sollen), wird stets auch erlebt als eine Transzendenz des Bewußtseins. Der Gründer des Ordens der tanzenden Derwische von Konya, DSCHELALADDIN AR-RUMI hat das gewußt: für ihn war die Musik, besonders der Flöte, eine Klage der Seele in ihrer Getrenntheit von Gott und ein Flehen um Einheit[118], und die Kreisbewegung ständiger

Werbeverhalten, die Paarung und andere soziale Handlungen sind Quelle bestimmter Tanzsequenzen, und die Befriedigung, die man bei ihrer stilisierten Ausführung als Teil eines musikalischen Rituals empfindet, ist die gleichzeitige Aktivierung der gesamten Gruppe. Es ist, als ob die Tanzhandlungen, die gleichzeitig, gemeinsam und in gleichem Rhythmus ausgeführt werden, dem Gruppengefühl und der gemeinsamen Lebensauffassung Nachdruck verliehen. Wenn alle gleichzeitig springen und sich drehen, fühlen sie sich als ›ein Ganzes‹, und alle werden befriedigt durch dieses Zusammengehörigkeitsgefühl.«

117 THOMAS MANN: Doktor Faustus, Kap. 7, S. 63: »›Weißt du, was ich finde?‹ fragte er. ›Daß Musik die Zweideutigkeit ist als System. – Nimm den Ton oder den. Du kannst ihn so verstehen oder beziehungsweise auch so, kannst ihn als erhöht auffassen von unten oder als vermindert von oben und kannst dir, wenn du schlau bist, den Doppelsinn beliebig zunutze machen‹. Kurz, im Prinzip erwies er sich als kundig der enharmonischen Verwechslung und nicht unkundig gewisser Tricks, wie man damit ausweicht und die Umdeutung zur Modulation benutzt.« S. 62: »›Müßiggang‹, sagt er, ›ist aller Laster Anfang … Wenn ich mich langweile, bastle und stümpere ich hier zuweilen herum … es ist kurios, wie alles zusammenhängt und im Kreise herumführt.‹«

118 Vgl. DSCHELALADDIN RUMI: Aus dem Diwan, D III 1353, S. 45:

Wie sollte – atomgleich – der Sufi
    nicht drehen sich trunken im Tanz,
Im Strahle der Sonne des Bleibens,
    wo ewiges Bleiben ihm winkt?
O Schönheit und Freude und Güte
    und Annehmlichkeit und Genuß!
O daß aller Kummer und Irrtum
    wie welkendes Laub von ihm sinkt!

Wiederkehr erinnerte ihn an die Vergänglichkeit des irdischen Lebens inmitten der Welt; nicht so sehr die Weitergabe des Lebens, als vielmehr ein Dahinscheiden in Gott lehrte ihn das Schreiten im Kreistanz.

Der Schneider und der Goldschmied indessen, als sie »*dem Tanz*« zusehen, bleiben »*voll Verwunderung stehen*«, so erfreut und befremdet sind sie über den Anblick, der sich da bietet. »*In der Mitte*« aber sitzt »*ein Alter, der etwas größer war als die übrigen, der einen buntfarbigen Rock trug und dem ein eisgrauer Bart über die Brust herabhing.*« Ein solcher »Alter vom Berge« (bzw. hier: vom »Hügel«) verkörpert als ein archetypisches Bild die Lebenserfahrung und Weisheit, zu der ein Mensch im Verlaufe der Jahre herangereift ist, und der ergraute Bart erzeigt zusätzlich die Hoheit und Würde seiner alle anderen an »Größe« überragenden Persönlichkeit; sein Sitz in der Mitte des tanzenden Volkes macht ihn nicht nur als Zentrum der ganzen Veranstaltung kenntlich, sondern verheißt auch ein Denken und Sprechen aus der inneren Mitte eines mit sich einigen, »richtig zentrierten« Menschen, – er, in jedem Falle, ist kein »Exzentriker«. Dabei verweist sein bunter Rock gleich einer Blumenwiese auf die Vielfarbigkeit und den Reiz des Lebens, wenn man darauf sich einläßt, – wenn man sich selbst in den Kreis der Tänzer begibt; und gerade dazu fordert der Alte die beiden Neuankömmlinge auf. Sie also sind nicht länger mehr Fremde und Wandernde, sie sind Willkommene, sie sind Eingeladene.

Was es bedeutet, sich auf einen solchen »Tanz« einzulassen, hat EDVARD MUNCH 1899/1900 auf dem Ölgemälde »Der Tanz des Lebens« dargestellt (Tafel 6), indem er die drei Phasen im Leben einer Frau zwischen Jugend, Reife und Alter als Markierungen des Zyklus gewählt hat, in dem unser Dasein kreist: »Auf einer Wiese am Ufer von Aasgaardstrand beherrschen die drei Stadien der Frau eine

Sorg, daß deine Seele vom Staube
    zum Hochsitze wieder sich schwingt!
Wir folgen dir: gehe, o Seele,
    aus der Welt von Trennung und Leid
In jene, wo man den Becher
    des ewigen Einswerdens trinkt.

Szene rasender, leidenschaftlicher, tanzender Paare. Ein in Weiß gekleidetes jungfräuliches Mädchen, lächelnd und mit rosa Wangen, greift nach einer blühenden Blume. In symbolischem Kontrast dazu steht eine ältere Frau mit gefalteten Händen, verbittertem Gesichtsausdruck, düster gekleidet und in sich gekehrt. Beide wenden sich der Bildmitte zu, die ein tanzendes Paar einnimmt – ein Mann in dunklem Anzug und eine verführerische Frau in einem scharlachroten Kleid, deren Haar und Kleidersaum nach ihrem Partner greifen. Die beiden sind ineinander versunken und bewegen sich, ohne von den anderen Menschen Notiz zu nehmen, willen- und ziellos. Ein langer Widerschein von Mond oder Sonne durchschneidet in der Ferne die See.«[119]

In diesem Helldunkel von Mitternachtssonne und Mond wird die Verlockung des Lebens ebenso sichtbar wie seine Enttäuschung. Was wird aus dem hoffnungsfrohen Traum der Liebe, aus dem Kreisen der schwarz-weißen Paare links und rechts der beiden ineinander Versunkenen, wenn die glückselige Paarung von Mann und Frau im Zentrum des Bildes sich weiterentwickelt zu der gierigen Umklammerung und Inbesitznahme der Frau durch einen froschähnlichen Kerl, der, grün vor Eifersucht, mit aufgerissenen Augen ins Nichts starrend, die Taille seines weißgekleideten Gegenübers an sich preßt und dabei dessen Oberkörper nach hinten durchbiegt. Die ursprüngliche Unschuld aus träumender Sehnsucht formt sich über den in sich versunkenen Taumel der Lebensmitte zu einem gewalttätigen Inbesitzgenommenwerden, das nur noch eine leere Verhärmtheit im Alter übrig läßt. – Wer, mit einer solchen Aussicht, wollte schon wagen, sich dem »Tanz des Lebens« zu überlassen?

Und doch: wozu der weißbärtige Alte den Schneider und den Goldschmied einlädt, als er sie bittet, in den Kreis der tanzenden Frauen und Männer sich einzureihen, ist ein Lehrstück nicht zu derartigen Grundsatzfragen von Leben und Tod, Lust und Leid, Hoffnung und Enttäuschung, Gier und Verbitterung, sondern es geht um eine fundamentale Daseinsänderung durch eine neue Grunderfah-

119 THOMAS M. MESSER: Edvard Munch, 114–115.

rung: Wie lebt es sich, wenn man endlich als Eingeladener, als Zugelassener, als Willkommener im Kreis der anderen sich findet, – wer ist man dann und wie betrachtet man das, was man für sein Eigentum ansieht? Alles wird anders, wenn jemand sich mit anderen menschlich verbunden fühlen darf und die bisher so wichtig scheinenden Insignien von Status und Geltung ablegen kann.

Eine wichtige Antwort auf die Fragwürdigkeit und Zweideutigkeit der gesamten Veranstaltung, die wir den Tanz des Lebens nennen, kann in der Tat die Erfahrung der Musik sein, die den Tanz begleitet; sie, selber zweideutig genug, lehrt und verhilft uns dazu, alle Seiten des Daseins bei der Hand zu nehmen und als zugehörig zu begreifen. Im Umgang miteinander heißt das: In der Welt der kleinen Leute gibt es keine Ausgestoßenen, nur Zusammengehörige, und diese Einheit schenkt die Freude, die dann auch innerlich die Gegensätze mildert und zusammenwachsen läßt. Man müßte, um das zu erfahren, nur der Einladung des alten Weisen Folge leisten; doch das ist nicht so einfach, und es bringt durchaus paradoxe Konsequenzen mit sich, ja, man kann, ohne davon etwas zu merken, beim ersten Schritt schon einen Fehltritt tun, indem man, noch verstärkt sogar, sich mit der alten Icheinstellung in den Erfahrungsraum der Neuwerdung hineinbegibt.

Da ist der Schneider, der *»zuerst einige Scheu«* empfindet, sich in den Kreis des kleinen Volkes zu begeben, während der Goldschmied, *»keck«*, seine Unsicherheit des Buckels wegen überspielend, ungeniert herzutritt; erst als der Schneider sieht, *»wie es so lustig herging, faßte* (auch) *er sich ein Herz und kam nach.«* Selbst daß der Kreis der Tanzenden vor ihm zur Aufnahme *»bereitwillig«* sich öffnet, scheint ihm die Frage noch nicht schlüssig zu beantworten, ob er denn wirklich wohlgelitten sei. Am Ende freilich siegt in seinem Herzen die alte Volksweisheit: »Wo man singt, da lasse dich ruhig nieder. Böse Menschen haben keine Lieder.« Das Mißtrauen schwindet, und ein Gefühl der Akzeptiertheit tritt an dessen Stelle. Allerdings bleibt bereits hier zu beachten, wieviel auch an Respekt und Vornehmheit in dieser *»Scheu«* des Schneiders liegt, – sie hindert ihn zumindest, burschikos, wie selbstverständlich, seinen Platz nach Art des Goldschmieds im Kreis des kleinen Volkes einzufordern. Und dieser Unterschied wird jetzt im folgenden entscheidend.

Die Probe der Kahlheit durch den Alten oder: Wer sind wir wirklich?

Denn was der Alte mit den beiden vorhat, kommt einer Probe aufs Exempel gleich: was dürfen wir als wesentlich uns zugehörig ansehen und worauf läßt sich, recht betrachtet, auch zur Not verzichten? Es ist, als würde der Schneider wie der Goldschmied in den Kreis des kleinen Volkes durch den Alten wie in einen Orden aufgenommen. Da ist es üblich, jemandem die Haare zu beschneiden: wer etwa sich zum Diakon der Kirche Roms will weihen lassen, dem wird ein kleines Stück des Haupthaars abgeschnitten, beim Eintritt in eine Klostergemeinschaft wird eine Tonsur geschnitten, wer sich zur US-Army meldet, auf den wartet der übliche kurzgeschorene stahlhelmgerechte Einheitsmilitärschnitt. Doch können die gleichen Rituale eine recht unterschiedliche Bedeutung annehmen, und was überhaupt ist an dieser Stelle mit ihnen gemeint?

Haare sind nicht einfach nur eine natürliche Körperbedeckung zur Regulierung des Wärmehaushalts wie beim Fellbesatz der Tiere. Warum die Körperbehaarung beim Menschen bis auf wenige Stellen, wie die Achsel- und Schambehaarung, so gut wie ganz zurückgegangen ist, bleibt nach wie vor rätselhaft, – vielleicht lag es daran, daß unsere Vorfahren beim aufrechten Gang in der afrikanischen Steppe durch vermehrtes Schwitzen eine Überhitzung des Körpers verhindern mußten[120]; in jedem Falle kommt der verbliebenen Haartracht an Kopf und Gesicht ein vermehrter Signalwert zu; besonders der Unterschied von Männern und Frauen wird daran sichtbar.

Für eine Frau gilt ihr Haar in Länge, Farbe und Form als ein wichtiges Attribut ihrer Schönheit. Je weiter und üppiger ihr Haar herabfällt, desto stärker betont erscheint ihre Weiblichkeit, und viel Mühe kann dazu aufgewandt werden, Locken zu brennen, Zöpfe zu

120 DESMOND MORRIS: Der Mensch, mit dem wir leben, 351, hebt die Intensivierung des Hautkontaktes bei Nacktheit hervor; die Schambehaarung wirkt vor allem bei der Frau als Duftspeicher (S. 350). Zum Kopfhaar und zur Praxis der Herstellung von Perücken vgl. a. a. O., 336.

flechten, Schleifchen zu binden, die Haare einzudrehen oder tief bis zur Schulter und Hüfte frei herabfallen zu lassen. Wie das Gesicht im Schleier der Haare sich ausnimmt, ist eine Frage, die wohl jede Frau, die auf sich hält, allmorgendlich vor dem Spiegel zu bewerten sucht. Auch die Haarfarbe verrät angeblich manches über den Charakter einer Frau, also daß nicht wenige sorgfältig ihr Haar mit ihrer Wunschtönung umfärben. Mit all den Verrichtungen markieren sie deutlich den Abstand von der »Natur« sowie die Zugehörigkeit zur Vornehmheit der Kultur.

Anders bei Männern. Mit der Pubertät setzt bei den Jungen der europiden Rassen der Bartwuchs ein, und er läßt sich irgendwie lesen als ein Zeichen der Virilität des Heranwachsenden, ja, er verleiht ihm mit dem männlichen Aussehen zugleich auch ein gewisses Ansehen unter seinesgleichen. In den antiken abendländischen Kulturen, als feingeschliffene Stahlklingen zum Rasieren noch nicht im Gebrauch waren, wird man sich jeden erwachsenen Mann als Bartträger vorstellen müssen und den Spott sich hinzudenken können, der einem jeden galt, der von der Natur nicht gar so üppig ausgestattet war. Für die Männer ging der »Sieg« der Kultur über die Natur einher mit dem Triumph der Barbiere: es sah denn doch einfach schöner aus, rasiert zu erscheinen, als die naturwüchsige Barttracht beizubehalten, – man braucht nur zu lesen, mit welch einer Verachtung ARTHUR SCHOPENHAUER den Ausdruck der »Atrozität« und der »Brutalität« im Gesicht eines Bärtigen tadelt, insbesondere wenn man einem solchen im Profil beim Essen zuschaut[121]. Doch wie Frauen ihre Haare ondulieren

121 ARTHUR SCHOPENHAUER: Über die Universitäts-Philosophie, in: Parerga und Paralipomena, 1. Bd., Werke V 187–188: »Als äußerliches Symptom der überhand nehmenden Rohheit erblickt ihr … den langen Bart, dieses Geschlechtsabzeichen, mitten im Gesicht, welches besagt, daß man die Maskulinität, die man mit den Thieren gemeinsam hat, der Humanität vorzieht, indem man vor Allem ein Mann, … und erst nächstdem ein Mensch sein will … (So) hat die Bartlänge stets mit der Barbarei, an die schon ihr Name erinnert, gleichen Schritt gehalten.« Anm.: »Der Bart vergrößert den thierischen Teil des Gesichts und hebt ihn hervor: dadurch giebt er ihm das so auffallend brutale Ansehn: man betrachte nur so einen Bartmenschen, im Profil, während er ißt! … Die Ferocität und Atrocität, welche der Bart der Physiognomie verleiht, beruht darauf, daß eine respektiv leblose Masse die

und modellieren können, so stand es in früheren patriarchalen Gesellschaften auch den Männern frei, ihre Oberlippen- und Kinnbärte in aufregender Weise zu ziselieren, mit Pomade gegen die Schwerkraft zu erheben und in all dem der Mode der Zeit, etwa dem Vorbild Kaiser *Wilhelms II.*, nachzueifern. Auch das Kopfhaar kann bei Männern eine stattliche Zopflänge annehmen und wird in manchen Kulturen (bei Indianern z. B.) oder in manchen Subkultur-Szenen (etwa bei Hippies) denn auch so getragen, während umgekehrt ein glatzköpfiger Mann eher als »alt« aussehend empfunden wird.

Wie stark ein volles Haupthaar bei einem Mann mit Kraft und Stärke assoziiert werden kann, lehrt das biblische Beispiel des *Samson*: Als ein Nasiräer steht er unter dem Gelübde, sich niemals seine Haare scheren zu lassen; in ihnen liegt das Geheimnis seiner übermenschlichen Potenz, und als seine Geliebte, die philistäische *Dalila*, dem in ihrem Schloß Schlafenden die Haare abschneidet, fällt es den Feinden nicht schwer, den hebräischen Helden in Ketten zu legen; als aber mit der Zeit seine Haare nachwachsen, nimmt auch seine physische Energie wieder zu, so daß er im Tempel des heidnischen Gottes *Dagon* die Stützpfeiler einreißt und in seinem Tode, als der Dachstuhl herabbricht, mehr der Philister mit sich hinwegnimmt, als er ihrer zu Lebzeiten tötete (Ri 13,5; 16,1–30).

Dies alles vor Augen, muß man sich fragen, was es nun soll, daß in dem Märchen von den »Geschenken des kleinen Volkes« der Alte *»ein breites Messer, das an seinem Gürtel hing«*, wie ein Barbier zu wetzen beginnt, *»und als es hinlänglich geschärft war,« »sich nach den Fremdlingen«* umblickt. Man kann verstehen, daß es jetzt heißt: *»Es ward ihnen angst«*. Mit einem solchen Rasiermesser, dessen Schärfe sprichwörtlich ist, genügt eine winzige Handbewegung, einen Menschen vom Leben zum Tod zu verhelfen; wer einem Barbier, die Augen schließend, sich überläßt, der muß darauf vertrauen, daß dieser allein nach seiner Schönheit, nicht etwa nach seinem Leben trachtet.

Hälfte des Gesichts einnimmt, und zwar die das Moralische ausdrückende Hälfte. Zudem ist alles Behaartseyn thierisch. Die Rasur ist das Symbol … der höhren Civilisation.«

Und doch: symbolisch ist das Abschneiden der Haar- und Barttracht, gerade weil in ihr das Zeichen der Männlichkeit sproßt, so viel wie eine Entmannung, eine partielle Kastration, eine Hinwegnahme des alten Stolzes, der da lautet: seht her, ich – ein Mann! Doch gerade das will der Alte als Erfahrung offenbar vermitteln: »Wie, man nähme dir dies alles fort, und du wärest äußerlich gar nichts. Du würdest, barhäuptig, entkleidet der Barttracht, dich vermutlich kaum mehr sehen lassen! Jeder könnte dein Angesicht schauen, nackt, unverhüllt, das Maskenspiel deiner Gefühle offen erkennend, – ungeschützt mithin und wehrlos, so wie du bist! Das wäre dir peinlich. Davor hättest du Angst. Aber es zeigte doch deine Wahrheit! Du wärest dann so, wie du ohne Aufmachung, ohne Modezwang, ohne die Allüren fremder Erwartungen bist! Und genau darum geht es: daß du dich angenommen fühlst in unserem Kreise, an unseren Händen, im Chorgesang unserer Lieder, im Rhythmus der Schritte unseres Tanzes. Es soll dir hier zur Gewißheit werden: bei uns darfst du sein als du selbst. Freilich, um das zu merken, muß dir in gewissem Sinne alles genommen werden, – alles, worauf du dich bislang gründetest: deine Stärken, die du vorzeigen konntest, deine Fähigkeiten, auf die du deine Zuversicht setztest, dein hoher Wuchs, mit dem du beeindrucken mochtest. Von all dem gilt jetzt: der Bart ist ab! Als berechtigt zu leben nur auf Grund von Leistung ist ein altes, überlebtes Prinzip, in dem nach wie vor die Furcht deiner Jugend sich sammelt. Da hieß es: du bist nur wert, was du leistest; du bist zugelassen nur auf Grund dessen, was als Nutzen du einbringst; du bist berechtigt zu sein bloß, wenn du die Last und Schuld, die dein Dasein für andere darstellt, nach Möglichkeit abarbeitest und in anderer Leute Vorteil verwandelst. Einzig das bot dir bisher die Rechtfertigung zu existieren. Doch damit hören wir ab sofort auf. Das alles fällt diesem ›Rasiermesser‹ anheim. Im Kreistanz der kleinen Leute kannst du dich nur integrieren, wenn du all die Kompensationen uralter Ängste dir abnehmen läßt, – sie haben aus dir etwas gemacht, das du nicht bist. – Wohlgemerkt, du kannst wirklich viel; du verfügst über enorme Fertigkeiten und Fähigkeiten, – die alle werden dir bleiben; nur daß sie erzwungen waren durch fremde Erwartungen, daß du leben mußtest für andere, ohne du selber zu sein, daß du die Kostbarkeit deines Wesens und deiner Person nicht einmal ahnen durftest, – damit machen wir Schluß; darüber geht her mein Schermesser, nicht um dich unansehnlich zu machen oder um dich zu ›beschneiden‹, sondern um die Achtsamkeit für das, was du wirklich bist, zu schärfen und unverstellter ans Licht zu bringen. Du selber, ohne die Maskeraden der ›Barttracht‹, bist unendlich viel mehr als in der angestrengten Pose des Ich-bin-doch-wer, wenn ich so viel mir abringe im Dienste für andere. Wohl, es ist gut, andere zu verschönern mit Kleidern und Schmuck, doch noch wartet alles auf die Entdeckung deiner eigenen, ungekünstelten Schönheit, und deren offenem Ausdruck dient jetzt die Hinwegnahme all der Überwucherungen deines Gesichts.«

In aller Regel wird eine solche Wandlung in der Grundeinstellung zu sich selbst eine Menge Zeit benötigen, und es ist wenig hilfreich, mit Drängen und Fordern diesem so wichtigen Prozeß innerer Befreiung den Zwang erneut einer fremden Erwartung aufzuerlegen. Daß der Alte im Märchen *»nicht lange Zeit«* läßt, *»sich zu besinnen«*, sondern *»den Goldschmied«* packt, *»in der größten Geschwindigkeit ihm Haupthaar und Bart glatt hinweg«* schneidet und *»ein gleiches ... hierauf dem Schneider«* zumutet, dürfte einen einzigen Grund haben: die Freude an der Musik und dem Tanz des kleinen Volkes. Wenn es möglich ist, derart glücklich zu sein, dann stellt es keinen Verlust dar, auf die Accessoires äußerer Imposanz Verzicht zu tun. – Am leichtesten wird man das Schermesser des Alten über sich ergehen lassen in der Erfahrung einer tiefen Verbundenheit, in der Liebe: man gehört innerlich bereits zu dem (oder den) anderen, und es wird einfach hinderlich und lästig, sich immer noch gegen die früher erfahrenen Ablehnungen mit den alten Absicherungen schützen zu wollen; alles geht leichter, freier und unverstellter ohne die Rückversicherung in dem alten Leistungsgehabe. Ist dies das Gefühl, kann wirklich alles nicht schnell genug gehen, und es belohnt sich durch die prompte Anerkennung des Alten, der *»nach vollbrachter Arbeit beiden freundlich auf die Schulter«* klopft, *»als wollte er sagen, sie hätten es gut gemacht, daß sie ohne Sträuben alles willig hätten geschehen lassen.«*

In der Tat ist diese »Willigkeit« das jetzt am meisten Lobenswerte: Sie verrät ein Einverständnis, das die alte Angst der Unberechtigtheit weit hinter sich gelassen hat; sie folgt dem Anerbieten des weißbärtigen Alten (dieser Verkörperung der Weisheit seelischer Entwicklung), sich dem »kleinen Volke« getrost anzuvertrauen; sie wagt es, all die alten Attribute männlichen Ansehens abzulegen und sich in gewissem Sinne als bedingungslos gemocht und akzeptiert zu fühlen; das ist ein Schritt, dessen Bedeutung gar nicht wichtig genug genommen werden kann, vor allem, weil er nicht, wie in vielen anderen Märchen sonst, als geführt und gelenkt durch die Liebe zu einem einzelnen anderen Menschen erfolgt, sondern weil er als ein reiner Schritt zu sich selber kraft eigener Entscheidung bei sich bietender Gelegenheit zu einer neuen Form von Gemeinsamkeit zustande kommt. Nicht länger bestimmt im Leben der beiden die gesellschaftliche Dienstleistung als Schneider oder als Goldschmied die Form und das Wesen des eigenen Daseins, sondern ab sofort verhält es sich umgekehrt: das mit sich identische eigene Sein bestimmt nunmehr die Funktion des Ichs in der Gesellschaft. »Der Bart ist ab« – welch eine Botschaft von Hoffnung und Neuanfang!

Nur Staub sind wir oder: Der Alte und der Tod

Doch die Lektion des Alten läßt sich noch einen Schritt weiter radikalisieren, denn um in die Wirklichkeit und Wahrheit des eigenen Seins eingeführt zu werden, bedarf es noch einer weiteren Erfahrung: nicht nur der Prunk des äußeren Scheins gehört abgenommen, vor allem die illusionslose Einsicht in die Nichtigkeit dessen, was wir als Menschen substantiell sind, läßt sich nicht länger aufschieben. Bei der Rasur der Haar- und Barttracht ging es um den Verzicht auf das Äußere, geistig gesprochen: um die *Abstraktion* von der Werteverleihung einer männlichen Erscheinung; einen Schritt weiter jetzt geht es um die Frage unseres Seins: wer sind wir als Menschen? Und hier ist es (wie in dem Märchen von dem »Strohhalm, der Kohle und der Bohne«) erneut die gedankliche *Reduktion* auf die Bestandteile unserer physischen Existenz, die einen zweiten existentiellen Schock auslöst und damit eine grundlegende Einstellungsänderung bewirkt: Der Alte zeigt *»mit dem*

Finger auf einen Haufen Kohlen, der zur Seite lag, und deutete ihnen durch Gebärden an, daß sie ihre Taschen damit füllen sollten.«

Was er damit meint, erzeigt seine Wahrheit spätestens im Angesicht des Todes. »Das letzte Hemd hat keine Taschen,« sagt man; man kann den Sinn dieses Satzes auch so ausdrücken, daß wir im letzten gar nichts, nur uns selber mitnehmen; und so weist dieser Alte, stumm, ohne Erklärung, darauf hin, aus was für Stoffen chemisch wir bestehen: Kohlen(wasser)stoffkettenmoleküle – das ist alles, woraus wir gebildet sind. Es ist eine Einsicht, die wie alles in der Einrichtung der Welt wortlos sich uns mitteilt. Die Natur begründet nicht, sie spricht nicht; sie gibt Hinweise, – mehr nicht; und als ihr Vertreter agiert in diesem Märchen der Alte.

Dabei wird gerade mit diesem Hinweis auf das Wesen unserer Natur an dieser Stelle auch sein eigenes Wesen allererst wirklich sichtbar: Wie *die* Alte in der vorangegangenen Geschichte sich als »Erdmutter« zu erkennen gab, die den Tod ihrer »Küchenbewohner« im Rahmen ihres »Haushalts« unerbittlich in Kauf nahm, so tritt *der* Alte hier in gleichem Sinn als Erdgeist auf: auch er verweist den Menschen stumm auf seine Sterblichkeit. Im Handumdrehen, äußerst rasch, vermag er ihm das Selbstvertrauen seiner Schönheit wegzunehmen, und alles, was er zu sagen hat, besteht in der Gebärde unserer Nichtigkeit. Hätte er Worte, sich uns mitzuteilen, würden sie lauten wie am Aschermittwoch bei der Austeilung des Aschenkreuzes: »Memento quia pulvis es et in pulverem revertēris« – »Denke daran, daß du Staub bist und zum Staube zurückkehrst,« – ein Wort, das den Urfluch unseres Daseins in der Rede wiedergibt, die in der Bibel Gott gleich nach dem »Sündenfall« an seine Menschen richtet (Gen 3,19): sie sind aus »Staub« genommen, das ist wahr (Gen 2,7), wie aber leben sie mit diesem Wissen? Die Natur dreht sich – scheinbar froh und munter – nach ihrer eigentümlichen Musik im Kreise weiter, und sie lädt, wenn sie denn freundlich ist, wie dieser Alte, uns zum Mittun ein. Doch kann und darf man diesem Alten, träte er bloß als ein Natur- und Erdgeist auf, die Güte seiner Einladung tatsächlich glauben?

Dem Schneider und dem Goldschmied bleibt nichts weiter übrig, als die »Kohle«, die sie selber sind, weisungsgemäß aufzunehmen;

doch es ist ihnen offensichtlich nicht wirklich klar, was sie da machen, als sie die Kohle in ihre Taschen füllten – noch folgen sie einer ihnen vollkommen fremden Weisung –, und sie haben keine Vorstellung, was sich daraus ergeben wird. Doch gerade so ergeht es jedem unausweichlich, der seiner Lage in der Welt ansichtig wird: im Grunde ist er, rein physisch betrachtet, nur ein Haufen Kehricht, und er muß diese Tatsache als unausweichlich für sich akzeptieren.

Allerdings geht es in dem Märchen ein entscheidendes Stück anders zu als in der biblischen Erzählung. Dort ist das »Erkennen« der radikalen Kreatürlichkeit des Daseins gebunden an Angst; das Paradies, in dem die Menschen sich in Gottes Nähe aufgehoben und geborgen fühlen konnten, ist mit dem Auftreten der Schlange ein für allemal zerbrochen[122], und so tritt auch die Einsicht in die naturgegebene Vergänglichkeit und Todverfallenheit des Daseins wie ein inakzeptables Verhängnis, wie ein göttlicher Fluch, wie eine Strafe an den Menschen heran. Gewiß, der weißbärtige Alte im Märchen hat durchaus nichts von einer Schöpfergottheit an sich; doch als Verkörperung des Erdgeistes wirkt er entgegengesetzt zu der dunklen Magie der Paradiesschlange: Auch diese ist ein Bild für die irdische Existenz des Menschen, doch wesentlich in dem Aspekt der Nichtigkeit, Haltlosigkeit und Abgründigkeit unseres Daseins; der »Alte« hier bietet mit seiner Einladung, am Kreistanz der Natur sich zu beteiligen, den Gegenpol dazu; mit dem Gesang der Daseinsfreude greift er gerade das Empfinden wieder auf, das sich am meisten mit der Vorstellung vom Paradies verbindet: es sei ein Glück, leben zu dürfen und an dieser Welt teilzuhaben.

Wenn man so will, entspricht dieses Gefühl tatsächlich der gelebten Religiosität der »kleinen Leute«, wenn man darunter hier einmal all die versteht, die, von der offiziellen Religion der Kirchen wie verwaist, mit eigenen Füßen sich auf den Weg der Sinnsuche begeben haben. Sie halten sich als erstes – und oft als einziges – an »die Natur« als einen göttlichen Erfahrungsraum, indem sie ihre Harmonie (ihre

122 Als ein mythisches Bild bezeichnet die Schlange das Nichtsein, die Kontingenz, die zu allem geschaffenen Dasein gehört; vgl. E. DREWERMANN: Strukturen des Bösen, I 68–69: die Erzeugung von Angst; III 77; 575.

Musik, den Rhythmus ihres Kreistanzes) als den Beweis des Wohlwollens der Welt verstehen. (Vgl. Tafel 7.) Doch ist das möglich? Wer noch den Eindruck der Alten in dem Märchen vom »Strohhalm, der Kohle und der Bohne« vor Augen hat, dem wird es schier unmöglich sein, die uns umgebende Natur als eine gütige, gewährende Tatsache zu akzeptieren, – zuviel des Gräßlichen und Grausigen zählt mit zu den Betriebsbedingungen ihres Gesamtsystems; wer umgekehrt sich vorkommt wie die Menschen in der Bibel nach dem Sündenfall, wird im Zerbruch jedes Vertrauens in den Hintergrund der Schöpfung hineinstürzen in seine Kreatürlichkeit wie in den Schlangenrachen, der als Nichtsein unter unseren Füßen lagert.

Um noch einmal die Bildersprache der mittelamerikanischen Indios als Anschauungshilfe zu verwenden: als den ersten Tag ihres Kalenders verstanden sie das Symbol eines kakteenstachligen Kaimanungeheuers (*cipactli*), dem ein Unterkiefer fehlt, doch aus dessen sperrangelweit geöffnetem Maul alles hervorgeht und in welchem auch alles wieder verschlungen wird, sobald es sich darüber schließt[123]; eine endlose Kette blutiger Opfer forderte dieses Weltbild einer Religion, in welcher die gestaltgewordenen Naturmächte selber in all ihrer Widersprüchlichkeit als die letzte Wirklichkeit unseres Daseins, als Götter, verehrt wurden. (Vgl. Tafel 8.)

Wie aber dann? Zwischen dem Schrecken über den tödlichen Zugriff der »Mutter« Natur und dem Gefühl des Verstoßenseins in eine Welt hinein, die der Sehnsucht nach Güte und Liebe diametral widerspricht, wirkt das Märchen von dem »Geschenk des kleinen Volkes« wie ein Kompromißvorschlag: Es umgeht den Schrecken ebenso wie die Schuld, mit denen Menschen die Natur erleben können, und beginnt dafür mit der kindlichen – man mag auch sagen: naiven – Weltfreudigkeit und -bejahung, die entsteht, wofern man sich in angegebener Weise als »eingeladen« und »zugehörig« empfin-

123 Vgl. WALTER KRICKEBERG: Altmexikanische Kulturen, 193: »Die Erde war ursprünglich ein großes Krokodil, das im Urmeer lebte, oder eine ungeheure Kröte, die *Quetzalcoatl* und *Tezcatlipoca* vom Himmel herabholten, um aus ihren Körperteilen Berge und Täler, fließende Gewässer und Pflanzen zu bilden.«

det; erst dann, als die »Einladung« angenommen ist, erfolgt die Vertiefung dieser Erfahrung: auch wenn dir all deine Zierde und Schönheit genommen wird, auch wenn du erkennen mußt, wie wertlos die Bestandteile deiner irdischen Existenz sind, bist du und bleibst du doch etwas unbedingt Kostbares. Die Grundbestätigung des Daseins hält sich trotz und gerade wegen der Hinfälligkeit von allem, was wir darstellen und sind, auch im folgenden durch, als wenn dem Alten wenigstens andeutungsweise gerade das gelänge, was reflektiert und expliziert das ganze Neue Testament entlang der Botschaft des Mannes aus Nazareth zu vermitteln versucht: den verängsteten, mit sich zerfallenen, in sich verzweifelten Menschen bei der Hand zu nehmen und in die vertrauensvolle Geborgenheit des Paradieses zurück zu geleiten. Das »kleine Volk« im Märchen scheint den Zerbruch der Welt in Angst nie miterlebt zu haben, so daß in ihm, wie unverfälscht, ein Echo widerklingt aus jener Welt, wie Gott, als er den Menschen schuf, ihn ursprünglich gemeint hat. Allerdings steht dem Schneider und dem Goldschmied die Probe auf den rechten Umgang mit der Einsicht in die Berechtigung ihres Daseins ohne Vorbedingung in ihrer Lebensführung noch bevor.

Von Herberge und Schlaf

Als erstes nämlich zeigt sich, daß der Tanzkreis des kleinen Volkes für sie kein Daueraufenthalt sein kann, – sie müssen »*weiter, um ein Nachtlager zu suchen.*« Auch das gehört zu der Erfahrung jedes Menschen: »die Füchse haben ihre Höhlen und die Vögel ihre Nester, doch der Mensch(ensohn) hat keinen Ort, sein Haupt dahin zu legen.« (Mt 8,20)[124] Kein Mensch ist, wie ein Tier, instinktgesichert in der Umwelt, der es zugehört; ein Mensch ist immer unterwegs, ihm kann die ganze Welt nicht Heimat sein; er braucht den Himmel, diese Erde zu ertragen.

Vorerst freilich wäre schon viel gewonnen, wüßten die beiden Wanderer, wo sie nunmehr in Ruhe schlafen könnten. Schon ist die

124 Vgl. zur Stelle E. DREWERMANN: Das Matthäus-Evangelium, II 80–86: Mt 8,18–27: Von der Ungeborgenheit des Lebens und der Geborgenheit in Gott oder: Das Wunder des beruhigten Meeres.

Nacht weit fortgeschritten, der Weg vom Hügel führt hinab ins Tal – die Höhe des Bewußtseins muß sich nun bewähren in den Niederungen –, da schlägt *»die Glocke des benachbarten Klosters zwölf Uhr.«* Aus der Sphäre des Sakralen erschallt der Ruf, der ansagt, daß die Nacht sich auf den Tag hin wendet. Auch dieses Kloster dient den beiden nicht zur Unterkunft. Weder die Zugehörigkeit zu einem klerikalen Orden noch zu dem kleinen Volk trägt durch die Nacht. Vielmehr: beim zwölften Glockenschlag verstummt *»augenblicklich der Gesang, alles«* ist *»verschwunden, und der Hügel«* liegt *»in einsamem Mondschein.«* Inmitten dieser ganz und gar romantischen Szenerie, bei der man sich unwillkürlich an GOETHES Gedicht an den Mond erinnert fühlt[125], ist immerhin noch Helligkeit genug, daß die beiden, mit sich allein und auf sich selbst gestellt, *»eine Herberge«* finden, wo sie *»sich*

125 JOHANN WOLFGANG VON GOETHE: Gedichte, 129–130: An den Mond (Spätere Fassung):

Füllest wieder Busch und Tal
Still mit Nebelglanz,
Lösest endlich auch einmal
Meine Seele ganz;

Breitest über mein Gefild
Lindernd deinen Blick,
Wie des Freundes Auge mild
Über mein Geschick.

Jeden Nachklang fühlt mein Herz
Froh – und trüber Zeit,
Wandle zwischen Freud' und Schmerz
In der Einsamkeit.

Fließe, fließe, lieber Fluß!
Nimmer werd' ich froh,
So verrauschte Scherz und Kuß,
Und die Treue so.

Ich besaß es doch einmal,
Was so köstlich ist,
Daß man doch zu seiner Qual
Nimmer es vergißt!

Rausche, Fluß, das Tal entlang,
Ohne Rast und Ruh,
Rausche, flüstre meinen Sang
Melodien zu,

auf dem Strohlager mit ihren Röcken« zudecken und in *»ihrer Müdigkeit«* sogleich einschlafen können. Diese »Herberge« wird kein Gasthaus sein, eher eine Gelegenheitsunterkunft mit einem improvisierten Nachtlager auf Stroh, in einer unbeheizten Stallung oder Kammer, – sonst wäre es nicht der Erwähnung wert, daß sie sich *»mit ihren Rökken«* zudecken. Sie sind und bleiben nach wie vor auf fremde Hilfe angewiesen, doch was sie unternehmen und entscheiden, steht fortan ganz und gar in ihrer eigenen Regie. Wie also lassen sie, rasiert, barbiert, entbehrend jenes Schmucks der alten Männlichkeit, im Wissen insbesondere um die Vorläufigkeit und die Vergänglichkeit ihres gesamten staubgeborenen Daseins, das neu geschenkte Grundgefühl, trotz allem doch Berechtigung und Wertschätzung zu finden, in ihrem Leben wirksam werden? – Die Frage, so gestellt, beantwortet sich jetzt fast von alleine: Sie müssen gar nichts machen. Alles Wichtige erhalten sie buchstäblich als Geschenk, und dies Geschenk ist keine zusätzliche Mitgift, vielmehr besteht es in der Umwandlung ihrer gesamten Sichtweise: was sie für Kohlendreck gehalten: sie selber, ist in Wahrheit goldwert! – Gerade bei einem *Schlafenden* läßt sich ein Stück weit eine solche sonderbare Einsicht nachfühlen, vorausgesetzt man schaut den anderen, der schlafend daliegt, mit hinreichender Zugewandtheit an.

Wie etwa wird jemand, der seine Katze gerne hat, sie betrachten, wenn sie über der Heizung auf dem Fensterbrett ausgestreckt schläft, seitwärts gedreht, so daß sich jeder Atemzug in ihrem kleinen Körper

> Wenn du in der Winternacht
> Wütend überschwillst,
> Oder um die Frühlingspracht
> Junger Knospen quillst.
>
> Selig, wer sich vor der Welt
> Ohne Haß verschließt,
> Einen Freund am Busen hält
> Und mit dem genießt,
>
> Was von Menschen nicht gewußt
> Oder nicht bedacht,
> Durch das Labyrinth der Brust
> Wandelt in der Nacht.

abzeichnet? Deshalb, meinte sinngemäß einmal ARTHUR SCHOPENHAUER, hätten wir unsere Tiere so lieb, weil sie uns zeigten, was Gemütlichkeit ist.[126] Wir spüren, daß das Tier nur deshalb derart tief zu schlafen weiß, weil es in unserer Nähe sich ganz sicher fühlt, – ihm droht keine Gefahr, so daß es auf die Vigilanz, die draußen unerläßlich wäre, weitgehend verzichten kann. Sein ruhiger Schlaf ist eine Folge des Vertrauens. Und das zu spüren wirkt unmittelbar auf den Betrachtenden zurück: man darf die Wehrlosigkeit eines Schlafenden nicht ausnutzen. Im Krieg mag es wohl sein, daß eine Truppe nächtens einfällt in das Heerlager des Feindes und raubt und mordet, was nur irgend möglich ist – sogar die Bibel schildert voller Hochachtung den Vorteil eines derartigen Überraschungsangriffes (vgl. Ri 7,19–22) –, doch alles, was im Krieg geschieht, ist nichts als vielfältig geplante und ins Werk gesetzte Niedertracht. Es bleibt dabei: ein Schlafender verdient Respekt. Am Tage mag er sich verhalten, wie er will; des Nachts im Schlafe ist er heimgekehrt in eine wohltuende Unschuld: es gibt kein Gut noch Böse mehr in diesem Zustand, es gibt den Unterschied nicht länger zwischen Stark und Schwach, alle Funktionen sind vereint und reduziert auf dieses pure Ruhen in sich selbst. »Dem Seinen«, heißt es in den Psalmen, »gibts der Herr im Schlafe« (Ps 127,2), – das ist ganz wahr: das Schlafen selbst ist ein Geschenk des Herrn; es läßt uns voll Vertrauen etwas ahnen von der Geschenkhaftigkeit des gesamten Daseins. Jenseits der Angst regt sich von innen ein Gefühl der Freude und Bejahung in Antwort auf das sichere Empfinden, von Grund auf selbst bejaht zu sein. So können wir zur Ruhe kommen.

Ordentlich schlafen – das ist, so betrachtet, ein Gespür für Gottes Nähe und für seine Güte. Und eben die verwandeln all den Kohlenstaub, der wir nun einmal sind, in eine unschätzbare Kostbarkeit.

126 ARTHUR SCHOPENHAUER: Parerga und Paralipomena, 2. Bd., Kap. 12: Nachträge zur Lehre vom Leiden der Welt, § 153, S. 315: »Eben dieses den Thieren eigene, gänzliche Aufgehen in der Gegenwart trägt viel bei zu der Freude, die wir an unsern Hausthieren haben: sie sind die personificirte Gegenwart und machen uns gewissermaaßen den Werth jeder unbeschwerten und ungetrübten Stunde fühlbar.«

Die Umwandlung von Kohle in Gold oder: Leben dürfen ohne Vorleistung

Wer in einem Industriegebiet des Steinkohlenbergbaus aufgewachsen ist – im Ruhrgebiet, im Saarland –, wird das Wort »Kohle« wohl unweigerlich assoziieren mit einem Wert in Geldform. »Kohle machen« war für einen Hauer identisch mit der Auszahlung des »Gedinges«, das er vor Schichtbeginn unter den Förderbedingungen vor Ort vertraglich mit dem Steiger ausgehandelt hatte. Kohle ist Geld – *der* Gleichung galt die Arbeitsleistung aller Kumpel unter Tage.

Nun scheint es in der Logik gerade dieses Denkens angelegt, daß unser Goldschmied auf das Handzeichen des Alten hin sich so viel »Kohle« in die Taschen schaufelt, als er hineinbekommen kann. Er hat nicht die geringste Ahnung, wozu ihm diese zusätzliche Last noch nützen sollte, – die ganze Anweisung des Alten muß solange als absurd erscheinen, als man sie nicht, wie vorgeschlagen, rein symbolisch: als Bild der Hinfälligkeit unserer Natur, versteht; die Denkungsart des Goldschmieds aber ist, fernab aller Symbolik, ganz und gar materialistisch. So wie manch einer sinnlos sich betrinkt, wenn in dem Festzelt einer Schützenvereinsfeier der Ruf »Freibier« hörbar wird, so übt auf diesen Goldschmied nicht die Kohle selbst, sondern der Umstand, daß er damit gratis seine Taschen füllen kann, eine offenbar unwiderstehliche Faszination aus. Da gibt's etwas umsonst, – das muß er haben, soviel als möglich!

Dabei läge ein Umdenken gerade bei dem Verweis des Alten auf die »Kohle« so nahe! Es gilt, nicht gratis etwas zu bekommen, sondern im Angesicht der Kohlenstoffgeburt unserer Existenz zu lernen, daß unser ganzes Leben ein Geschenk darstellt, das wir mit nichts verdient haben, doch das es möglich macht, erleichtert, frei und unbeschwert von Schuldgefühlen, Ängsten und von Selbstverurteilungen durch diese Welt zu gehen. Noch einmal sei's betont: Es müßte uns nicht geben, doch es gibt uns, weil da ein Wille ist, der möchte, daß wir sind; in der Natur sind wir vollkommen überflüssig, überzählig, zufällig, beliebig und jederzeit in ihrem »Haushalt« abrufbar; doch diesem Willen reiner Güte im Hintergrund unseres Daseins sind wir nicht egal, ihm liegt an uns, und was wir unsere Würde nennen, ist absolut identisch mit der Wertschätzung, die uns in seinen Augen zukommt. Für ihn sind wir nicht »Staub« und »Dreck«, sondern buchstäblich »goldwert«. Eine ganz neue Art von Gravität (lat.: gravitas – die Schwere) wird uns dadurch zuteil, und sie restituiert oder renaturiert all die vermeintlichen Abträglichkeiten, die »der Alte« uns immer wieder zumutet.

Es ist am anderen Morgen, daß der Schneider und der Goldschmied wach werden durch einen *»schweren Druck auf ihren Gliedern«*, und als sie in ihre Taschen greifen, wollen sie *»ihren Augen nicht trauen«*, sehen sie doch, *»daß sie nicht mit Kohlen, sondern mit reinem Gold angefüllt«* sind; *»auch Haupthaar und Bart* sind *»wieder in aller Fülle vorhanden.«* Was sie waren, ist ihnen nicht genommen worden, dafür tritt, was sie sind, endlich in seiner ganzen Kostbarkeit an den Tag und wird als Wert auch ihnen selber zugänglich. Sie sind jetzt *»reiche Leute«*, – nach ihrem »Erwachen« haben sie Grund, diese Tatsache anzuerkennen und einzugestehen.

Jedoch, was eigentlich hat sich da nur so sehr geändert: von bitterer Armseligkeit in plötzlich strahlenden Glanz? – Wesentlich dies: daß es von jenem Morgen an zu einer geradezu erdrückenden Gewißheit wird, so, wie wir sind, geliebt zu sein!

Wann immer einer den anderen liebgewinnt, nennt er ihn so, wie er ihn fühlt und für sich selbst entdeckt: »mein Schatz«, oder, zärtlich verkleinernd und damit in der Kostbarkeit noch steigernd: »du, mein Schätzelein.« Die Skeptiker unter den Psychologen werden an dieser Stelle vermutlich einwenden, daß solche Wertschätzungen doch rein subjektiv und zumeist projektiv erfolgten, – sie sagten sehr viel aus über den Liebenden und herzlich wenig über den Geliebten; wie dieser wirklich sei, weiche womöglich weit von dem Wunschdenken des Verliebten ab. Man kann wohl ruhig zugestehen, daß es mitunter sich gerad so verhalten mag: – »Liebe macht blind,« sagt man im Volksmund; doch wesentlich macht Liebe hellsichtig: sie schärft die Aufmerksamkeit und die Dankbarkeit, sie entdeckt immer neue, noch nie so gesehene Seiten an dem anderen, sie bewundert ihn für all das Wunderbare, dessen man selber ermangelt, doch das man froh ist, in ihm anzutreffen. Man erfindet die Kostbarkeiten und Vorzüge des anderen nicht, man findet sie vor, weil man genauer hinsieht. Die Liebe lügt nicht in selbstbetrügerischer Absicht sich etwas vor, sie taucht nur in der Helligkeit des Glücks den anderen ins rechte Licht (die Fälle schwerer Wahrnehmungsverzerrungen auf Grund von Übertragungen aus Kindertagen hier einmal ausgenommen).

Und wie nun, wenn jemand – fast stets in Antwort auf die Liebe eines anderen – sich selbst beginnt zu lieben? Er kann sich nicht einfach ein »positives Denken« zur geistigen Umerziehung verordnen; aber er kann den Gründen seiner Selbstablehnung nachgehen: »Warum nur fällt es mir so schwer, mal etwas Gutes stehen zu lassen? Selbst wenn ich sehe, daß etwas mir wirklich mal gelungen ist, werd' ich es abwerten und sagen: ›Da hast du aber Glück gehabt. Bilde dir nur nichts darauf ein. Beim nächsten Mal mußt du dich etwas mehr anstrengen.‹ Wenn jemand mir ein Kompliment macht, werde ich eher verlegen und wiegele es ab: – er kennt mich ja gar nicht; er fällt nur auf mein Outfit herein; wenn er *das* von mir denkt, muß ich seine Erwartung auch erfüllen! Selbst das Positive wird mir nur zur Last.«

So kann es kommen, daß die »Kohle«, verwandelt in »Gold«, erdrückend schwer wird, – wofern die alte Ich-Einstellung unverändert noch in Geltung bleibt! »Goldwert« zu sein nur in den Augen anderer ist allemale unerträglich, solange man sich diese Wertung selbst nicht glauben kann; sie heizt den Widerspruch von innen und von außen dann nur weiter an; erlösend wirken kann die Wahrnehmung des eigenen Wertes nur, wenn sie aus eigenem Herzen kommt. Doch dahin führt kein anderer Weg, als sich die ständigen Dreinreden hinlänglich bewußt zu machen: »Woher kommen sie? Von wem stammen sie? Warum war ich in den Augen meines Vaters oder meiner Mutter niemals gut genug?« – Viele Antworten darauf sind möglich: »Mein Vater wollte einen Jungen für seine Firma haben statt eines Mädchens.« »Mein Vater wollte mich als Göttin, als Erfüllung seines Traums von Schönheit und von Weiblichkeit, – er merkte nicht, daß er mit seiner Art von Anspruchshaltung und Annäherung alles in mir erstickte, was sich zur Frau hätte entwickeln mögen.« – »Mein Vater haßte sich für seine mangelnde Schulbildung; er wollte mich als das Genie, das er nicht war.« – »Meine Mutter fühlte sich selber minderwertig und tat sich schwer mit der Aufnahme von Kontakten; sie lebte in einer Mondscheinwelt voller Sehnsucht und unerfüllter Träume am Fenster, aber von mir verlangte sie, daß ich wie ein Stern an ihrem Nachthimmel aufginge, zu mir sollte man aufschauen. Doch Sie sehen: ich tauge nicht als Roter Riese.«

Immer, egal wie die Diskrepanzen zwischen Personsein und Bewertung im einzelnen zustande kamen, gehen sie auf die seelische oder materielle Not der entscheidenden Bezugspersonen in der frühen Kindheit zurück; sie sind in einer bestimmten Situation entstanden, in der es nicht möglich war, den Bedürfnissen eines heranwachsenden Kindes gerecht zu werden; ihre Dauerrepetition im Unbewußten – in der Bewertungsmaschinerie des Überichs – stellt im Verlauf der Biographie ein chronifiziertes Unrecht sich selbst gegenüber dar, und man hat heute, spätestens seit jenem Erwachen, ein Recht, das System alter Fehlerwartungen und Überforderungen seitens der Eltern endlich abzuwerfen. Nicht das alte: »ich muß aber doch«, sondern das neue: »ich darf« bildet jetzt die Grundlage eines zu sich selbst erwachten Lebens. Es ist nicht mehr nötig, sich durch Vorleistungen aller Art die Daseinsberechtigung im Leben zu verdienen. Dieses Prinzip einer kompletten Abwertung und Ablehnung hat sich entscheidend geändert, doch eben dadurch verwandelt sich alles, dadurch allein wird »Kohlenstaub« zu »Sternenstaub«, zu »Gold«.

Der Gegensatz ist absolut: Unter dem Leistungsprinzip als Eintrittsbedingung zum Leben muß das gesamte Dasein als Kehricht erscheinen; unter dem Freispruch von diesem Prinzip wird es möglich, sich als existenzberechtigt zu akzeptieren; und das verändert alles: zu leben ist nicht länger eine Schuld, die es durch Fehlerlosigkeit und Nützlichkeit auf immer abzutragen gilt; nach und nach kann sich das Empfinden bilden, doch zu etwas gut zu sein, und so wird eine Güte möglich, die nicht von außen aufgezwungen wirkt, sondern wirklich von innen kommt; die wachsende Annahme seiner selbst erleichtert es im folgenden, auch andere mit ihren Unvollkommenheiten anzunehmen. Und so tritt jetzt als Grundgefühl jene innere Ruhe ein, die nach dem letzten Schlag der Klosterglocke dem

Schneider und dem Goldschmied auf dem Strohlager der Herberge den wohltuenden Schlaf dieser Verwandlung schenkt. »Zufriedenheit« heißt jetzt das Zauberwort, – im Munde wenigstens des Schneiders.

Voll Selbstvertrauen konzipiert er gleich am Morgen seine Zukunft: »*Ich habe genug*«, spricht er, »*und bin zufrieden: jetzt werde ich Meister, heirate meinen angenehmen Gegenstand* (wie er seine Liebste nannte) *und bin ein glücklicher Mensch.*« Beruflich wie privat liegt jetzt das ganze Leben vor ihm. Jemand, der in beiden Bereichen: in Arbeit wie in Liebe, erfolgreich ist, gilt im allgemeinen als seelisch gesund; doch wie wir jetzt wissen: diese Gesundheit verdankt sich wesentlich dem neuen Grundgefühl, nicht unbedingt erfolgreich sein zu *müssen*! »Erfolg« im Beruf unter allen Umständen: – wieviel an Ehrgeiz und Konkurrenz, an Angst und Streß ergibt sich aus einer solchen Einstellung! »Erfolgreich« in der Liebe: – wieviel an Überanstrengung und Impotenzgefühl, wieviel an Mißtrauen und Suche nach Bestätigung, wieviel an Zwang, geliebt zu werden, statt der Freiheit, selbst zu lieben, liegt in einer solchen Auffassung von menschlichen Beziehungen! Das alles hat der Schneider hinter sich, – kraft dieses neugewonnenen Selbstbewußtseins, innerlich »reich« genug zu sein. »Er hat ein Herz aus Gold«, sagt man von einem Menschen, dem man seine Güte, seine Treue, sein Mitgefühl und sein Engagement tatsächlich glauben kann: Er ist integer, – das heißt hier: er ist mit sich im Einklang, er ist bei sich selbst angekommen, er muß nicht länger sich verleugnen, indem er sich zwingt, etwas darzustellen, das er nicht ist, oder etwas an sich zu negieren, das womöglich seinen wahren Wert ausmacht. Er darf sein, was er ist. So stimmt 's: Er ist gemacht aus Kohlenstoff und doch, wie Gold, ein Kind des Himmels.

Statt innerer Verwandlung die Rückkehr in die alte Selbstablehnung

Ganz anders widerfährt's dem Goldschmied. Ihm kommt die Umwandlung der Kohle in kostbares Gold als ein alchymisches Mirakel vor, – er nimmt es äußerlich, oder, besser gesagt, er bleibt unter veränderten Bedingungen derselbe, der er immer war: jemand, der wegen seines Mißwuchses unter der Mißachtung der Zeitgenossen unentwegt gelitten hat und der dagegen angekämpft hat durch eine Art Großspurigkeit und eine »Hoppla, jetzt komm Ich«-Mentalität. Er nutzt den neu gewonnenen Reichtum nicht zu der Einsicht in die Geschenkhaftigkeit seines Daseins, er bleibt im Äußeren, im Materiellen, im Werturteil der anderen stecken; er wird dadurch nicht frei und unabhängig, er wird dadurch im Gegenteil nur noch gebundener an sein althergebrachtes Imponiergehabe. Wohl hat er sich *»seiner habgierigen Natur gemäß die Taschen besser gefüllt«* als der Schneider, so daß er an Gold jetzt *»noch einmal soviel als der Schneider besitzt«*, aber es zeigt sich: *»Ein Habgieriger, wenn er viel hat, verlangt noch mehr.«* Nur: warum ist das so? Die »Habgier« selbst hat ihre Gründe, und wir begreifen, daß eine ihrer tiefsten Quellen in Unsicherheit besteht.

Man muß sich nur noch einmal klarmachen, was es bedeutet, als Kind mit verkrümmtem Rücken aufzuwachsen. Bis in das Liedgut ist die Gestalt des »bucklig Männlein« vorgedrungen[127] und gilt dort als

127 Bekannt ist das Gedicht, das CLEMENS BRENTANO 1808 in »Des Knaben Wunderhorn« veröffentlicht hat und das 1810 nach der Melodie eines Chorgesangs aus einem Gesangbuch in Wien von *Johann Böhl* vertont wurde; es erzählt von einer jungen Frau, die sich von einem ungebetenen Freier allerorten belästigt und verfolgt fühlt:

Will ich in mein Gärtlein gehen,
will mein Zwiebeln gießen,
steht ein bucklig Männlein da,
fängt gleich an zu niesen.

Will ich in mein Küchl gehen,
will mein Süpplein kochen,
steht ein bucklig Männlein da,
hat mein Töpflein brochen.

Die Frau kann machen, was sie will: ob sie in den Keller geht, Wein zu holen, ob sie sich an das Spinnrad setzt, ob sie sich in die Kammer begibt oder zur Ruhe legen will, – prompt steht der unliebsame Liebhaber da und blockiert durch seine Anwesenheit alles, was sie tun möchte; die Verkleinerungsform vom Gärtlein, Küchlein, Töpflein, Kellerlein, Bänklein, Bettlein ... zeigt sie als eine selbst noch kindliche Person, die aus Angst vor der Sehnsucht nach Liebe zurück in die Unschuld ihrer Jugendjahre flieht; die verunstaltete Form des Männleins aber verweist darauf, daß es mit seinen Avancen nicht als möglicher Partner, sondern als unerwünschter Störenfried wahrgenommen wird. Was dieses »bucklig Männlein« mit seinen unablässi-

unheimlich, störend, hinderlich und lästig, und dementsprechend wird ein solches Kind auf jedem Pausenhof gehänselt werden, – Spott und Verachtung sind die ständigen Begleiter seines Lebensweges; in dieser Lage ist es fast wie selbstverständlich, den äußerlichen »Makel« mit äußerlichen Mitteln auszugleichen. »Wenn ich erst Geld genug habe, werden mich die anderen von ganz alleine wertschätzen«, scheint er zu denken; doch je weniger er sich bei aller Sehnsucht nach Liebe wirklich angenommen fühlt, desto stärker steigt sein Verlangen nach äußerem Ausgleich. Gier nach Gold (nach »Geld und Gut«) entspringt erkennbar dem Verlangen nach Geltung. Doch genau damit bleibt der Goldschmied in einem Teufelskreis gefangen. Immer noch hält er an dem Prinzip der Vorleistungen zur Rechtfertigung seiner Existenz fest; daß er davon nicht loskommt, kann man verstehen, beweist ihm seine Verkrüppelung doch Tag für Tag, daß er so, wie er ist, eben *nicht* akzeptiert wird, – daß er mithin zusätzlich etwas anbieten muß, um sich die Eintrittskarte ins Leben zu erkaufen; für einen wie ihn gibt es im Leben nichts »gratis«; um zu rechtfertigen, daß es ihn gibt, kann er nicht reich genug sein; nur als einen Wohlhabenden wird man ihm wohl sein. Diese Tragödie steckt hinter der »Volksweisheit«: *»Ein Habgieriger, wenn er viel hat, verlangt noch*

gen, doch äußerst unerwünschten Liebesbeteuerungen durchmacht, ist nicht anders vorstellbar denn als ein Meer von Leid. Das Gedicht (oder Lied) ist gewiß kein Kinderlied, doch CLEMENS BRENTANO hat es genau dazu gemacht, indem er es auf Grund der Verkleinerungsform aller Hauptworte den Kindern gewidmet und mit der Aufforderung geendet hat:

Liebes Kindlein, ach ich bitt':
bet' fürs bucklig Männlein mit.

Das ist das erste Gebet für die Erlösung eines Stalkers! Wie viel Hilflosigkeit und Schmerz liegt in dem Schicksal dieses Buckligen! – Erstaunlich klar hat ARTHUR SCHOPENHAUER: Die Welt als Wille und Vorstellung, 2. Bd., Viertes Buch, Kap. 44, Werke, III 622, die Bedeutung des Skeletts bei der Partnerwahl erkannt, indem er schrieb: »Nächst Alter und Krankheit stößt nichts uns so sehr ab, wie eine verwachsene Gestalt: sogar das schönste Gesicht kann nicht dafür entschädigen; vielmehr wird selbst das häßlichste, bei geradem Wuchse, unbedingt vorgezogen. Ferner empfinden wir jedes Mißverhältnis des Skeletts am stärksten, z. B. eine verkürzte, gestauchte, kurzbeinige Figur u. dgl. m., auch hinkenden Gang, wo er nicht Folge eines äußern Zufalls ist. Hingegen kann ein auffallend schöner Wuchs alle Mängel ersetzen: er bezaubert uns.«

mehr«, – »je mehr er hat, je mehr er will«, sagt man einfach und bündig. Doch wie wir sehen: Nichts an diesem Goldschmied ist »einfach so.«

Ungeniert, obwohl er ohnehin schon doppelt so viel angehäuft hat wie der Schneider, macht er diesem »*den Vorschlag, noch einen Tag zu verweilen, am Abend wieder hinauszugehen, um sich bei dem Alten auf dem Berge noch größere Schätze zu holen.*« Was einmal gelungen ist, kann doch auch wieder gelingen, denkt er, und begreift nicht, daß alles, was er bei sich führt, ihm als Geschenk gegeben wurde. Er meint im Ernst, daß man, so reich beschenkt, zumindest einmal noch – und wer weiß: immer wieder – die Kohlenumwandlung in Gold sich wiederholen lassen könnte. Warum auch nicht? Bedauerlicherweise nur, daß er nicht letzte Nacht schon größere und zahlreichere Taschen zur Verfügung hatte, »*um recht einsacken zu können.*« Jetzt hängt er sich »*noch ein paar Taschen* (mehr) *über die Schulter*« und macht sich alleine »*auf den Weg zu dem Hügel.*« Gern hätte er auch den Schneider – diese andere Seite seiner selbst – zum Hügel mitgenommen, doch der weigert sich: er hat genug, – mehr will und braucht er nicht; was gut ist, wird durch Übertreibungen nicht besser; Glück ist so viel wie eine Lebensqualität, die sich quantitativ nicht steigern läßt; der Schneider ist in Frieden mit sich selbst, er ist zufrieden mit dem groß bemessenen Reichtum seines Daseins.

Nicht so der Goldschmied. Er ist zu gekränkt durch die verunstaltende Krankheit seines Rückens, er kann nicht »gerade«, kann nicht »aufrecht« gehen oder stehen; er ist von Grund auf ein gebeugter Mann; wie soll er da mit sich zufrieden sein? Sein ganzer neu erworbener Reichtum reicht durchaus nicht hin, um endlich Frieden mit sich selbst zu schließen. Es soll genug sein? Nie! »*Größere Schätze*« schweben ihm vor, – er muß, meint er, doch nur noch einmal wiederholen, was in der letzten Nacht sich so erfolgreich anließ. Er merkt nicht, daß er mit einer solchen »Wiederholung« Unwiederbringliches verfälscht und unrettbar verdirbt. Was als Geschenk ihn die Verwandlung seines ganzen Daseins von Vorleistung in Freiheit lehren könnte, verwandelt er zurück in ein berechnendes Kalkül der kleinlichsten Gewinnsucht; was ein unendlicher Gewinn sein könnte, verkehrt sich zu Totalverlust; was eine Neugeburt in der Erlaubnis eines unverdienten, gnadenhaften Leben-dürfens werden könnte, verformt sich jetzt zum Fluch der Unbelehrbarkeit des ewigen Weiter-so. Verschärft, endgültig, selbstgewollt und selbstentschieden verläuft sein Leben damit weiter in der extremen Widersprüchlichkeit von Minderwertigkeitsgefühlen und Selbsthaß, von reaktiver Forschheit und sich nie beruhigenden Kompensationsversuchen einem Mangel gegenüber, der sich als seelisches Empfinden mit materiellen Mitteln nie ausgleichen läßt. Der Schneider weigert sich, auf diesem Irrweg ihm zu folgen, und er hat völlig recht damit.

Dabei scheint alles für den Goldschmied so zu laufen, wie er es erwartet: »*wie in der vorigen Nacht*« findet er »*das kleine Volk bei Gesang und Tanz*«; doch tritt er, wie gestern abend, noch einmal in dessen Kreis? Wohl kaum. Alles geht zielgerade vor sich – ohne Zeitverlust, ohne Freude, ein vorgefertigtes Ritualprogramm: »*abermals*« schert »*der Alte … ihn glatt,*« und abermals deutet er »*ihm an, Kohlen mitzunehmen*«, und sicher: das läßt der Goldschmied sich nicht zweimal sagen: Er zögert »*nicht, einzustecken, was nur in seine Taschen gehen*« will, kehrt »*ganz glückselig heim*« und deckt »*sich mit dem Rock zu. ›Wenn das Gold auch drückt*‹«, spricht er, ›*ich will das schon ertragen*‹, *und … endlich*« schläft er »*mit dem süßen Vorgefühl ein, morgen als steinreicher Mann zu erwachen.*«

Die Rede geht hier wohlgemerkt von einem »Glück«, das ganz und gar in den Verlockungen des Irdischen besteht: »*steinreich*« zu werden – wem das genügend sicher scheint, der könnte wohl ruhig schlafen, gehört ihm doch die Welt, entsprechend den ihr eigenen Maßstäben! Was einer hat, macht wie von selbst vergessen, wer er ist. Was er sich leisten kann, erübrigt jede Vorleistung zu der beklemmenden Rechtfertigung des Daseins. Will man noch sehen, wie hier jemand seinen Eigenwert prostituiert, indem er ihn in seiner Geldform auf dem Markt verkäuflich macht? Empfindet man noch mit, wie jemand sich hier selbst verkauft, eh' er sein Dasein in Gold wägen läßt? Der Goldschmied will und kann nicht sehen, daß der Reichtum, den er zu erhaschen meint, ihn hoffnungslos auf sein Staubdasein reduziert. Wenn nur gilt, was sich äußerlich feststellen und taxieren läßt, dann wird er festgeschrieben bleiben auf das Bucklig-sein, auf sich als Mangel- und als Mängelwesen, dann wird er seine Nichtigkeit, seine Wertlosigkeit, seine restlose Überzähligkeit als eine unbezahlbare Rechnung mitten im Leben immer neu präsentiert bekommen.

Als dann des morgens sich die Augen öffnen, ergeht es ihm ganz so wie nach dem »Sündenfall« *Adam* und *Eva*: auch denen taten sich die Augen auf, »und sie erkannten, daß sie nackt waren.« (Gen 3,7)[128] Sich in der reinen Kreatürlichkeit wahrnehmen müssen inmitten einer gnadenlosen Welt – das steht am Ende des Versuchs, der Angst, der eigenen Nichtigkeit und Todverfallenheit durch Flucht in ein fiktives Absolutsein zu entkommen; es ist ein Fluch, der wie ein Albtraum alles, was man hat und ist, in Ballast und in Last verwandelt. Der Arme, der so reich sein wollte, ist jetzt unendlich ärmer und armseliger denn je. Das Ritual des Haarescherens, das den Wert der eigenen Person ganz ohne die Insignien männlicher Dominanz und Imposanz vermitteln sollte, hat einen Tag zuvor noch die Entdekkung mit sich bringen können, von innen her, als Mensch, goldwert zu sein, und nichts wäre noch nötig, als in diesem Glück erwachten Menschseins zu verbleiben, wie es der Schneider denn auch tut; der Goldschmied aber macht daraus ein äußeres Erfolgsrezept, er bleibt dabei, Glück müsse käuflich sein; er verhält sich damit ganz so, wie es die kapitalistische Wirtschaftsordnung, in der zu leben wir uns gezwungen sehen, von uns zu fordern scheint: Gleich einem Roulettspieler, der auf »schwarz« soeben einen großen Geldbetrag kassiert hat, setzt der Goldschmied als nächstes alles, was er hat, noch einmal auf »noir«, – er wird alles verlieren, Glück ist nun mal nicht abonnierbar; doch das Entscheidende entgeht dem Goldschmied gänzlich: Er hat nicht »Glück« gehabt, als sich in seinen Händen Staub in Gold verwandelte, ihm wurde seine Existenz als goldwertes Geschenk geboten, nur – davon hat er nichts begriffen. Das Leid des Buckligseins erlaubt es ihm offenbar nicht, die innere Gefangenschaft aus Selbstablehnung und Selbstüberhöhung zu verlassen; allerdings:

128 Zur Stelle vgl. E. DREWERMANN: Strukturen des Bösen, I 72–74; III 207–209: Nacktheit, Scham und Ekel.

indem er bleibt, wie er ist, entschwindet ihm die einzige Form von Glück, die ihm hätte vergönnt sein können. Sein neuerliches Erwachen wird ein böses sein.

Voll freudiger Erwartung erhebt »*er sich schnell, um die Taschen zu untersuchen, aber wie*« erstaunt »*er, als er nichts*« herauszieht, »*als schwarze Kohlen, er*« mag »*so oft hineingreifen, als er*« will. »›*Noch bleibt mir das Gold, das ich die Nacht vorher gewonnen habe*‹«, denkt er, und holt »*es herbei*«, aber wie erschrocken ist er, als er bemerkt, »*daß es ebenfalls wieder zu Kohle geworden war. Er*« schlägt »*sich mit der schwarzbestäubten Hand an die Stirn, da*« fühlt er, daß der ganze Kopf »*kahl und glatt war wie der Bart.*«

Das Leben ist nicht ein Gewinnspiel alter oder neuer Chancen, es ist die Frage, wie wir es betrachten: als etwas Unberechtigtes, das wir mit Nützlichkeit und Leistung abbezahlen müssen, oder als ein Geschenk voll unverdienter Kostbarkeit. Alles an Unglück, alles an Glück entscheidet sich an dieser Wahl. Entweder wird, was ohnehin schon schwer war, jetzt noch schwerer bis zum Unerträglichen oder es hebt sich auf in Leichtigkeit und Schwerelosigkeit. Wieviel muß uns erst weggenommen werden unter der Schere des Alten vom Berge, bis wir merken, woraus wir wirklich leben! Doch wenn wir eine schon greifbare Einsicht zurückweisen, indem wir voller Gier zurückwollen in unser altes Unglück, wird es uns so ergehen wie diesem Goldschmied: zu seinem Buckel auf dem Rücken kommt nun »*noch ein zweiter, ebenso großer vorn auf der Brust.*« Das Bewußtsein seines Makels, seines Mangels, seiner bloßgestellten Kreatürlichkeit wird ihm schwer auf der Seele liegen und ihm die Brust abdrücken, und all sein Dasein wird, wie in der Bibel (Gen 3,9–24), ihm als eine »*Strafe*« vorkommen, – »*seiner Habgier*« wegen. Es ist ein trauriges, tränenerfülltes Dasein, das ihm jetzt bevorsteht, nicht so umfassend ausgemalt, wie es in den Fluchworten Gottes über den schuldig gewordenen Menschen nach dem Verlust des Paradieses in der Urzeiterzählung der Bibel sich darstellt[129], doch ebenso trostbedürftig wie

129 A. a. O., I 87–97: Das bestrafte Leben (Gn 3,14–19); S. 97–106: Die verbannten Kinder Evas (Gn 3,20–24).

untröstlich, verloren in dem Tal der Tränen, das fortan die gesamte Erde ist. Wenn es in der Erbärmlichkeit, so sein zu müssen, eine menschliche Erleichterung denn doch noch geben kann, so ist es ein Erbarmen ohne Grenzen, das Anerkennen einer Solidarität, wie sie sich gerade aus dem Grund des Daseins als Geschenk ergibt.

Im Märchen wird der Schneider als ein *»guter«* Kerl geschildert, der, vom lauten Weinen seines Kameraden aufgeweckt, *»den Unglücklichen, so gut es gehen«* will, zu trösten sucht. Doch wie soll das geschehen? Er müßte die Gesinnung seines Kameraden ändern und ihm die Gründe darlegen, die *ihn* zufrieden mit sich selber, den Goldschmied aber chronisch unzufrieden mit sich sein lassen; doch solch ein Wandel gehört in den Bereich der Psychotherapie und, noch weit mehr, in den Bereich der Religion, – nicht jeder ist ein Seelenkundler und Seelsorger oder, am besten, beides gleichzeitig. Und auch dann wird es immer wieder vorkommen, daß man die Not des anderen durchaus begreift und doch nicht ändern kann. In solchen Fällen ist es von unschätzbarem Wert, daß der Goldschmied sich in seiner notvollen Verzweiflung nicht gänzlich allein gelassen fühlt. Er, der bisher schon nicht recht glauben konnte, daß er von den anderen trotz seines Mißwuchses irgendwie angenommen werde, müßte jetzt endgültig in seinen Schamgefühlen, Ängsten und Verachtungsphantasien wie in einem Turmverlies gefangen liegen bleiben, gäbe es nicht an seiner Seite diesen Schneider, der sich zu ihm bekennt und ihm die Treue hält: *»Du bist,«* spricht er, *»mein Geselle auf der Wanderschaft gewesen, du sollst bei mir bleiben und mit von meinem Schatz zehren.«*

In gewissem Sinne ist der Schneider, wie wir sagten, »nur« die eine Seite ein und derselben Persönlichkeit, der Goldschmied ist die andere, beide bilden sie konträre Möglichkeiten, auf die gleiche wesentliche Grundtatsache unseres Daseins Antwort zu geben: entweder lernen wir, das Leben als Geschenk zu sehen, oder wir bleiben stehen in dem Zwang, die Rechtfertigung unserer Existenz nachzuverdienen. Der Schneider hat begriffen, daß all das, was ihn als Menschen ausmacht, nicht von ihm selbst geschaffen, sondern von ihm als fremdes Gut anvertraut wurde, und so steht er in der Pflicht, von dem, was er hat, abzugeben an denjenigen, der – schuldlos oder schuldig – sich unglücklicher findet als er selbst. Das Wort vom »Gesellen« bezeichnet hier nicht einen Handwerker, der nach bestandener Prüfung in der Werkstatt seines Lehrherrn weiterarbeitet – im akademischen Bereich: ein Bachelor, noch nicht ein Master –, »Geselle« ist hier rein persönlich zu verstehen: ein Mensch »gesellt« sich zu dem andern, er macht sich ihm vertraut, lernt sich auf ihn nach und nach zu verlassen; er ist dadurch mit ihm verbunden – und als Verbündeter verantwortlich. »Umsonst habt ihr empfangen, umsonst gebt«, heißt es in der Aussendungsrede Jesu an seine Jünger (Mt 10,8)[130]; dieses göttliche »gratis« gilt es weiterzugeben. Das ist die Grundlage des Christentums und, recht verstanden, einer jeden Menschlichkeit, die tief genug in jener religiösen Grundhaltung verankert ist. Und was bewirkt das?

Der Schneider wird ganz sicher nicht verhindern können, daß der Goldschmied *»sein Lebtag die beiden Höcker tragen«* muß und all sein Leid, statt endlich still zu werden, jetzt ihm, verdoppelt noch, das Herz abpreßt; daß ihm kein Bart mehr wächst, mag man noch übersehen – es gibt halt Leute, die inzwischen sich selber zu rasieren pflegen –, jedoch ein Glatzkopf, das ist etwas Kurioses, das sieht nicht gerade attraktiv aus in den Augen mancher Frauen (und um es, meist vergeblich, zu verhindern, werden für männliche Kunden denn auch inzwischen alle möglichen Haarwuchsmittel angeboten); der Goldschmied jedenfalls faßt seine Kahlköpfigkeit, wie die beiden Buckel, als eine Schande auf, als etwas, das man nur verstecken kann. So werden Frauen, die mit einer Chemotherapie gegen Brustkrebs behandelt werden, ihren Haarausfall mit einem schönen Tüchlein zu verhüllen trachten; der Goldschmied kann nicht, wie es Frauen täten, ein schmuckes Kopftuch tragen, er sucht den *»kahlen Kopf mit einer Mütze«* zu *»bedecken«*. Doch drum, mit dem Gefühl der Schande muß er wie zur Strafe leben.

Der sich geweigert hat, das Dasein »gratis« in Empfang zu nehmen, der muß nun froh sein, nicht gänzlich allein zu sein. Er wird

130 Vgl. zur Stelle E. DREWERMANN: Das Matthäus-Evangelium, II 150–156: Mt 10,1–15: Der ursprüngliche Auftrag: Heilung und Rettung oder Verstockung und Untergang.

den Beistand, die Begleitung seines Kameraden nehmen wie ein Almosen, vielleicht aber, bei aller Traurigkeit und allem Schmerz, auch als den wohlgemeinten Hinweis, wie man leben sollte, um immer neu aus Kohle Gold zu machen. Der Schneider seinerseits wird in diesem »Gesellen« all denjenigen begegnen, die, wie er, »nackt« sind und »fremd« und »hungrig« und »gefangen«, und wird in diesen, wenn er ihre Not zu lindern sucht, die Art von Menschlichkeit entdecken, die laut dem letzten Gleichnis Jesu im Matthäus-Evangelium als einziges Richtmaß bei der Wiederkunft des »Menschensohnes« zeigt, was unser Leben wert war, – ob es Gold war oder Kehricht. (Mt 25,31–46)[131]

131 Vgl. zur Stelle a. a. O., III 222–244: Mt 25,31–46: Das große Weltgericht oder: der einzig gültige Maßstab.

Bibliographie

Alfred Adler: Menschenkenntnis (Vorträge in Wien 1926), eingel. v. Oliver Brachfeld, Frankfurt/M (Fischer Tb. 6080) 1966

Jean Anouilh: Antigone, Paris 1942; dt.: Antigone, übers. v. Franz Geiger, München – Wien 1971

Aristoteles: Metaphysik. Schriften zur Ersten Philosophie, übers. u. hg. v. Franz F. Schwarz, Stuttgart (RUB 7913) 1970, 1976

Flavius Arrianus: Alexanders des Großen Siegeszug durch Asien, eingel. u. übertr. v. Wilhelm Capelle, Zürich 1950

Marc Aurel: Wege zu sich selbst, übers. mit einem Essay »Zum Verständnis des Werkes« und mit Erläuterungen hg. v. Willy Theiler, Reinbek (rk 181) 1965

Pedru Banarescu: Die Karpfenähnlichen, in: Grzimeks Tierleben. Enzyklopädie des Tierreiches, Bd. 4: Fische 1, (Zürich 1970) München (dtv) 1980, 320–360

Jürgen von Beckerath: Handbuch der ägyptischen Königsnamen, München – Berlin (Münchner Ägyptologische Studien) 1984

Bertolt Brecht: Die Gedichte von Bertolt Brecht in einem Band, hg. v. Suhrkamp Verlag in Zusammenarbeit mit Elisabeth Hartmann, Frankfurt/M 1981

Bertolt Brecht: Der gute Mensch von Sezuan. Parabelstück (1938/40), Berlin 1955

Martin Buber: Königtum Gottes (1932), in: Werke, 2. Bd.: Schriften zur Bibel, München – Heidelberg 1964, 485–723

Martin Buber: Moses (1945), in: Werke, 2. Bd.: Schriften zur Bibel, München – Heidelberg 1964, 9–230

Georg Büchner: Dantons Tod. Ein Drama (1835), in: Werke und Briefe, hg. v. Karl Pörnbacher, Gerhard Schaub, Hans-Joachim Simm und Edda Ziegler, (München 1988) München (dtv 2202) 1988, 67–133

Cottie Burland: Flathered Serpent and Smoking Mirror, London 1975; dt.: Gefiederte Schlange und Rauchender Spiegel. Götter und Schicksalsglaube im alten Mexiko, übers. v. Hans Schmidthüs, Freiburg 1975

Gurinda Chadha (Reg.): Viceroy's House, dt.: Der Stern von Indien, Großbritannien – Indien – Schweden 2017

Calderón de la Barca: La vida es sueño. Versdrama, Madrid 1636; dt.: Das Leben ist ein Traum, übers. v. E. Gürster, Stuttgart (RUB 65) 1955

Albert Camus: Le Mythe de Sisyphe, Paris 1943; dt.: Der Mythos von Sisyphos. Ein Versuch über das Absurde. Mit einem kommentierenden Essay von Liselotte Richter, Hamburg (rde 90) 1959

Robert L. Carroll: Vertebrate paleontology and evolution, 1988; dt.: Paläontologie und Evolution der Wirbeltiere, übers. u. bearb. v. W. Maier und D. Thies, Stuttgart 1993

Catéchisme de l'Église Catholique (»Weltkatechismus«), Paris 1992

Gurinder Chadha (Reg.): Viceroy's House; dt.: Der Stern von Indien, England–Indien 2017.

Marcus Tullius Cicero: In Catilinam orationes – Vier Reden gegen Catilina, lat.-dt., übers. u. hg. v. Michael von Albrecht, Stuttgart (RUB 19369) 2016

Marcus Tullius Cicero: Vom pflichtgemäßen Handeln. De officiis, übers., eingeleitet und erläutert v. Karl Atzert, München (GGTb. 534) 1960

The Codex Nuttall. A picture manuscript from ancient Mexico, edited by Zelia Nutfall, with New Introductory Text by Arthur G. Miller, New York 1975
Heinrich Denzinger – Adolf Schönmetzer: Enchiridion symbolorum, definitionum et declarationum de rebus fidei et morum, Freiburg [32]1963
Robert Descharnes: Salvador Dali, aus dem Franz. v. Herbert Schuldt, Köln 1974
Edmund Dondelinger: Papyrus Ani. BM 10.470. Kommentar, Graz (Codices Selecti, Vol. LXII) 1978; Nachdruck: Das Totenbuch des Schreibers Ani, Graz 1987
Eugen Drewermann: Atem des Lebens. Glauben in Freiheit, Teil 3: Religion und Naturwissenschaft, Bd. 4: Die moderne Neurologie und die Frage nach Gott, 1. Teil: Das Gehirn. Grundlagen und Erkenntnisse der Hirnforschung, Düsseldorf 2006
Eugen Drewermann: Das Johannes-Evangelium. Bilder einer neuen Welt, 2 Bde., Düsseldorf 2003
Eugen Drewermann: Das Markus-Evangelium. Bilder von Erlösung, 2 Bde. (1988), Düsseldorf – Zürich [6]2003
Eugen Drewermann: Das Matthäus-Evangelium. Bilder von Erfüllung, 3 Bde., Olten – Freiburg 1992–1995
Eugen Drewermann: Das Lukas-Evangelium. Bilder erinnerter Zukunft, 2 Bde., Düsseldorf 2009
Eugen Drewermann: Die Apostelgeschichte. Wege zur Menschlichkeit, Ostfildern 2011
Eugen Drewermann: »... auf dass ihr wieder leben sollt.« Die Botschaft des Propheten Ezechiel, hg. v. Bernd Marz, Zürich – München 2001
Eugen Drewermann: Die Bremer Stadtmusikanten. Die Allianz der »Nutzlosen«, in: Von der Macht des Geldes oder Märchen zur Ökonomie, Düsseldorf 2007, 123–151
Eugen Drewermann: Der Froschkönig. Grimms Märchen tiefenpsychologisch gedeutet, Düsseldorf – Zürich 2003
Eugen Drewermann: Geld, Gesellschaft und Gewalt. Kapital und Christentum, Bd. 1, Ostfildern 2016
Eugen Drewermann: Finanzkapitalismus. Kapital und Christentum, 2. Bd., Ostfildern 2017
Eugen Drewermann: Von Krieg zu Frieden. Kapital und Christentum, Bd. 3, Ostfildern 2017
Eugen Drewermann im Gespräch mit Jürgen Hoeren: Jan Hus im Feuer Gottes. Impulse eines unbeugsamen Reformers, Ostfildern 2015
Eugen Drewermann: Fundevogel. Der Tod als hoffnungsvolle Verwandlung des Lebens, in: An den Grenzen der Medizin. Märchen von Heilung und Hoffnung, (Olten 1990) Düsseldorf 2008, 91–136
Eugen Drewermann: Im Anfang ... Die moderne Kosmologie und die Frage nach Gott. Glauben in Freiheit, Teil 3: Religion und Naturwissenschaft, 3. Bd.: Kosmologie und Theologie, Düsseldorf – Zürich 2002
Eugen Drewermann: Strukturen des Bösen. Die jahwistische Urgeschichte in exegetischer, psychoanalytischer und philosophischer Sicht, 3 Bde., Paderborn 1977–1978, [2](erw.) 1980–1981

Eugen Drewermann: Suchtstrukturen, Süchte – und ihre fast unmögliche Behandlung (1981), in: Psychoanalyse und Moraltheologie, 3. Bd.: An den Grenzen des Lebens, Mainz 1984 ([6]1994), 85–97

Eugen Drewermann: Und der Fisch spie Jona an Land. Das Buch Jona tiefenpsychologisch gedeutet, Düsseldorf – Zürich 2001

Eugen Drewermann: ... und es geschah so. Die moderne Biologie und die Frage nach Gott. Glauben in Freiheit, Teil 3: Religion und Naturwissenschaft, 2. Bd. Biologie und Theologie, Zürich – Düsseldorf 1999

Erasmus von Rotterdam: Das Lob der Torheit (Encomium Moriae) (1509), übers. u. hg. v. Anton J. Gail, Stuttgart (RUB 1907) 1980

Hans Fallada: Kleiner Mann – was nun? (1932; Berlin – Weimar [7]1982) Berlin (utb 2676) [8]2016

Sandor Ferenczi: Versuch einer Genitaltheorie (1924), in: Schriften zur Psychoanalyse, 2 Bde., hg. v. Michael Bálint, Frankfurt 1970–1972, Bd. II 317–400

Joachim C. Fest: Hitler, Frankfurt/M – Berlin – Wien 1973

Michel Foucault: Die Macht der Psychiatrie. Vorlesungen am Collège France 1973–1974, hg. v. Jacques Lagrange, aus dem Franz. v. Claudia Brede-Kronersmann und Jürgen Schneider, Frankfurt/M (stw 2152) 2015

Sigmund Freud: Totem und Tabu (1912/1913), in: Gesammelte Werke, Bd. IX London 1940

Erich Fromm: To Have or to Be, 1976; dt.: Haben oder Sein. Die seelischen Grundlagen einer neuen Gesellschaft, übers. v. Brigitte Stein, in: Gesamtausgabe, 2. Bd.: Analytische Charakterkunde, hg. v. Rainer Funk, Stuttgart 1980, 269–414

Arun Gandhi: The Gift of Anger. And Other Lessons from My Grandfather Mahatma Gandhi, New York 2017; dt.: Wut ist ein Geschenk. Das Vermächtnis meines Großvaters Mahatma Gandhi, übers. v. Alissa Walser, Köln 2017

Arnold Gehlen: Urmensch und Spätkultur. Philosophische Ergebnisse und Aussagen, Frankfurt/M – Bonn [2](neu bearb.) 1964

Das Gilgamesch-Epos. Neu übersetzt und kommentiert von Stefan M. Maul, München 2005

Johann Wolfgang von Goethe: Faust. Der Tragödie erster und zweiter Teil. Urfaust, hg. u. kommentiert von Erich Trunz, München (Goethes Werke, Bd. III, Hamburger Ausgabe) 1972

Johann Wolfgang von Goethe: Gedichte, hg. u. kommentiert von Erich Trunz, München (Goethes Werke, Bd. I, Hamburger Ausgabe) 1974

Hermann Gretz: Indien. Fünf Jahrtausende indischer Kunst, Baden-Baden (Kunst der Welt, Holle), übers. v. Siegfried Lienhard, 1974

Günter Grass: Der Butt, Darmstadt – Neuwied 1977, [7](durchges.) München (dtv 14480) 2015

Franz Grillparzer: Der Traum ein Leben. Dramatisches Märchen in vier Akten, Wien 1840, in: Sämtliche Werke, hg. von Peter Frank und Karl Pörnbacher, 4 Bde., München 1960–1965, Bd. II, in: Franz Grillparzer: Dramen, ausgew. v. Petra Munte, Ottobrunn 1985, 283–378

Klaus Helfrich: Menschenopfer und Tötungsrituale im Kult der Maya. Monumenta Americana IX, Berlin 1973

Hermann Hesse: Die Morgenlandfahrt. Eine Erzählung (Montagnola 1959), Frankfurt/M (Bibliothek Suhrkamp, Bd. 1) 1972

Thomas Hobbes: Leviathan or the Matter, Forme and Power of a Commonwealth, Ecclesiastical and Civil, London 1651; dt.: Leviathan. Erster und zweiter Teil, übers. v. Jacob Peter Mayer, Nachw. v. Malte Diesselhorst, Stuttgart (RUB 8348) 1970, bibliogr. erg. 1980

Hans Jellouschek: Wie man besser mit den Wünschen seiner Frau umgeht. Vom Fischer und seiner Frau, (Zürich 1996) Stuttgart 2001, Vorwort von Angela Seifert: Ein Märchen, das mir etwas Wichtiges zu sagen hat

Joachim Jeremias: Unbekannte Jesusworte, Gütersloh 1963, [4]1965

Juvenal: Satiren. Übersetzung, Einführung und Anhang von Harry C. Schnur, Stuttgart (RUB 8598) 1969, 1978

Franz Kafka: Das Schloß, (Berlin 1935) Frankfurt/M (Fischer Tb. 900) 1968

Immanuel Kant: Anthropologie in pragmatischer Hinsicht abgefaßt, Königsberg 1798, in: Werke in 12 Bden., hg. v. Wilhelm Weischedel, Frankfurt/M 1960–1964, Bd. 12, 395–690

Sören Kierkegaard: Die Krankheit zum Tode. Eine christliche psychologische Entwicklung zur Erbauung und Erweckung von Anti-Chimacus (Kopenhagen 1849), übers. u. mit Glossar v. Liselotte Richter, Reinbek (rk 113) 1962

Walter Krickeberg: Altmexikanische Kulturen. Anhang: Gerdt Kutscher: Zur Kunst Altmexikos, Berlin 1975.

Akira Kurosawa (Reg.): Kagemusha, Japan 1980

Günter Lanczkowski: Götter und Menschen im alten Mexiko, Olten – Freiburg 1984

Leo XIII.: Über die Arbeiterfrage (Rerum novarum), 1891; Pius XI.: Über die gesellschaftliche Ordnung (Quadragesimo anno), 1931. Die sozialen Rundschreiben, mit Erläuterungen von Paul Jostock, Freiburg [2]1958

Titus Livius: Ab urbe condita, Liber II, Römische Geschichte, 2. Buch, lat.-dt., übers. u. hg. v. Marion Giebel, Stuttgart (RUB 2032) 1987, durchges. u. bibliogr. erg. 2008

Joseph Lortz: Geschichte der Kirche in ideengeschichtlicher Betrachtung, Bd. 1: Altertum und Mittelalter, Münster 1962; Bd. 2: Die Neuzeit, Münster 1964

Thomas Mann: Doktor Faustus. Das Leben des deutschen Tonsetzers Adrian Leverkühn, erzählt von seinem Freunde, (Stockholm 1947) Frankfurt/M (Fischer Tb. 9428) 1990, [40]2017

Thomas M. Messer: Edvard Munch, New York 1976; aus dem Engl. v. Herbert Schuldt, Köln 1976

Gerd Heinz-Mohr: Lexikon der Symbole. Bilder und Zeichen der christlichen Kunst, Köln 1971, [8]1984

Desmond Morris: Manwatching, London 1977; dt.: Der Mensch, mit dem wir leben. Ein Handbuch unseres Verhaltens, übers. v. Karl Heinz Siber u. Wolfram Wagmuth, München – Zürich (Knaur 3659) 1978

Thomas Morus: Utopia (Basel 1517), in: Der utopische Staat, übers. u. mit einem Essay »Zum Verständnis der Werke«, Bibliographie und Kommentar hg. v. Klaus J. Heinisch, Reinbek (rk 68–69) 1960, 7–110

Joachim Münzing: Die Plattfische, in: Grzimeks Tierleben. Enzyklopädie des Tierreichs, Bd. 5: Fische 2 – Lurche, (Zürich 1970) München (dtv) 1980, 231–248

Erich Neumann: Die Große Mutter. Eine Phänomenologie der weiblichen Gestaltungen des Unbewußten, (Zürich 1956) Olten – Freiburg 1974

Friedrich Nietzsche: Also sprach Zarathustra. Ein Buch für alle und keinen (Teil 1–3: 1883–1884; Teil 4: 1885), mit einem Nachwort von Walter Gebhard, Stuttgart (Kröner Tb. 75) 1988

Karl Anton Nowotny: Codex Borbonicus. Vollständige Faksimile-Ausgabe des Codex im Originalformat. Codices Selecti, Volumen XLIV. Kommentar: Herkunft und Inhalt des Codex Borbonicus, Graz 1974

Dieter Nuhr: Nuhr im Ersten, ARD, 12. Okt. 2017

Publius Ovidius Naso: Drei Bücher über die Liebeskunst (Ars armatoria). Heilmittel gegen die Liebe (Remedia armoris), hg. u. übertr. v. Otto M. Mittler, München (GGTb 421) 1962

Pindar: Oden. Griechisch-deutsch, übers. u. hg. von Eugen Dönt, Stuttgart (RUB 8314) 1986

Gerhard von Rad: Theologie des Alten Testaments, Bd. 2: Die Theologie der prophetischen Überlieferungen Israels, München 1962

Otto Rank: Das Trauma der Geburt und seine Bedeutung für die Psychoanalyse, Leipzig – Wien – Zürich (Internationale Psychoanalytische Bibliothek, Bd. XIV) 1924

Udo Reinhardt: Der antike Mythos. Ein systematisches Handbuch, Freiburg – Berlin – Wien (Rombach Wissenschaften – Reihe Paradigmata, Bd. 14) 2011

Jean-Jacques Rousseau: Vom Gesellschaftsvertrag oder Grundsätze des Staatsrechts (Du contract social ou principes du droit politique, Amsterdam 1762), in Zusammenarbeit mit Eva Pietzcker neu übers. u. hg. v. Hans Brockard, Stuttgart (RUB 1769) 1977

Dschelaladdin Rumi: Aus dem Diwan. Gedichte, aus dem Persischen übertragen und eingeleitet von Annemarie Schimmel, Stuttgart (RUB 8911) 1964

Walter Saller: Stadt aus Stahl, in: Geo Epoche Nr. 38: Stalin, 2008, 72–81

Gaius Sallustius Crispus: Die Verschwörung des Catilina. Der Krieg mit Jugurtha, übers. v. Georg Dorminger, München (GGTb 489) 1962

Arthur Schopenhauer: Die Welt als Wille und Vorstellung, 2. Bd., welcher die Ergänzungen zu den vier Büchern des ersten Bandes erhält (1844), in: Sämtliche Werke, hg. nach der ersten, von Julius Frauenstädt besorgten Gesamtausgabe neu bearbeitet und herausgegeben von Arthur Hübscher, Bd. III, Wiesbaden 1949

Arthur Schopenhauer: Über die Universitäts-Philosophie, in: Parerga und Paralipomena, 1. Bd.; Sämtliche Werke nach der ersten von Julius Frauenstädt besorgten Gesamtausgabe neu bearb. u. hg. v. Arthur Hübscher, Bd. V, Wiesbaden 1946, 147–210

Arthur Schopenhauer: Parerga und Paralipomena. Kleine philosophische Schriften, 2. Bd., nach der ersten von Julius Frauenstädt besorgten Gesamtausgabe neu bearbeitet und herausgegeben von Arthur Hübscher, Bd. VI, Wiesbaden 1947

Harald Schultz-Hencke: Der gehemmte Mensch. Entwurf eines Lehrbuches der Neo-Psychoanalyse (1940), Stuttgart (2. unveränderter Nachdruck der 2. Aufl. 1947) 1967

L. Annaeus Seneca: De ira – Über den Zorn, in: Philosophische Schriften, lat.-dt., 1. Bd., übers., eingel. u. mit Anmerkungen versehen von Manfred Rosenbach, Darmstadt 1980, 95–311

Johannes Strempel: Der rote Wahn, in: Geo Epoche Nr. 80: Der Vietnamkrieg, 142–135

Gaius Suetonius Tranquillus: Leben der Caesaren, übers. u. hg. von André Lambert, (Zürich 1955) München (dtv 6005) 1972
Leopold Szondi: Ich-Analyse. Die Grundlage zur Vereinigung der Tiefenpsychologie. 2. in sich abgeschlossener Band der Triebpathologie, Stuttgart – Bern 1956
Christian Theede (Reg.): Der Fischer und seine Frau, Drehbuch: Dieter Bongartz, 2013
Das Thomas-Evangelium, in: Kurt Aland: Synopsis quattuor evangeliorum. Locis parallelis evangeliorum apocryphorum et patrum adhibitis, Stuttgart 1964, 517–530: Evangelium Thomae copticum
Leo N. Tolstoi: Die Kreuzersonate (1889), in: Späte Erzählungen. Vollständige Ausgabe sämtlicher Erzählungen aus den Jahren 1888 bis 1910. Nach der seit 1929 erscheinenden russischen historisch-kritischen Gesamtausgabe übersetzt und hg. v. Josef Hahn, (Zürich 1976) Stuttgart (Parkland) o.J., 13–126
Tutanchamun, Kestner Museum Hannover, 20. Februar – 26. April 1981
Oliver Welke: Heute-Show, ZDF, 13. Okt. 2017
Xenophon: Memorabilien. Erinnerungen an Sokrates, übertragen und erläutert von Paul M. Laskowsky, München (GGTb. 597) 1960
Stefan Zweig: Maria Stuart, (1935) Frankfurt/M (Fischer Tb. 1714) 1959

Bildnachweis

Tafel 1: Das Rätsel der Begierde, 1929, Öl auf Leinwand, 110,5 x 150,5 cm © Salvador Dalí, Fundació Gala-Salvador Dalí/ VG Bild-Kunst, Bonn 2018; Foto: © bpk | Bayerische Staatsgemäldesammlungen
Tafel 2: Aus dem Papyrus den Ani, Blatt 4 (Ausschnitt), 19. Dynastie, Ägypten, 65 x 42 cm; Britisches Museum, London
Tafel 3: Bodenmosaik: Brotkorb zwischen zwei Fischen, Brotvermehrungskirche Tabgha, Israel, 5/6. Jh. n. Chr.
Tafel 4: Altarrelief des Echnaton; Ägyptisches Museum, Berlin, Inventarnummer: 14145
Tafel 5: Codex Borbonicus, S. 13 (Ausschnitt), Gesamtlänge: 14,2 m (ursprünglich: 40 Seiten), Anfertigung durch aztekische Priester; Bibliothek der Französischen Nationalversammlung, Paris
Tafel 6: Edvard Munch, Der Tanz des Lebens, 1899–1900, Öl auf Leinwand, 129 x 191 cm; Nationalmuseum Oslo
Tafel 7: Shiva Nataraja Indien, Tamil Nadu, Distrikt Tanjavur, Chola-Dynastie, 10. Jh. n. Chr., Bronze, 82,4 x 77 cm; Rietberg Museum, Stadt Zürich, Inv.-Nr. RVI 501
Tafel 8: Codex Nuttall, S. 75 (Ausschnitt), Gesamtlänge: 11 m (96 Seiten à 25,5 x 19 cm), präkolumbische Bilderhandschrift der Mixteken, vermutlich aus dem 14. Jh. n. Chr.; Britische Nationalbibliothek, London
Bei einigen Quellen könnten wir leider keine Rechtsinhaber ausfindig machen. Für Hinweise ist der Verlag dankbar.

Register

Autoren

Namen aus Mythos und Geschichte